좋은운으로 세상사는 易學에세이

성공하는 인생경영

석좌교수 정 현 우 지음

명문당

◆ 책머리에

명상속에 성공의 열쇠가 있다!

　사람은 습관적인 속성으로 살아간다. 충동적이며 동물적인 욕구를 자제하지 못하고 즉흥적으로 살아가는 생리적인 면도 있다 하여 무사안일하게 허명으로 살다가 나이 들어 후회하면 그때는 방법이 없다. 사람은 항상 음미하고 명상속에서 깨닫고 자각하는 마음으로 자신을 발견하고 창조적인 발상의 전환으로 변화의 이치에서 성공마인드를 키워야 한다.

　인간의 운명은 선천적인 체질과 성격, 재능 세 가지 요소가 지배한다.

　첫째, 천시(天時)사상이다.

　천시는 선견지명과 예측 능력을 갖고 미래를 준비하며 정보 수집으로 시대적 변화에 창조적으로 노력해야 한다. 특히 세상 물정을 살피고 나무 아닌 숲을 보는 종합적인 사고로 비전속에 시간의 효용성을 살리는 시테크이다.

둘째, 지리(地利)사상이다.

지리는 상황과 조건이며 유리한 분위기를 만드는 이치이다. 풍수사상은 기운학으로 환경이 기운을 지배한다. 뉴스미디어 등이며 미래를 준비하는 것도 풍수사상이다.

셋째, 인화(人和)사상이다.

천시보다 지리가 중요하고 지리보다 인화가 중요하다.

인화는 인화에 필요한 자신의 인격함양을 위해 수기치기(修己治己)로 수양하고 자신을 다스려야 한다. 역지사지(易地思之)로 상대의 입장과 바꿔놓고 생각하는 태도, 응대사령(應對辭令)으로 상대의 태도에 감정적으로 대응하지 말고 이성적인 대응태도, 그리고 사람을 공경하는 인애사상으로 사람을 사랑하는 마음과 인재를 발굴하고 타인의 힘을 활용하라는 견해이다.

『삼국지(三國志)』에 나오는 유비 현덕이 혼란의 시대에 태어나서 제갈공명 귀인을 만나고 유리한 상황을 만들어 촉나라 황제가 되었다.

세상에는 세상을 잘못 만나고 도와주는 귀인도 없이 성격도 원만하지 못하고 나쁜 상황속에서 허명으로 고생만 하다 살아가는 사람들이 많다.

사람의 운명은 100명 중 15%는 운이 아주 좋은 사람이고, 70%는 보통운이며, 나머지15%는 불운하게 살다 간다.

본 저서는 보통운과 불운한 사람이 좋은운으로 살아갈 수 있는 교과서적인 인생 지침서이다. 이제 인생도 기업을 경영하듯 자기 인생을 경영해야 한다.

사주팔자는 선천적인 자신의 체질, 성격, 재능을 분석하는 자신의 숙명적인 요소이고 이를 후천적으로 바꾸어 나가는 것이 운명이다. 강태공이 위수 강가에서 낚시질을 하는 것은 명상의 시간이었다.

첫째, 시대의 특징을 살피며 세상은 어떻게 변하는가를 주시하고,

둘째, 천하를 통치할 비책을 준비하며 미래를 준비하는 것,

셋째, 시기를 저울질하며 귀인을 만나기 위한 상황을 만드는 것이다.

『삼국지(三國志)』의 유비가 제갈공명을 만나지 않았으면 조조와 싸워보지도 못하고 패배자로 죽었을 것이다.

인간관계의 인연을 맺는 비결도 터득해야 한다. 남녀교제 역시

마찬가지 경우이다.

  사람은 습관적인 속성을 갖고 적당주의로 무사안일하게 살아가는 타성을 갖고 있다. 안일한 생활속에 상황이 바뀌고 시대가 변하여 쓸모없는 인생으로 전락하는 것이 인생사이다. 항상 명상속에 시대의 앞날을 예측하는 선견력을 갖고 낡은 생각을 버리며, 신사고(新思考)로 자기 혁신과 인맥을 넓히는 인생을 경영해야 한다.

  음양은 순환사상이며 오행은 주기율이다.

  자연의 이치를 알고 개념적인 고정관념에서 벗어나 건강하고 후회 없는 인생을 살기 위해 명상의 자료로 동기부여를 주기 위해 출판하게 되었다. 모쪼록 독자 여러분의 지도 편달과 격려의 채찍을 부탁드립니다.

경인년 동양사상가

정 현 우 씀

◆ 차 례

좋은운으로 세상사는 易學에세이
성공하는 인생경영

책머리에 / 명상속에 성공의 열쇠가 있다! · 3

제1장 성공하는 생활역학
인생을 푸는 지혜 · 13
운명학을 어떻게 볼 것인가? · 20
풍수와 지리 · 23
관상으로 성격을 분석한다 · 37
역학과 점(占)의 같은 점, 다른 점 · 42
역학으로 보는 우리 민족의 기원 · 50
성공하는 인간관계 · 54
양기(陽氣)가 발달한 남자, 음기(陰氣)가 발달한 여자 · 61
새로운 궁합법(宮合法) · 70
노자(老子)의 물 이야기 · 77

좋은운으로 세상사는 易學에세이
성공하는 인생경영

운명을 바꾸는 생활역학 · 84
세상을 살아가는 지혜 · 87
한비자(韓非子)가 말한 가까이 해야 할 세 사람 · 95
인체 내의 소우주(小宇宙) · 103
좋은 기(氣)를 받는 영성(靈性) · 107
역학에서 본 영(靈)과 기(氣)의 세계 · 111
내 인생의 행운 찾기 · 113
만사는 자기 마음가짐에 · 119
실용학문으로서의 역학 · 127

제2장 TOP ─ 프로 인간학

공자(孔子)의 인간학(人間學) · 139
맹자(孟子)의 설득력 · 145
노자(老子)의 조직관리 · 151
장자(莊子)의 측은지심(惻隱之心) · 156
제갈공명(諸葛孔明)의 리더십 · 159
손자(孫子)의 곡선사고(曲線思考) · 162
인간 본성의 통찰력(通察力) · 165
『사기(史記)』의 인생경영 · 172

좋은운으로 세상사는 易學에세이
성공하는 인생경영

제3장 역학이란 무엇인가?

역학의 비밀은 인체 속에 있다 · 189
자연의 순환사상이 역학이다 · 196
오행으로 역을 푼다 · 199
신체는 시간마다 변한다 · 205
분수를 아는 것이 역학 정신이다 · 210
역(易)의 이치 · 213

제4장 알기 쉬운 역학입문(易學入門)

음양(陰陽)의 개념 · 221
천간(天干)의 열 가지 특징 · 225
지지(地支)의 열두 가지 특징 · 229
오행의 성질과 소속 · 240
천간(天干)의 상합(合)과 상충(沖) · 245
사주 구성하는 방법 · 256

좋은운으로 세상사는 易學에세이
성공하는 인생경영

지지의 삼합(三合)과 방합(方合)　· 270

강력한 힘을 주는 양인(羊刃)　· 282

성격이 강한 괴강(魁罡)　· 287

파(破)와 해(害), 충(沖)　· 293

자기 과신의 형살(刑殺)　· 303

상생상극의 육친(六親)　· 307

길성(吉星)과 흉성(凶星)　· 316

기운학의 십이신살(十二神殺)　· 319

12운성법(運星法)　· 326

제1장

성공하는 생활역학

운명을 푸는 지혜

　사주팔자(四柱八字)란 태어난 연월일시인데 태어나는 그 순간부터 운명의 그래프가 그려진다. 운명은 10년 주기로 돌아간다.
　혹자는 사주보는 것을 미신시하기도 하지만, 사주가 맞을 확률은 70~80%가 넘는다. 자기 자신의 정확한 사주팔자를 몰라서 틀리는 것이지, 확실하기만 하다면 그 해석이 분명하게 나온다. 그러므로 정확한 사주, 정확한 감정만 이루어진다면 어느 정도 실생활에 응용할 수 있는 실용 학문이 될 수 있는 것이다.
　사주 다음으로 중요한 것은 이름이다. 그리고 세 번째로 육효점(六爻占)이라는 것이 있다. 육효점이란 『주역(周易)』의 원리를 응용해서 보는 것이다.
　이등박문은 안중근에게 죽을 것을 미리 알고 있었다. 이등박문이 중국으로 떠날 때 아베다이스라는 유명한 역학자가 점을 쳤다. 그때 나온 것이 '간위산(艮爲山)'이라는 괘였다. 첩첩산중으로 비명횡사할 점괘가 나왔던 것이다. 이를 안 모든 사람들이 중국으로 떠나는 이등박문을 말렸다. 그러나 이등박문은 강행했다.

그래서 이등박문은 총에 맞아 죽으면서 '나를 쏜 사람의 이름이 무엇이냐?'고 물었는데, 그것이 '간위산괘(艮爲山卦)'의 간(艮)자이다. 이런 글자나 부수가 들어 있는 사람이나 지명은 만나지도 보지도 말라고 하였었다.

이 '나무 목(木)'과 '머무를 간(艮)'의 이름을 가진 사람이 바로 안중근(安重根)이었다. 이것은 실화이다.

상대방의 속셈과 음모, 권모술수를 제대로 파악하기란 어렵다. 역학이란 바로 이런 것을 알기 위한 방법이며, 점을 쳐서 지혜를 얻는 것이다. 정신을 집중해 보라. 아마 잘 들어맞으리라.

실제의 예를 들어보겠다.

조선 시대 어느 대신이 어전회의에 들어가기 전 점을 쳤다. 그런데 어전회의에 가면 죽는다는 점괘가 나왔다. 그 대신은 말을 타고 궁궐을 향하던 길에 당주동의 당주교에서 일부러 낙마를 하였다. 다리를 다친 그 대신은 낙마를 핑계로 입궐을 하지 않고 집으로 돌아갔다.

그런데 그날 어전회의에 참석한 사람들은 결국 모두 죽임을 당하였다. 그날 회의는 연산군의 세자 책봉에 대한 문제를 논의한 회의였다. 연산군을 세자로 책봉한 것에 찬성한 사람들은 그 자리에서 다 죽임을 당하였고, 반대한 사람들은 후에 연산군이 왕이 되었을 때 죽었다.

그 다음은 풍수지리의 양택(陽宅)이다. 이는 집터를 가리킨다.

집에서 가장 중요한 곳은 변소와 부엌과 대문이다. 단독주택인 경우 변소를 함부로 손대면 안 된다. 미신처럼 생각되겠지만, 선박을 사고팔 때도 배에 쥐가 살고 있지 않으면 사지를 않는다.

무슨 일이 생길 때 배에서는 쥐가 밧줄을 타고 다 빠져나가기 때문이다. 까마귀는 시체 냄새를 맡으며 찾아든다.

이렇듯이 부엌과 변소, 대문에는 뭔가 보이지 않는 그 무엇이 있다. 사람들은 그것을 조왕신(竈王神)이라고 부른다.

서울시 도시계획과장을 하던 사람의 이야기이다. 한남동에서 자동차학원 회장으로 있는 분이다. 그 사람이 도시계획과장으로 있을 당시 시청 앞 덕수궁 담을 안으로 물리는 공사를 한 적이 있었다. 그런데 문 작업하는 장소만 가면 이상하게 자꾸 포클레인의 시동이 꺼졌다. 그는 생각다 못해 돼지머리를 사다놓고 고사를 지냈다. 그런데 그제야 비로소 발동이 걸리더라는 것이다.

'대한문(大韓門)'이 있는 그곳은 옛날 수많은 충신들이 목숨을 잃은 곳이었다. 그 이후 그는 풍수지리를 공부하였다.

또 다른 사람, 고 이병철 회장과 친분이 두터웠던 장 아무개가 있다. 그 사람은 산소 자리만 한 번 둘러보면 처음 가는 집이라도 그 집안 내력을 다 알았다.

전에 국무총리를 지내던 장택상이라는 분이 경부선을 타고 가다 금오산을 보니 서기(瑞氣)가 내린 곳이 한눈에 들어왔다. 그는 그 자리를 찾아갔지만 가까이 가자 보이지 않았다. 그러나 멀리서는 그곳이 잘 보였다.

후에 그 산소를 쓴 사람을 알아보니 박정희였다. 당시 박정희는 육군 대위였다. 새까맣고 체구까지 작은 사람이 어깨에 육군 대위 계급장을 달고 들어왔다.

'아이고, 명당(明堂) 자리인 줄 알았더니 별것 아니구나.'

박정희를 만난 장택상은 이렇게 생각하였다. 그러나 바로 그 사람이 대통령이 될 줄을 누가 알았겠는가? 윤보선도 마찬가지였다.

풍수지리(風水地理)에는 보이지 않는 그 무엇이 있다. 집터도 마찬가지이다. 오래 전 일로 빌딩을 짓고 망했던 국제그룹이 그 경우이다. 그 빌딩을 짓고 있을 때 나는 '저것 짓고 나면 머리깨나 아플 것이다'고 생각했다. 하지만 그렇게까지 심각하게 될 줄은 몰랐다. 건물 자체가 그렇게 생겨 있었다. 기가 순환해야 하는데 기를 가로막는 형국(形局)이었다.

운명학(運命學)에는 사주팔자, 육효점, 관상, 수상(이것은 건강학이다), 작명 등 중요한 것이 상당히 많다.

당뇨병에 걸린 사람이 있는데 이름을 바꾸어 주었더니 석 달 만에 병이 나았다. 이름의 발음이 바뀌고, 그에 따라 암시가 바뀌니까 체질(體質)이 달라진 것이다. 사람을 사랑하고 친절한 마음을 가지라는 이유는 바로 이 때문이다.

우리나라의 의식개혁 운동은 기업에서부터 싹터야 된다고 생각한다. 정신개혁 운동이 전국에 퍼져야 한다. 기업체나 주부대학 방송을 통해서라도 심어주어야 한다. 개인적으로 만나서 봐 줄 만한 시간이 없기 때문이다.

역학(易學)은 스스로가 배워서 자기 자신을 아는 것이다. 나의 경우, 고전(古典)을 공부하고 병법(兵法)을 연구하다 보니 역학에 관심을 갖게 되었다.

　다음으로 타고난 사주팔자가 나쁠 경우에는 관상(觀相)이 불여심상(不如心相)이란 말을 명심해서 마음을 고쳐먹어야 한다. 스스로 타고난 팔자 한탄을 해봐야 인생을 살아가는 데에는 아무런 도움도 되지 않기 때문이다.
　혹시 저잣거리에서 어깨가 딱 벌어진 사람이 아주 매서운 눈초리로 쳐다보는 경우가 있는데 이런 경우 십중팔구는 불량배이다. 따라서 눈을 마주치면 괜한 시비를 걸어오기도 한다.
　또 전철이나 버스에서 눈동자가 어지럽게 왔다갔다하면 소매치기배이기 십상이다. 그런 것은 미리 알고 피해야 한다. 옆에 있으면 해를 입게 된다. 또 대개 그 소매치기에게는 일행이 있다. 그들의 눈동자는 일반인들과는 어딘지 좀 틀리게 보이는데, 왜냐하면 마음먹은 게 눈동자에 나타나기 때문이다. 그러나 마음은 잘 모른다. 모든 것이 얼굴에 나타나는 그 순간은 읽을 수 있다.
　지금 논하고자 하는 사주팔자도 위에 있는 네 글자는 천간(天干)이고, 얼굴을 나타낸다. 이에 비해 지지(地支)는 땅속을 말하기 때문에 곧 마음을 뜻한다.
　예를 들어 하늘을 쳐다보면 조금 전까지 보였던 햇빛이 구름에 가렸다는 것을 한눈에 알 수 있다. 그러나 사람 마음속, 땅속은 캐보지 않고는 알 수 없다. 그래서 사주팔자도 천간 글자는 곧장 알 수 있어도 지지에 해당하는 글자의 뜻은 잘 모른다. 이것을 아는 것이 암장(暗藏)이다. 그래서 사주팔자를 뽑는 것을 다 배운 다음에 암장을 배우는 것이 좋다는 것이다. 이 안에는 숨어 있는 하늘의 기운이 두 가지 혹은, 세 가지씩 들어 있다.

천간(天干)에 있는 글자는 얼굴이고 지지(地支)에 있는 글자는 마음을 나타낸다고 했다. 따라서 천간의 글자는 그 사람의 사회적인 면을 나타내고 지지는 가정을 나타낸다.

어떤 사람의 복장이나 기타 외부에 드러나는 특징을 통해서 쉽게 그 사람의 사회적 지위나 신분을 알 수 있지만, 그 사람의 가정에 가 보지 않고서는 가정이 화목한지, 어떤지는 알 수가 없다. 이것이 암장에 속한다.

그래서 천간은 얼굴이고 사회적인 명예이며 곧 하늘이 되는 것이다. 이에 비해 지지는 땅인데, 이렇게 보면 즉 하늘과 땅이 된다. 그래서 천간은 남자를 표시하는 것이고, 지지는 여자를 표시하는 것이다.

여자를 두고 땅이라고 해서 여자들이 기분 나쁘게 생각할 필요는 없다. 원래 남자는 하늘로, 여자는 땅으로 태어난다. 그래서 젊었을 때는 여자보다 남자의 어깨가 넓기 때문에 남자가 우세한 것이 된다. 그러나 나이를 먹으면 신체 구조상 여자의 엉덩이가 남자의 것보다 더 커지는 것처럼 땅이 우세해지는 것이다.

옛날 대궐에서 중전은 여자 중에서 가장 높은 사람이라고 해서 곤전(坤殿)이라고도 했다. 또 농사를 지을 때 비가 오지 않으면 식물이 살 수가 없다. 그렇듯이 땅은, 하늘에서 적당한 시기에 비가 와 주어야 하고 태양도 비쳐야 하며 적당한 기온과 온도도 맞아야 한다. 그래야만 땅의 모든 식물들이 잘 자라날 수 있는 것이다.

그것이 바로 자연의 이치이다. 따라서 하늘의 진리인 가장의 역할이 그만큼 중요한 것이다. 여기서 연주(年柱)는 조상을 나타내고, 월주(月柱)는 부모 자리, 일주(日柱)는 본인과 배우자, 시주(時柱)는 자식을 나타낸다.

이렇게 네 가지로 되어 있는데 연주(年柱)에도 연간(年干)이 있다. 연주에는 연간(年干)과 연지(年支) 두 자가 합해져서 만들어진 글자이다. 그래서 연간은 하늘이니까 남자 자리가 되는데, 조상으로 보면 할아버지가 이 자리에 해당되고 연지는 할머니의 자리가 된다. 월간(月干)은 아버지 자리, 월지(月支)는 어머니 자리, 일주(日柱)는 본인에 해당된다.

그러니까 남자 사주이면 일간이 주인공이고, 여자도 마찬가지로 일간이 자기 자리에 해당되는 것이다. 그래서 일지는 무조건 배우자가 되는 것이다.

운명학을 어떻게 볼 것인가?

운명학이란 바로 철학(哲學)이다. 철학을 모르는 사람은 철부지(不知)라고 하는데 그렇기 때문에 역학을 이해해야 하는 것이다. 12년 만에 기회가 돌아오는 때에는 과연 무엇을 하면 좋은가를 미리 알아서 계획을 세워야 한다.

생(生)이란 아기가 엄마 뱃속에서 밖으로 나오는 것, 즉 출생을 의미한다. 검은(어두운) 세상에서 밝은 세상으로 나오는 것만 보더라도 한 단계 발전 또는 변화된 것임을 알 수 있다. 그런 때는 승진운이 좋고, 국회의원 선거에 출마하면 당선이 되고, 사업은 확장되며, 넓은 집으로 옮길 수 있게 되고, 모든 것이 좋아지게 된다.

이는 국가도 마찬가지이다. 국운(國運)을 볼 때 포태법(胞胎法)을 보면 참 잘 맞아 떨어진다. 예를 들어 우리나라는 갑인방(甲寅方)으로 호랑이 방향인데 그것을 기준으로 해서 우리나라의 운이 대부분 맞게 나온다.

만약 나라의 운이 쇠할 때 역학을 이해하고 있으면 나쁜 운을 미리 예방할 수가 있는 것이다. 이런 것이 정치이다.

국제적인 조건은 상황에 따라 여러 가지로 변화한다. 따라서 이에 적응하기 위해서는 통찰력을 길러야 한다. 그래서 역(易)을 '재상의 학' 또는 '제왕의 학'이라고 한다.

야당은 여당의 속성을 알아야 하며 우리나라는 북한과 일본, 중국의 속성을 알아야 한다. 그리고 지금 현재의 적국뿐만 아니라 10년 후의 적국에 대해서도 알아야 한다.

일본이 세계 도처에서 그들의 막강한 경제력을 떨치고 있으며 그 때문에 우리의 수출 시장이 막히고 있다. 그러나 장래를 두고 볼 때 일본의 앞날보다 우리나라의 앞날이 훨씬 희망적이다. 지금 자라나고 있는 아이들의 관상을 서로 비교해 보더라도 그렇다.

지금 우리나라 아이들은 수학이나 자연과학에 아주 뛰어난데 앞으로는 과학기술이 뛰어난 나라가 부유해지게 되어 있다. 그런데 여기서 한 가지 문제는 지난날 우리나라에서 전개했던 '아이 하나 낳기'였다.

그러나 일본에서는 그 당시 다산(多産)을 장려하기 위해서 보조금까지 지급했었다. 따라서 역학으로 봤을 때 우리나라의 '하나만 낳기 운동'은 걱정스럽던 우려가 지금 현실로 닥쳐왔다. 뒤늦게나마 나라에서 '아이낳기'를 적극 권장하고 있는 실정이다.

형제가 여럿이면 성격이나 기질이 제각각이므로 영(靈)이 들어오게 되는 것이다. 여러 명을 낳아야 좋은 영도 들어오고 나쁜 영도 들어오게 되는데 딱 하나만 낳으면 좋은 영만 들어온다고 어찌 장담하겠는가?

　좋은 영이 다른 나라로 가 버리게 되면 나라가 망하게 되는 것이다. 따라서 앞으로는 아들딸 구별 말고 낳는 대로 무조건 나아야 한다. 그래서 좋은 영, 나쁜 영 다 들어오게 해서 과학자도 나오게 하고, 기술자, 지도자 등도 고르게 나올 수 있도록 해야 한다.

　이것은 윤회(輪廻)사상으로 이해하면 쉽다. 또 만약 좋은 영이 들어가서 잉태가 되었는데 낙태수술을 하게 되면 어떻게 되겠는가? 낙태수술의 횟수가 많아지면 암이 많이 걸리게 되는 확률도 증가된다. 이렇듯 자연의 이치를 거스르는 일은 좋지 않은 것이다.

풍수와 지리

　건강하게 살기 위해서는 평소 건강관리를 열심히 해야 한다. 아주 튼튼한 건물도 60년이 지나서부터는 부식(腐蝕)이 된다고 한다. 각 도시마다 빌딩들이 엄청나게 많이 늘어난다. 이러한 빌딩 사이로 바람이 불면 아주 시원하지만, 그 가운데에는 각종 원소들이 많이 들어 있다. 그 원소들에 의해 건물이 부식된다.
　단단한 쇳덩어리도 그렇고, 또 돌덩어리도 그렇다. 또한 빌딩 사이에 지은 집은 아주 좋지 않다. 그런 집에서는 오래 살지 못한다. 그 이유는 그런 집은 바람의 통로가 되기 때문이다. 큰 집과 큰 집 사이에 집을 지으려면 그 높이가 똑같아야 한다. 낮은 집을 짓게 되면 바람의 통로가 되기 때문에 그곳에 사는 사람들은 몸을 상한다.
　산에 가서 묏자리를 보면 묘(墓) 주위에 날개처럼 산이 펼쳐져 있다. 묘를 중심으로 좌우로 솟은 산을 청룡, 백호라 한다. 그리고 묘와 멀리 떨어진 산들도 있다. 그런데 그런 산 가운데에는 허리가 부러진 산, 즉 높이가 낮은 산이 있다. 그 낮은 산으로 바람이 들어온다. 그렇게 되면 묘 주변에서 자라던 잔디가 다 죽어 버린다. 곱게 자라 있어야 할 잔디가 죽어 있으면 그곳은 바람 맞은 곳이다.

바람은 그렇게 무섭다. 따라서 묘 안에 있는 시체도 바람을 맞게 된다. 그 영향은 자손에게까지 미친다. 이를 단지 미신으로 생각해서는 안 된다.

자연의 기운과 기후는 기(氣)의 작용을 통해 신(神)의 작용을 한다.

지금 살고 있는 집에 그늘이 많이 진다거나 바람이 너무 세차게 불면 좋지 않다. 그러므로 남향집에 동문 방향의 대문을 내는 것이 좋다. 남향집은 햇빛이 많이 들어와 태양 에너지를 많이 받아들이기 때문이다. 습기가 차면 병균이 생긴다. 집은 밝아야 한다. 대개 명이 짧은 사람의 집에 가 보면 집이 어둡다.

우리는 흔히 하천에 방류했던 새끼연어가 삼사년 만에 성어가 되어 돌아오는 것을 볼 수 있다. 연어는 모천(母川)을 떠나 태평양을 지나 알래스카 지역까지 가서 살다가 산란기가 되면 다시 고향으로 돌아온다.

연어들에게는 그 엄청난 거리와 공간 이동 중에서도 항상 고향으로 향하는 '그 무엇'이 작용하고 있는 것이다.

비행기나 함정에 장치되어 있는 레이더 항법장치 같은 것이 체내에 갖추어진 것이다. 이것은 비단 연어에 국한된 것이 아니다. 철새들이 철따라 서식지를 정확하게 옮겨 다니는 것도 같은 이치이다.

고향, 고향이란 무엇인가?

풍수에 대한 이야기를 시작하면서 고향을 먼저 이야기하는 것에 의아할 독자도 있을 것이다. 그러나 풍수(風水)를 '바람과 물'이라는 말로 번역을 해놓고 보면 풍토라든가 지역 특성 같은 것이 얼마나 중요한지 알 수 있다.

풍수를 말할 때 가장 중요한 단어는 역시 생기(生氣)이다. 이 생기를 받는 자리가 바로 명당이고 좋은 땅이라고 한다. 그런데 문제는 생기의 정체가 과연 무엇이냐 하는 것이다. 만약 기(氣)의 실체를 밝히지 못한다면 풍수라는 것도 한낱 사술(詐術)에 지나지 않게 되는 것이다.

'금계포란형'이나 '연화부수형'이니 하는 현장 풍수 이야기는 풍수사들의 몫이고 우리는 기(氣)를 찾는 여행을 떠나자.

물과 바람의 화학적, 물리학적 현상을 먼저 보자. 물은 수소와 산소의 결합체로서 온도에 따라 얼음이라는 고체가 되기도 하고 물이라는 액체가 되기도 하고 수증기라는 기체가 되기도 한다. 참으로 변화무쌍한 물질이다.

그렇다면 사람이 어떤 물을 먹느냐 하는 문제는 여간 중요한 일이 아니다. 한강, 금강, 낙동강, 영산강, 압록강, 대동강의 물이 다 다르다. 강이 다른 만큼 그 물을 먹고 자란 사람의 성정(性情)도 다르게 마련이다. 하다못해 동식물도 다 다르다. 바로 물이 가지고 있는 생기에 따라 달라지는 것이다.

그렇다면 물이 가지고 있는 기(氣)는 무엇일까? 물론 앞서 말한 것들 중에도 '기'라고 할 수 있는 요소들이 있지만 이제는 본격적으로 '기' 문제를 다뤄보기로 한다.

만약 기(氣)를 존재하지도 않는 허구 개념이라고 한다면 특정 종교를 향하여 신이 없다고 말하는 것만큼이나 엄청난 반발을 받게 될 것이다. 특히 풍수지리학자들과 한의학자들에게는 그 근본을 뒤흔드는 말이다.

실제로 『기의 철학』을 번역한 황희경 씨는 한의학자들에게 이와 비슷한 말을 했다가 크게 곤욕을 치른 적이 있다고 한다.

한의학에서는 인체를 '기'가 경락(經絡)을 타고 흐르는 에너지 시스템으로 이해하고 있으며 풍수지리학에서는 이러한 바탕 위에 땅에도 같은 이치의 경락이 있어 기가 흐른다는 생각을 전제로 하고 있다.

그러므로 기의 실재 여부는 이 두 분야의 생살여탈권을 다루는 것만큼이나 민감한 것이다. 기분 좋다, 기가 막힌다, 기죽었다, 기세 좋다, 기 살다, 기가 맞지 않는다…… 등은 우리나라 사람들이 일상적으로 자주 쓰는 말이다.

이처럼 우리나라 사람들은 이미 심정적으로 기의 존재를 인정하고 있다. 그러기 때문에 오히려 과학적인 접근이 필요하다는 생각을 하지 않는지도 모른다. 그러나 풍수의 실체를 잘 이해하기 위해서는 '기'에 대해 좀 더 알아야 한다.

물의 함유 비율은 인체나 지구나 비슷하다. '가이아 이론(지구 자체를 생물과 무생물이 상호작용하면서 스스로 진화 변화해 나가는 생명체이자 유기체라고 하는 학설)'에 따르면 지구도 하나의 생명체라고 한다. 따라서 인체의 기 문제를 알아보는 것으로 양쪽 문제를 풀어본다.

그런데 재미있는 것은 기공사가 발하는 자장이 한의학에서 말하는 경혈(經穴) 부위에서 검출된다는 것이다. 그리고 인도 요가에서 말하는 차크라, 즉 정수리 부분에서 가장 강한 자장이 나온다고 한다.

이제 '기'의 과학적 분석은 시간 문제로 다가왔다. 머지않아 기를 모은 건전기가 상품으로 등장할지도 모른다. 그때 가서 기가 약한 사람들은 이 건전지를 소지하거나 사용함으로써 기를 보충할지도 모른다(그런 뜻에서 부적은 바로 기를 응축한 고전적인 건전지였다).

다음에는 음택(陰宅)을 살펴보기로 하자.

말 많고 탈도 많은 음택 풍수 이야기를 한다는 것은 몹시 조심스러운 일이다. 왜냐하면 조선시대 송사의 절반 이상이 바로 묏자리에 얽힌 이해관계에서 비롯된 것이라는 것을 필자는 잘 알고 있기 때문이다. 그러나 특정 묏자리를 놓고 이야기할 것은 아니므로 문중 송사로 먹고 사는 사람들은 경계심을 풀어주기 바란다.

음택이라는 정의부터 따지고 들어가 보자. 즉 죽은 사람을 땅속에 묻어두고서 무슨 복을 기리고, 재운(財運)이 발복하기를 바란다는 것인가? 죽었다는 것은 그야말로 죽은 것이다. 그런데 어디서 무슨 이치로 자손이 잘 되고, 못 되고를 관장한다는 것인가?

여기에 음택 풍수의 목숨이 걸려 있다. 양택 풍수가 환경론적인 입장에서 이해할 수 있는 부분이 많다고 볼 때 음택 풍수는 그것도 아니다. 그것은 아마도 우리 민족이 가지고 있는 귀신관에서 비롯된 탓도 있을 것이다. 즉 우리나라 사람들은 예로부터 '죽어도 죽지 않는' 불사족으로 살아왔다.

장례 과정을 보면 마치 살아 있는 사람 대하듯 의식 자체가 모두 사자(死者)의 영혼을 향하여 이루어진다. 마치 죽었다는 것은 육신만 벗었을 뿐 인간과 하나도 다를 게 없다는 이론이다.

그렇다면 그렇게 '살아 있는' 영혼이 머무는 집인 묘(墓)라는 것도 당연히 풍수 차원에서 고려되었을 것이다. 그래서 사자가 명당터에 자리를 잡고 묻혔다고 하자, 문제는 여기서부터 비롯된다.

『금낭경(錦囊經)』을 쓴 곽박(郭璞)은 "삶은 기의 모임이다. 그것이 모여 골(骨)이 된다. 죽으면 골만 남는데 그 골에 모인 기를 되돌려 삶에 음덕을 입힌다"라고 주장했다.

이 주장을 보면 기가 응축된 뼈는 나중에 분해되어 자손에게 그 기를 돌려보낸다는 이야기이다. 그런데 이 글의 문장은 단 한 줄도 예외 없이, 현대를 살아가는 우리의 눈에는 가설 덩어리로 보일 뿐이다.

하긴 사주를 감명하다 보면 부모의 묏자리가 자좌(子座, 북쪽)니 신좌(申座, 서쪽)니 하는 게 나온다. 역술인들은 묏자리까지도 운명 차원에서 해석하려고 한다.

그러나 그런 이야기야 누구나 자유롭게 말할 수 있는 것이지만, 정작 중요한 것은 과연 죽은 사람이 어떻게 산 사람에게 영향을 미치느냐는 것이다. 수많은 풍수사에게 이 질문을 해보아도 시원한 대답을 듣지 못할 것이다.

아직 아무도 동기감응(同氣感應)의 문제를 이런 식으로 접근한 사람은 없으므로 그저 가설이려니 하고 들어두자.

부모가 자식에게 생체 정보를 전할 수 있는 방법은 무엇일까? 그것은 당연히 부모가 생산하는 난자와 정자 속의 DNA를 통해서 이루어지는 것이다. 그 속에 신체적 특성이며 생체에 관한 온갖 정보가 다 들어가 있다. 자식이 부모를 닮는 것도 DNA를 통한 정보 전달에서 비롯되는 것이다. 이렇게 하여 부모의 정보는 자식에게 전달된다. 이것이 부모의 이삼십대일 때의 일이다.

부모는 아직 인생을 다 살기도 전에 생체적인 정보를 자식에게 물려주었다. 인간을 포함한 모든 동물은 신체적으로 기본만 갖추고 나면 반드시 생식(生殖)을 하게 되어 있다. 그러다 보니 인생을 살기도 전에 자식부터 낳게 된다. 막상 인생이라는 것은 자식을 낳고 나서 더 많은 사건을 겪게 되고 인간적으로 사상적으로 성숙하게 된다. 그래서 자식을 낳고 나서 사오십 년간 더 활동적으로 인생을 향유한다. 정보량으로 치자면 생식 이전보다는 이후가 훨씬 많다. 그런데도 생식 이후의 정보는 자식에게 물려줄 길이 없다.

그렇다면 조상이 자손에게 보낸다는 음덕(蔭德)도 일종의 사이클을 가진 전파일지도 모른다. 그것을 기(氣)라고 부를 수도 있을 것이다(음양철학이니 동양사상에 대해서 생각이 잘 안 나고 의미 규정이 힘들 때 기를 내세우면 만상형통이다. 기는 간능이니까).

하여튼 수많은 주장 가운데 주장 하나가 더 보태진 것이다. 그래서 묏자리의 유형을 놓고 '옥녀탄금형'이니 '쌍룡농주형'이니 하는 것도 좋지만 도대체 조상의 묘에서 보내오는 생기를 어떻게 감응(感應)하는 것인지 밝혀야만 한다. 아주 불가능한 것이라면 모르지만, 현대 과학은 수만 광년 밖에서 송출되는 미세한 전파까지도 잡아낸다고 볼 때, 그리 어려운 일도 아닐 것이다. 그래야만 전통 풍수가 사이비 풍수를 몰아낼 수 있는 길이기 때문이다.

지금까지 음택의 가능성을 말했는데 그 반대 의견도 많다.

'살아계신 부모님이 자식 잘 되라고 두 손 잡고 훈계해도 어긋나기 쉽다. 하물며 죽은 사람이 어찌 살아 있는 아들에게 복을 줄 수 있는가'(다산 정약용).

'죄수의 아들이 아비가 겪는 고통으로 병이 났다는 말을 들어보지 못했다. 하물며 죽은 자의 혼백에 있어서랴'(담헌 홍대용).

그래서 『인자수지(人子須知)』의 저자 서선계는, '먼저 덕을 닦아야 한다. 모진 마음으로 비록 지리(地利)는 얻는다 해도 천리(天理)를 바랄 수 있으랴'라고 했고, 최창조 선생은, '땅을 대함에 사심이 없어야 한다'고 했다.

다음에는 풍수의 현대적 활용 가치에 대해 알아보자.

수십 층짜리 빌딩은 웬만한 야산보다 높다. 빌딩 자체도 조산(祖山, 혈에서 가장 멀리 있는 용의 봉우리)이 될 수 있고, 안산(案山, 집터나 묏자리의 맞은편에 있는 산)이 될 수 있다. 일본에서는 산에 터널을 뚫어서라도 악터를 명당으로 바꿔놓는 적극적인 풍수가 이루어지고 있다고 한다. 과연 우주과학 시대를 구가하는 오늘날, 풍수는 어떻게 활용될 수 있을 것인가?

부자가 될 집터를 골라잡고, 조상의 음덕을 흠씬 입을 묏자리를 잡는 것은 여기에서 이야기할 바가 못된다. 그리고 땅이란 것은 인간과의 조화속에서 가치가 인정되는 것이지, 그 자체가 명당이고 악터인 것은 결코 아니다.

"어떤 땅이든 제 쓰임새를 찾으면 명당이다"고 최창조(풍수지리학자) 씨의 주장이다.

강원도 양양, 속초 앞바다에서는 선박의 나침반이 실제와 다르게 나타난다고 한다. 그곳에서는 강한 지자석(地磁石)이 땅 속에 묻혀 있기 때문이라는 것이다. 그리고 이와 비슷한 현상으로 공주 계룡산에는 땅이 흔들리는 곳이 있다. 그곳에 가면 마치 땅이 흔들리는 듯하는 현상을 느낄 수 있는데 다른 사람의 눈에는 흔들림이 보이지 않는다. 즉 그 흔들림은 자기 떨림이라는 물질적 현상이기 때문이다. 고성의 거류산에서도 같은 현상이 나타난다고 한다.

이것은 비단 우리나라에서만 목격할 수 있는 특이 현상이 아니다. '지자기(地磁氣)의 등편각선도'를 보면 지자기 왜곡 현상이 어디에서 일어나고 있는지 알 수 있다. 그렇기 때문에 나침반만을 믿어서는 안 된다. 자침이 가리키는 방향을 우리나라 같은 경우 서쪽으로 5°내지 7°가량 치우쳐 있다(그러나 풍수지리학에서는 정확한 방향보다 나침반에 나타난 지자기의 방향을 더 중시한다).

그래서 극점 가까이 있는 곳에서는 자침이 정반대를 가리키는 경우도 있다고 한다.

따라서 지금까지의 논리로 볼 때 인간도 자력을 가지고 있는 하나의 '자성물체(磁性物體)'이고, 그렇다면 그 땅이 가지고 있는 자력과 상관관계를 고려해야 한다.

'이 집은 기가 세므로 그걸 누르면 잘 살지만 못 누르면 망하고 만다'는 이야기를 들어본 사람들이 많을 것이다. 이 말을 풀이하자면 땅이 가지고 있는 음극과 인간이 가지고 있는 양극이 서로 만나 조화를 이루면 괜찮지만 어느 한 쪽이 너무 세거나 약하면 문제가 일어난다는 것이다. 이런 이치로 사람은 죽어서 음기가 되는데, 그래서 자손들의 양기를 그리워하고 서로 주파수가 맞으면 그에 합당한 음기를 보내주어 자손들의 음양조화를 돕는다는 것이다.

그렇기 때문에 땅과 인간의 기를 서로 맞추는 것이 풍수지리학이라는 설이 나오게 되는 것이다. 이런 이치로 본다면 명당이라는 말은 절대적이 아닌 상대적인 개념에 지나지 않게 된다. 그러므로 '좋은 땅이냐? 나쁜 땅이냐가 아니라 알맞은 땅이냐 알맞지 않은 땅이냐'의 개념으로 접근하는 최창조 씨의 논리가 정확하다고 할 수 있다.

그러면 이제부터는 풍수의 현대적 쓰임새를 알아보자.
풍수와 의학, 풍수와 식품, 풍수와 건축, 풍수와 공간의 네 가지 개념을 차례로 알아보자.
먼저 풍수와 의학은 한의학에서 많은 부문에 응용되고 있다. 특히 민간의학 부문에서는 기정사실화하기도 한다. 즉 누가 이유 없이 아플 때 이장(移葬)하는 것을 포함해서 증상별 환자별로 요양 지역을 옮겨 보는 것, 삼림욕, 온천욕 등은 이미 많이 알려진 상식이다.

특히 수맥(水脈)이 지나가는 자리에서 오래 산 사람들은 중풍 등, 풍수병에 걸릴 위험이 많다고 한다. 그래서 어떤 사람들은 수맥이 있는 자리에는 구리판을 깔아 악기(惡氣)를 억제해야 한다고 주장하기도 한다. 과학성 여부를 떠나 실제로 보일러를 설치할 때 일부러 동파이프를 사용하는 사람들도 있다고 한다. 그러나 동파이프는 악기뿐 아니라 생기도 억제한다는 주장이 있으므로 과학적 검증이 끝날 때까지는 실행을 보류해야 할 것 같다.

그리고 고혈압 환자들은 고압선이 지나가는 부근에 살면 좋다는 설도 있다. 강력한 자장이 형성된 곳에서 살면 혈액순환이 잘 된다는 논리인데 아직 검증된 것은 아니다.

우리가 '신토불이(身土不二)'라는 말을 자주 쓴다. 즉 몸과 흙이 둘이 아니라 하나라는 뜻이다. 그런데 여기서 신(身)은 어떤 신이고 토(土)는 어떤 토인가가 문제이다. 이것은 곧 혈연(血緣)과 지연(地緣)을 따지자는 것이다.

혈연이라 함은 직계로 내려오는 혈통상의 끈이다. 그러므로 조부모, 부모, 자식, 손자 등 직계로 이어지는 혈통에는 체질적 유사성 내지 공통점이 있게 마련이다.

유전이라는 말로 표현되는 혈연의 특징은 여러 가지이다. 생김새로부터 기질, 소양 등 매우 다양하다.

어느 신문사 논설위원이 자신의 문중사를 쓰기 위해 자료를 검토하던 중 자신과 윗대 조상들의 성품이 비슷하다는 데 깜짝 놀랐다고 한다. 유전인자가 십여 대 이상 영향을 미치는 것인지 알 수는 없으나 과학적 검증이 이루질 수 있다면 재미있는 결과가 나올지도 모른다.

그리고 지연(地緣)이라 함은 사람이 태어나 살아온 땅을 말한다. 그것도 조상 대대로 살아온 땅으로서 자신도 태어난 땅이라면 더욱 그러하다. 이러한 경우 혈연적 특성에 그 지역의 토양, 기후 등의 영향까지 함께 받아 공통성격이나 체질이 어느 정도 형성되기 때문이다.

어떤 사람의 체질을 분석할 때는 바로 혈연과 지연, 이 두 가지가 필수적이다. 최근에 지역감정이 워낙 거세어지니까 이력서에 본적을 적지 말자고 하지만 태어난 곳이라는 의미로서 본적이 갖는 의미는 상당히 중요하다.

그렇다면 땅과 인간은 서로 무엇을 주고받아야 하는가? 사람은 땅에 적응하고 땅은 사람에 적응하려고 한다. 그래서 사람은 그 땅에서 난 것을 먹고 살고 땅은 그 사람에게 필요한 것을 생산한다. 이런 방식은 하루아침에 생긴 현상이 아니다.

그래서 그런 땅에서 자란 사람을 토인(土人), 원주민(原住民), 토박이라고 부른다. 그리고 그런 땅에서 자란 것을 토종(土種)이라고 한다. 즉 토박이는 토종을 먹고 사는 것이다. 그렇게 될 때 가장 자연스럽고 편안하다.

풍수의 응용은 건축에서 가장 분명하게 나타난다.

무엇보다 양택(陽宅)을 중시하는 우리나라 풍토에서 대문을 어느 쪽으로 낼 것인가? 측간(화장실)을 어디로 할 것인가? 하는 공간배치 문제는 실로 엄청나게 중요한 것이었다.

더구나 풍수와 건축이 경제 개념과 맞아떨어지면서 이 문제는 심각한 사회 문제로 비화될 가능성도 있다. 또 풍수가 잘못되면 패가망신하거나 교통사고, 질병, 손재 등이 일어난다는 등 무시무시한 풍수적 진단이 무책임하게 선고되기 때문에도 그렇다.

그래서 명당이라면 눈에 불을 켜고 달려드는 사람이 늘어나게 되었다.

그런데 요즘 주택난이 심하여 뜻대로 원하는 명당에 자리잡고 산다는 것이 여간 어렵지 않다. 이러한 경우에 맞추어 나온 것이 풍수의 공간배치 개념이다. 터가 썩 좋지 않다 해도 가구나 집 구조를 잘 변경하면 그런대로 인위적인 명당으로 만들 수 있다는 소망에서 나온 것이다. 그래서 이제부터의 이야기는 건축에 관련되는 땅, 건축자재, 가구배치 등이다.

땅 문제는 앞에서도 이야기했지만 아무리 '나'에게 맞는 땅이라고 해도 마음대로 구할 수가 없다. 특히 서울 같은 대도시에서 명당을 찾는다는 것 자체가 물리적으로 거의 불가능한 일이다.

그러다 보니 이런 의문이 생긴다.

땅은 밟아 보지도 못하고 사는 몇십 층짜리 고층아파트 사람들은 풍수와 상관이 없는 것인가? 스물 몇 시간씩 날아가는 비행기에서 잠을 자는 것은 풍수적으로 어떤 것일까? 우주선에서 몇 달씩 사는 우주인들은 땅의 생기를 못 받으니 혹 건강이라도 해치는 게 아닐까? 고공을 나는 우주선 속에서 진방(辰方)이니 간방(艮方)이니 하는 나침반 방위도 볼 수 없으니 풍수고 뭐고 아무 쓸모가 없는 것일까?

이러한 의문 끝에 도달한 것은 풍수는 생기를 받느냐 안 받느냐 하는 문제이지 그것을 전달하는 매체가 땅이냐, 물이냐, 바람이냐 하는 것은 부차적인 것에 지나지 않는다는 사실이다.

그러므로 땅 위에서 통하는 풍수의 원리와는 다소 다를지 모르지만 고층, 고공 또는 우주로 나가더라도 여전히 생기의 문제는 사라지지 않는다.
 왜냐하면 지구라는 특정 지역을 벗어나면 또 다른 별의 영향을 받지 않고는 살 수가 없기 때문이다. 공간이 있으면 풍수가 존재하고 환경이 있으면 풍수가 작용하는 것이다.

관상으로 성격을 분석한다

충청도에 가면 사람들의 얼굴이 대개 둥글넓적하고 성격이 온화하며 행동 또한 조용히 물 흐르듯 한다.

조선 시대에는 충청도 사람들을 많이 등용하였다. 그러나 경상도 사람들은 마음이 급해서 실패의 원인기 되기 때문에 왕이 등용하기를 주저하였다. 해방 후 혁명가는 전부 경상도 사람이었다. 박정희, 전두환, 노태우 세 사람 모두 경상도 출신이다.

둥근형, 사각형, 삼각형의 세 가지 얼굴이 골고루 다 필요하다. 이를 각각 영양질, 근육질, 심성질이라고 한다. 둥근형은 사교적이고 명랑하며 원만하고 화합을 위주로 한다. 어느 모임이든 이런 사람은 꼭 하나 있어야 한다. 그래서 누가 불평불만을 터뜨리거나 파업하자고 하면 이 둥글둥글한 사람이 원만하게 조정을 한다.

사각형의 얼굴은 어느 기업에서든 쓰지 않으려 한다. 이런 형은 둥글둥글한 사람과는 달리 투쟁, 반항, 흥분을 잘 한다. 이런 사람은 불평불만이 들끓고, 열이 오르면 참지를 못해서 흥분을 한다. 이는 어쩔 수 없다. 고치기가 어렵다. 열이 나면 흥분해서 반항하고 대든다.

그리고 삼각형의 사람은 머리는 좋은데 행동이 따르지 못한다. 날마다 내일이다. 그러므로 이런 사람만 모아놓으면 일이 되지 않는다.

이런 세 부류의 사람을 골고루 모아 놓아야 한다. 인사 대책이 바로 그것이다. 어떤 사람이든지 3년 동안 똑같은 위치에서 똑같은 업무를 맡기면 고장이 난다. 그렇게 되면 완전히 식물 인간이 되어 버린다.

사람이란 항상 새 것을 원한다. 새로운 변화에서 충격을 받고 거기에서 활력을 얻게끔 되어 있다. 그러므로 인사 교체를 자주 해야 한다.

너무 유능해서 끝까지 믿었다가는 큰일이 난다. 5년이 시한이다. 5년만 지나면 무기력해져 버린다. 그럴 때 좌천을 시켜야 한다. 그러면 그 사람은 갈등을 느낀다. 자기는 공로도 있고 실적도 늘렸으며 일도 잘했는데 왜 나를 좌천시키는가?

그러나 사실은 그게 아니다. 다음을 위해 충전의 시간을 갖는 것이다. 그런 다음 적당한 기회에 승진시킨다. 요직에 있는 사람이 또다시 요직에 올라 오래 있으면 자만, 무사안일, 타성에 젖게 마련이다. 때문에 큰일을 맡겨서는 결코 안 된다. 이러한 힘의 순환이 이치이다.

일반적으로 얼굴을 살펴볼 때 이런 것들을 보아야 한다. 눈이 명랑하고 밝으면 사교적이고 쾌활하며 인간관계가 좋다. 보통 눈썹까지를 29세까지의 초년으로 보고, 눈썹에서 인중까지를 중년으로 보며, 그 아래 부분을 말년으로 본다.

코 잘생긴 거지는 없다고 한다. 코는 어머니 것과 아버지 것이 접착된 부분인데, 여기가 돌출된 곳이다. 여기가 단단하면 얼마나 집착이 잘된 것이겠는가? 이곳이 말랑말랑하면 의지력이 약하고 극기심과 인내력이 없다. 그리고 이것이 단단하고 크면 접착이 잘된 것이다. 그러므로 강하고 의지력이 있고 부지런하다. 누가 성공을 하겠는가? 성실하고 부지런하면 성공한다. 이것이 그렇다.

눈썹은 간장과 연결되어 있다. 그래서 술과 섹스를 너무 많이 하면 눈썹이 착 가라앉는다. 그래서 주색에 곯았는지 어쩐지는 이 눈썹을 보면 알 수 있다.

그런데 눈썹이 빳빳하게 선 사람이 있는데, 이를 체라고 한다. 사원들 중에 이런 사람이 있으면 아이디어가 기가 막히게 좋은 사람이다. 그런 사람에게 어떤 연구를 시키면 항상 기발한 문제작이 나온다. 그래서 신랑감을 고르려면 체가 있는 남자를 고르라고 하였다. 그것은 간장이 좋기 때문이다.

눈은 심장이다. 통찰력이다. 선과 악을 보고 기를 모은다. 눈을 보고 빛이 날 때 그때 중요한 일을 맡겨야 한다. 기(氣) 없는 사람에게 중요한 일을 맡겨서는 안 된다.

그 다음, 귀는 폐하고 연결되어 있다. 이런 의미에서 보면 오장이 얼굴에 다 나와 있다. 아침에 일어나견 손바닥을 비벼서 얼굴을 문지르는 것이 건강에 제일 좋다. 이때 문지르는 횟수가 있다. 스무 살 먹은 사람은 20번, 오십 살 먹은 사람은 50번을 해야 한다. 문지르는 손에도 신경이 있고 얼굴에도 있어 서로 마찰을 하니까 아주 좋다.

우리는 모두 자기 나름대로 건강관리와 정신 수양을 하여 마음의 세계, 깨달음의 세계로 나아가야 한다. 항상 즐겁고 낙천적으로 어렵고 기분 나쁜 일이 있으면 전화위복이려니 생각하고 항상 마음을 낙천적으로, 긍정적으로 생각해야 한다.

그리고 사소한 잘못은 눈감아 주어야 한다. 사업을 하다보면 스트레스가 쌓인다. 사람은 자주 부대끼는 사람에게 짜증을 내게 마련이다. 마음의 원칙을 세워라. 부부생활을 할 때 남편에 대한 불만, 아내에 대한 짜증이 있더라도 절대 신경질 내지 말아야 한다. 화내는 것은 자기 손해이므로 원칙을 나사로 조여 놓고 그러려니 하고 관대하게 넘어가야 한다. 그래야 습관이 바뀐다.

사소한 잘못을 눈감아 주고 서로 편안하게 해주고, 그래야 가족의 건강이 유지된다. 지나간 일을 가지고 자꾸 따지면 안 된다.

옛날에 서운했던 일, 10년, 20년 살다보면 왜 서운한 일이 없겠는가? 그러나 그걸 기억하고 있다가 이제 와서 지난 것을 따지면 안 된다. 그리고 감추려는 것을 자꾸만 캐내려고 해서는 안 된다. 이것을 지침으로 삼고 항상 마음을 즐겁게 하고, 깨달음을 생각하며, 겸손한 태도를 가져야 한다.

성공의 비결 가운데 중요한 한 가지는 공덕을 쌓아야 한다는 것이다. 남편의 사업이 잘 되도록 하고 건강하게 살려면 전국의 명산대천(名山大川)을 찾아다니며 기도를 해야 한다.

제주도 한라산, 1,950미터나 되는 이 산은 굉장한 기운이 서린 곳이다. 이런 곳에 올라가 큰 마음으로 기도를 해도 좋다. 아침에 해가 뜬 하늘도 보고 바다도 보고 산도 보면서 중생 제도, 국가와 사회와 인류를 위해서 자기 나름대로 보람 있는 인생을 살도록 기도하라. 그 기도가 선행되어야 응답이 있다.

두 번째는 자기의 건강, 세 번째는 자기 하는 일로써 사회에 봉사하도록 하고 그래서 자기 하는 일이 잘 되도록 기도하라. 그리고 그것이 실현되는 것을 상상하라. 그러면 심기가 일전한다. 끊임없이 발상을 바꿔야 한다.

활기가 있어야 하고 적극성이 있어야 한다. 남하고 말을 하더라도, 응대를 하더라도 신명이 나야 한다. 일본 사람을 보면 아무리 어려운 일을 하더라도 아주 밝고 신명이 나서 한다. 표정이 우울하고 쓸쓸하고 고독하면 평생 동안 기가 죽어버리기 때문에 운이 오지 않는다. 운 자체가 기이다.

항상 명랑하고, 남이 답답한 이야기를 하더라도 "아, 그랬어!" 하고 열심히 들어주고, 인생을 활력 있게 살아야 한다. "나는 귀부인이다, 나는 신사이다" 하고 생각하라. 항상 군자와 같은, 학문하는 선비와 같은 자세로 음악과 미술을 감상하며 한평생 자기 나름대로 멋있게, 풍류 있게 살아가라.

이런 지도자의 분위기는 그대로 아랫사람에게 전해진다. 참으로 이상한 일이다. 식당 같은 곳에 가서 종업원들이 불친절하고 못 됐으면 주인 얼굴도 보나마나이다. 너무 똑같다. 종업원이 착하고 부드러운 식당은 벌써 주인부터가 다른 것이다.

역학과 점(占)의 같은 점, 다른 점

점(占)이라는 것은 특별히 무엇이 있는 건 아니다. 지난날 후세인이 걸프전을 일으켰을 때 미 국방장관은 매우 조심스럽고 신중한 모습으로 전쟁에 대처한 결과 승리는 다국적군에게로 돌아갔다.

그렇다고 해서 그 사람이 점을 쳤다는 얘기는 없다. 마찬가지로 매사 조심스럽고 신중하게 대처해 나가는 사람이라면 따로 점을 보지 않아도 자신의 미래를 점칠 수 있는 것이다.

혹시 높은 지위에 올랐다고 해서 지나치게 목에 힘을 주고 다닌다거나 경거망동하면 대개의 경우 그 생명이 길지 못하다.

중국 당나라 태종의 치정(治政)이나, 업적을 기려 쓴 글이 『제왕학』이다. 그 책에서 보면 당 태종은 자신의 잘못만 지적할 부서를 따로 만들었다고 하는데 총책임자가 위징이라는 신하였다. 그래서 왕이 잘못된 정치를 하게 되면 그곳에서 간언(諫言)을 했다고 한다.

경영자도 이와 마찬가지로 자기만의 독단과 편견을 버리고 여러 사람의 말에 귀를 기울일 수 있어야 한다. 유신체제를 만든 박정희 정권도 마찬가지인 경우이다. 주변에 직언을 해 주는 사람이 없었기 때문에 그의 말로가 비참했던 것이다. 아마 육영수 여사가 생전에 있었다면 저토록 되지는 않았을 거라고 말하는 사람이 많다.

일반적으로 남편에게 바른 말하는 사람은 그 아내이다. 아내는 눈치를 본다거나 몸을 사리는 일없이 바른 말을 한다. 따라서 그 옛날 왕이나 오늘날의 대통령, 그리고 사업가 역시 항상 귀를 열어 두고 주변의 의견을 겸손히 받아들여야 한다. 이것이 바로 성공적인 비결인 것이다.

점을 칠 때는 우선 세 가지를 보게 되는데, 그 첫째는 내게 가장 요긴한 때를 점치는 것이다.

한국 사람들은 성질이 급해서 일찍 출발하고 먼저 이루려고 한다. 그래서 자주 주변의 성공한 사람과 자신을 비교해서 비관하는 경우가 많은데, 이것은 좋지 않다. '대기(大器)는 만성(晩成)'이라는 말처럼 한 번 핀 꽃이 지면 다시 꽃피기가 어렵다.

예를 들면 젊어서 장관이 된 사람은 그것으로 정치 생명이 끝나는 경우가 많다. 성공의 열매는 인생의 가을에 이루어지는 것이 값진 것이다. 강태공이 위수 강가에서 세월을 낚았다고 하듯이 느긋하게 때를 기다리며 실력을 쌓고 준비하는 것이 중요하다.

특히 내가 어느 시기에 혹은 몇 살에 꽃을 피울 수 있을 것인가를 점칠 때는 순환사상의 이치를 잘 알아야 한다. 씨를 뿌릴 때가 있으면 가지를 칠 때가 있고, 또 추수할 때가 있는 법이다. 순환사상을 제대로 이해하지 못하는 사람은 이 이치를 알 수가 없다. 물건을 하나 팔려고 해도 어떤 시간을 선택하느냐에 따라서 상황이 달라진다. 그러니 그 시기를 선택하기 위한 때를 알아야 한다. 그런 이유 때문에 정치가가 되려고 하면 백년 앞을 내다볼 수 있어야 하는 것이다.

 기업을 경영하는 사람 역시 적어도 50년 앞은 내다봐야 한다. 아무리 일상적인 삶을 살아가는 사람이라 하더라도 최소한 10년은 내다보며 살아야 한다. 앞으로 몇 년 후에는 교통 환경도 크게 달라진다. 말하자면 최첨단의 시대가 도래하는 것이다. 미래는 컴퓨터 시대가 될 것인데, 그렇게 된다면 직장업무도 집에서 처리하게 될 것이다. 좀 변두리라 하더라도 미래의 넓어지는 생활권을 대비해서, 너른 마당 있는 전원주택을 지으면 좋을 뿐 아니라 재산 가치도 높아질 것이다.

 아무래도 10년 후와 지금의 사정은 많이 달라질 것이기 때문이다. 모든 일에 대해서는 장기적인 전망과 예측 능력, 선경지명이 필요한데 그것이 바로 천시(天視)이며, 음양사상(陰陽思想)인 것이다.

 두 번째는 사람을 점치는 것이다.

 세계적인 부호(富豪) 카네기가 존재할 수 있었던 원인은 그가 거느린 철강 분야의 천재들이 있었기 때문이고, 유현덕이 촉한의 왕이 될 수 있었던 것도 저 유명한 제갈공명이 있었기에 가능했으며, 월나라 구천왕이 부차왕을 물리칠 수 있었던 것도 명재상인 범려가 있었기 때문이다. 그러니 무엇보다 중요한 것은 주변에 인재가 있느냐 없느냐이다.

　대통령으로서 정치를 잘하기 위해서는 혼자만의 의견으로 나랏일을 처리해서는 안 된다. 그런 경우 자칫 독재가 되기 쉽다. 편견에 치우치지 않으면서 일반 국민이 바라는 바를 가장 겸허하게 받아들이는 자세를 가진 사람이 지도자로서는 가장 훌륭하다. 그렇지 못한 지도자의 경우는 나폴레옹이나 히틀러의 불행한 종말만을 답습하게 된다.

　그렇다면 도대체 어떤 사람이 지도자로서 적당할까? 그것을 알기 위해서는 정치인을 판별할 수 있는 기준이 있어야 한다. 이런 경우 필요한 것이 관상이다.

　사람의 인상이란 참으로 중요한데, 오장육부의 표현이 얼굴이다. 그런 까닭에 얼굴을 보면 그 사람의 성격, 능력까지 알 수 있는 것이다. 근골이 나온 사람은 두뇌회전이 빠르고, 상황판단이 정확하며 끈기가 있다. 그러나 근골이 나오지 않은 사람은 변덕이 심하고 끈기가 부족해서 무슨 일에도 쉽게 포기를 해버리고 만다. 그리고 이마가 튀어나온 사람은 눈치가 빠르고 임기응변에 강하기 때문에 입찰경쟁 같은 것에 뛰어난 수완을 발휘하기도 한다.

　제갈공명이 평소에 가장 존경한 사람은 명재상 관중이라고 한다. 관중은 항상 인재를 찾으려는 노력을 게을리하지 않았다고 전한다.

　이렇듯 평생에 인재 하나만 찾으면 성공하는 것이다. 예를 들어 똥파리가 천리마(千里馬)의 몸에 딱 붙어 있으면 천리마가 천리를 달릴 때 자연 그 똥파리도 천리를 달리는 것이 된다. 따라서 어떤 시기에 어느 사람과 인연이 되느냐에 따라서 사람의 운명은 바뀌게 된다. 특히 여성의 경우 어떤 남성과 결혼하느냐에 따라 운명이 달라지는 일이 많다. 그래서 사람을 점치는 것도 필요한 것이다.

게으른 사람이 옆에 있으면 될 일도 안 되는 경우가 종종 있다. 무슨 일을 하려고 할 때 옆에 있는 사람이 기와 의욕을 꺾어 놓기 때문이다. 사람은 끊임없는 자극에 의해서 바뀌게 되어 있다. 참으로 기기묘묘한 것이다. 사람과 사람 사이에는 에너지가 교류된다. 나이가 많은 사람이 젊은 사람과 어울리면 젊어지는 것도 다 이러한 이치이다.

옛말에 노인들과 손자를 한 이불 속에 자게 하지 말라는 말도 이에 근거한 것이다. 말하자면 노쇠한 기가 손자의 속에 들어가 애들의 신진대사가 원활하지 못하게 한다는 것이다.

주로 같이 어울리는 사람들끼리는 옷입는 수준에서, 말투나 헤어스타일, 목소리나 관심사까지 똑같을 때가 있다. 그러니 성공한 사람을 만나면 성공하게 되는 것이다. 일반적으로 볼 때 성공한 사람은 태도, 말하는 것, 생활방식 자체가 벌써 다르다. 중요한 것은 행동으로 보여주어야 한다.

신입사원이 찻잔을 나를 때 한 손으로 건네주는 것을 꾸지람 하면 잔소리가 된다. 시어머니가 며느리를 다스릴 때도 마찬가지이다. 이럴 때 가장 훌륭한 가르침은 먼저 행동으로 보여서 아랫사람이 스스로 반성을 하도록 하는 것이다.

그것이 솔선수범이다. 중요한 것은 좋은 사람을 사귀고, 좋은 사람을 만나는 것이다. 때문에 사람에 대한 관심, 투자, 정성, 만

남, 인연이 사람 사는 세상에서는 소중한 것이다.

세 번째는 분위기를 점치는 것이다.

사람의 표정이 바뀌면 운명이 바뀌게 된다는 말이 있다. 밝은 표정을 가지고 명랑하게 산다면 생활에서 스트레스가 쌓이지 않는다. 집안의 새로운 가구 배치로 기분 전환을 하는 것도 중요하다. 그리고 밥은 아무 데서나 먹어도 잠은 가려서 자라고 하는 말이 있다. 좋은 자리에서 하룻밤을 자게 되면 좋은 꿈을 꾸게 되고 훌륭한 영감도 떠오른다. 그렇게 되면 신진대사가 잘되어 건강이 좋아진다. 습하고 나쁜 흉가에서 자게 되면 악몽에 시달린다.

사람은 영(靈)이 있고, 마음의 세계가 지배하기 때문에 들은 것만큼, 느낀 것만큼 운명이 바뀌게 되어 있다. 그 때문에 환경과 분위기가 중요한 것이다.

일본인들은 정치를 할 때 환경과 분위기를 첫째로 중시한다. 식민지 총독 하에서도 명치천황이 경복궁을 헐고 총독부를 짓게 했었는데 그 건물은 해방이 되자마자 바로 철거가 되었어야 한다. 이는 재혼하는 여자가 있다고 가정할 때, 전처(前妻)가 쓰던 화장대나 장롱은 쓰지 않는 것이 원칙인 것과 마찬가지이다.

식민시대의 기(氣)가 남아 있는 총독부 자리에 우리 국무총리가 앉아 있다고 하는 것은 아무래도 어울리지 않는 일이었다.

일제 때 일본인들은 사대문 안의 가장 명당자리에다가 일본이라는 일(日)자 총독부 건물을 지었으며, 근본 본(本)자 본이라는 뜻으로 덕수궁 아래에다 시청 건물을 지은 것이다. 창경궁도 역시 한동안 창경원으로 불렸는데 그것은 일본인들이 궁전이라는 말에서 느껴지는 권위의식을 없애기 위해서 한낱 개인집 정원처럼 원(苑)자를 붙여 창경원(昌慶苑)이라 부르도록 한 것이었다. 그리고 동물원은 임금이 동물처럼 한 울타리에 있도록 해서 상대적으로 조선왕의 신분을 격하시키려는 의도였던 것이다.

이렇듯 일본인들은 하나하나 세밀하게 신경을 썼는데 그 원인은 분위기나 환경, 민족성 때문이다. 일본인은 간판 하나를 달더라도 정성을 다 한다. 깃발 하나를 걸 때도 그러하다. 한 나라의 깃발은 그 민족의 기(氣)를 지배한다. 그렇기 때문에 이름만 봐도 그 사람을 느낄 수 있다고 하는 것이다.

나폴레옹의 원래 이름은 나폴리였다. 그런데 나폴리하고 큰 소리를 부르면 끝이 쳐졌다. 그는 '불가능한 것은 없다'며 당장 이름을 그렇게 바꾼 것이었다. 이렇듯 신념을 가지고 무엇이든 열심히 하면 이루어지게 마련이다.

10년 정도 작정하고 붓글씨든 미술이든 파고들면 대가는 못되더라도 어느 정도는 궤도에 오르게 마련이다. 천재와 바보는 종이 한 장 차이다.

역학 공부도 관상학에서부터 풍수지리까지 10년 동안 한 우물을 파듯이 꾸준히 공부하면 일정 수준에는 도달할 수 있을 것이다. 모 유명한 정치인은 헬리콥터까지 타고 가서 관상을 보았다는 말이 있을 정도로 역학의 인기는 높아지고 있다. 역학을 배우면 천하를 보게 된다고 한다. 중요한 것은 분위기나 환경이다. 헤어스타일도 분위기를 바꾸는데 중요한 구실을 한다.

여자의 이마가 곧 남편이다. 따라서 머리를 올리는 것이 좋다. 출세한 남자의 아내치고 이마에 머리 내려놓은 여자가 없다. 대통령 부인이든 장관 부인이든 모두 마찬가지이다. 가능한 한 머리는 쓸어 올리는 것이 좋다. 그러면 남편의 좋은 점이 보인다고 한다. 굳이 남편의 단점, 결점을 자꾸 볼 필요가 있겠는가? 단점이든 장점이든 그러려니 하고 대범하게 생각해 버리면 평소에 모르던 좋은 점이 눈에 들어온다고 한다.

웬만한 것은 포용해 가면서 낙천적으로 세상을 즐겁고 긍정적으로 살아가는 것이 좋다. 한 평생을 살면서 쓸쓸하고 비관적으로 살아야 할 이유가 없다. 현재 사는 세상을 지옥 같다고 생각하면 죽어서도 지옥에 떨어진다. 모든 것은 다 내 마음에 달려 있다고 하지 않는가?

어느 살인강도가 죽어서 지옥에 떨어졌는데 그야말로 아비규환(阿鼻叫喚)이었다고 한다. 그래서 그때 모든 중생들의 고통을 전부 내가 겪었으면 하고 바라니까 한순간에 지옥을 뛰어넘었다고 한다.

그런 것이 마음의 세계이다. 불교의 가르침이 무엇이던가? 바로 마음으로 깨닫고 느끼는 깨달음의 근본 세계이다. 사람이 한 평생 그런 차이를 마음에다 두고 수양을 하게 되면 오행에 바탕을 둔 이치를 볼 수 있다. 이것이 바로 순환의 사상이다.

역학으로 보는 우리 민족의 기원

우리 한민족이 생성된 시간은 인시(寅時)라고 한다. 우리 민족은 예로부터 신심(信心)이 두터울 뿐 아니라, 영혼이 밝고 깨끗하기로는 가히 세계적이었다고 한다. 때문에 세계를 구제하고, 중생을 제도하고, 인류의 촛불이 될 수 있는 민족으로서의 자긍심을 가지고, 그 역할을 제대로 해내기 위한 노력이 필요할 것이다.

우리 민족은 인방(寅方)에 태어난 민족이다. 따라서 다른 민족과 비교해 볼 때, 기(氣)가 매우 세다.

일본은 진방(辰方)에 태어난 민족이다. 진방은 계절로 보면 1, 2, 3월에 해당된다. 이때는 봄이 왕성할 때이다. 띠 중에는 용띠가 가장 강한 띠이다. 용띠의 사람들은 보통 두각을 나타내고 싶어하고, 뒤지기를 싫어할 뿐 아니라 어디를 가든지 일인자가 되고 싶어 한다.

사회적 활동에서 두각을 나타내는 사람을 보더라도 평균적으로 용띠가 많다.

 따라서 일본은 매우 강한 민족이라고 볼 수 있다. 세계 시장에서도 이미 미국의 경제권을 앞지르고 있는 일본인들의 정신적 바탕은 사무라이 정신이라고 한다. 자기의 책임이 완수되지 않았을 경우에는 할복자살을 해서라도 그 책임을 지고마는 일본인들의 기질은 매우 지독한 편이다. 그러나 이런 성격은 더불어 살아야 하는 사회인으로서는 적합하지 않다.

 사회생활을 잘 하려면 여성적으로 부드럽게 할수록 좋다고 한다. 사회생활에서 거친 태도나 행동, 말 등을 쓴다면 교양 없다는 오해를 받기 십상이기 때문이다. 부드럽고, 유연하며, 친절한 태도는 특히 우리나라 정치인들에게 필요하다.

 어릴 적부터 일본사람들처럼 친절함이나 공손함이 몸에 배도록 하는 교육이 있어야 한다. 왜냐하면 우리 민족은 에너지가 많은 민족이기 때문이다. 그 에너지는 새로 시작할 때 강해진다. 그런 이유 때문에 옛날 어른들은 큰절을 하도록 해서 뻗친 열을 식히도록 했던 것이다. 이런 습관을 어려서부터 길러 준다면 우리 사회가 좀 더 부드러워질 뿐 아니라 사고도 줄어들 수 있을 것이다.

 외국 사람들은 한국 여성들을 두고 표정이 경직되어 있다는 말을 자주 한다. 일반적으로 우리 한민족은 흥분을 잘하고, 다혈질일 뿐 아니라 다른 사람의 의견에 귀를 잘 기울이지 않는 경우가 많다. 그렇기 때문에 자라는 아이들이 부드럽고 유연하게 성장할 수 있도록 하는 노력들이 지금부터 있어야 할 것이다.

 일본의 경우는 진방이기 때문에 정치가들 스스로가 그렇게 만

들어 놓은 것이다. 일본 발음 자체도 유연할 뿐 아니라 인사 예절조차도 공손하기 그지없는 것만 보아서도 알 수 있다.

임진왜란을 두고 한편으로 다도(茶道) 전쟁이라고들 한다. 풍신수길은 무력으로 천하를 통일했기 때문에 백성들한테는 인기가 없었다. 그래서 그 유명한 다인(茶人) 센누끼를 앞세워서 차회(茶會), 다회(茶會)를 베풀었던 것이다. 차 마시는 모임을 만들어서 일단 사람들이 모이게 되면 풍신수길이 모습을 드러냈다. 그런데 다회마다 제대로 된 다기(茶器)가 없었다는 것이다. 때문에 그 다기를 구해오기 위해서 임진왜란을 일으켰다고 한다.

그리고 임진왜란 동안에 한국에서 유명한 다기나 도공들은 모두 잡아가다시피 했다. 그래서 지금 한국의 유명한 다기를 가지고서 일본의 다문화(茶文化)를 꽃피우고 있는 것이다.

일본은 일본 고유의 것이 없다고 해도 과언이 아니다. 대부분이 한국의 것을 빼앗아 간 것이다. 다도는 매우 정적(靜的)인 것이기 때문에 일본 국민성을 정적인 것으로 만들어 놓는데 큰 역할을 했던 것이다. 왜냐하면 그들은 진방이기 때문이다. 정치 또한 이런 이치를 알고 해야 한다.

이런 경우는 부부생활에서도 마찬가지이다. 아내가 남편에게 흥분된 큰 소리로 얘기하는 것은 좋지 않다. 한민족은 인방이기 때문에 될 수 있는 한 목소리를 낮추어 부드럽게 말할 수 있도록 노력해야 한다.

하루 중 사람의 체온이 가장 높은 때는 오후 4시이다. 그리고 오후 1시부터 3시 사이를 미시(未時)라고 한다. 사람의 체온이 가장 높이 올라간 다음은 해가 서쪽으로 기우는 이치처럼 체온이 내려가게 된다. 따라서 이 시간 때가 되면 사람들의 정신력도 식어 기가 떨어지게 되는 것이다. 그리고 이때가 되면 사람의 정신력도 본능에 의해 지배되는 것이다.

그런 이유 때문에 아침과 낮에는 정신이 지배하고, 양기(陽氣)가 지배하는 것이다. 신체적으로 본다면 간장과 심장이 지배한다. 그러나 이때가 지나면서 음기(陰氣)가 점점 강해져서 신체적으로 본다면 폐나 신장이 몸을 지배하게 된다. 때문에 저녁때가 되면 뚜렷한 이유 없이도 환상의 세계로 가는 것 같은 기분이 드는 것이다.

직장인인 경우는 대개 세 시나 네 시가 지나면서부터 고스톱 치러 가자느니, 춤을 추러 가자느니, 술을 마시러 가자느니 하는 약속을 하게 된다고 한다. 말하자면 정신력보다는 육체의 본능으로 넘어오는 시기라고 얘기할 수 있다. 그래서 아침이나 낮에는 정신이 지배하고, 저녁과 밤은 육체가 지배한다는 말까지 공공연히 생겨나는 것이다. 이런 이유 때문에 사람의 마음이 하루에 열두 번도 바뀐다고 할 만큼 변덕도 부리게 되는 것이다.

예를 들어 설명한다면 하루가 시작되는 아침은 정신이 맑을 뿐 아니라 의욕도 넘치고 긴장감이 팽팽해진다. 그러나 이 시간이 지나게 되면 긴장감이 느슨해질 뿐 아니라 쓸쓸하고 심지어는 외로워지기까지 하는 것이다. 그런 상태에서 환상적인 세계만을 추구하게 되면 육체적인 욕망도 넘치게 된다.

만약 선을 보게 될 경우, 낮에는 까다로운 남자가 웬일인지 밤에는 그렇지 않은 이유도 바로 이것 때문이다.

성공하는 인간관계

　인간관계에서는 그 무엇보다 인화(人和)가 중요하다. 어떤 사람을 만나느냐 하는 문제가 중요하다. 인물 좋은 친구와 자꾸 어울리면 자신도 그렇게 좋아진다. 결혼에 실패하고 독신생활을 하는 여자와 어울려 춤이나 추고 고스톱이나 치면 평생 행복을 얻을 수 없다. 성공한 사람이나 성실한 사람을 자주 만나면 그 기를 받게 된다.

　선진국의 부모들은 아이들이 초등학교에 다닐 때 아무나 함부로 사귀지 못하게 한다. 학부모들이 학교 선생님과 상의해서 어떤 아이가 성실하고 착하고 가정환경이 좋으냐를 알아본 다음 어울리는 아이들끼리만 만나게 된다.

　아무튼 어떤 사람하고 사귀느냐가 중요하다. 성공한 사람과 자주 만나고 사귀면 성공하게 되어 있다. 성공한 사람은 성실하고, 의욕이 있고, 직장생활도 적극적으로 한다.

　흔히들 "적당히 해도 되는데 무얼 그리 열심히 해, 그런다고 월급을 더 주냐?" 한다. 그러나 그렇지 않다. 어떤 생활태도를 갖느냐에 따라 같은 일을 하더라도 인생의 향방이 달라지기 때문이다.

그리고 인간관계에서 실패하면 직장에서 낙오자가 된다. 주인의식을 갖는 것이 중요한 이유는 적극적으로 일하면 할수록 그것이 자기의 성격이 되기 때문이다. 주위의 신뢰를 받게 되고 그것이 기회를 가져다주고 운명을 열어준다. 따라서 무슨 일이든지 의욕을 가지고 적극적으로 해야 한다. 이 모두 자기 자신을 위한 길이기 때문이다.

노자는 인간관계를 가르칠 때 물(水)에서 지혜를 배우라고 하였다.

첫째, 물은 부드럽다. 저항감과 반항감과 거부감을 주는 행동을 보이지 말라. 외유내강하라, 상대방이 공격적으로 나오면 후퇴하라. 토론을 하더라도 그렇다. 이러한 외유내강은 일본 사람들에게 배워야 한다.

둘째로 물이란 큰 그릇에 담겨지기도 하고, 작은 그릇에 담겨지기도 한다. 이렇듯이 절대로 자기 기준으로 사람을 판단해서는 안 된다. 누구든지 장단점은 다 있게 마련이다. 그러므로 상대방을 관찰하고 통찰해서 상대방의 적성에 맞게 거기에 적응을 해야 한다.

"연애할 때 눈이 삐었지. 결혼해서 보니 무식하고 성질도 못됐고……."

하지만 그것이 전부는 아니다. 못된 점이 있으면 분명 장점도 있게 마련이다.

부부는 서로 닮아간다고 한다. 아무리 아내가 무식하더라도 유식한 남편과 살면 유식해지고 교양이 생긴다. 그러므로 아내의 성격이 못됐으면 내 성격이 못되어서 그런 거지 하고 생각하면 아무런 문제가 없다.

"누구를 닮아서 그런가?"

누구를 닮은 것이 아니고 그게 모두 다 자기 탓이다. 하다못해 식당을 가도 못된 종업원들이 있다. 그것은 모두 주인을 닮아서 그렇다. 현대그룹은 정주영 회장의 이미지와 분위기가 그대로 흘러간다. 말이 나왔으니까 하는 말인데 일본 사람들이 가장 무서워하는 사람이 정주영 회장이다.

사업하는 사람은 선견지명이 있고 통찰력이 있어야 한다. 왜놈들이 시베리아 개발을 하고 싶어 눈독을 들이고 있지만 북방도시 문제가 걸려 있어 개발을 못하고 있었다. 그들은 우리가 먼저 선수를 칠까봐 안절부절못하고 있는 형편이었다. 그런데 시베리아에다 보기 좋게 선수를 친 사람이 바로 정주영 회장이다.

일본 재계 사람들이 와서 소련은 공산국가이기 때문에 자금 결재도 잘 안 되므로 그러다가 괜히 실패할지도 모른다는 유언비어를 퍼뜨리고 다녔다. 하지만 정주영 회장을 모르고 하는 소리이다.

정주영 회장은 일산 수해가 났을 때 헬기를 타고 가서 그만의 통찰력으로 어떻게 하면 물을 막을 수 있는지를 알려준 사람이다.

아무튼 우리는 주위 사람들에게 기를 받는다. 집에서 기르는 강아지까지도 주인을 닮는다. 주인이 성질이 못되어 늘 개를 쥐어박으면 개도 악질이 되어버린다. 그러므로 모든 것은 남이 아닌 바로 자기 탓이다. 얼마나 자기 자신이 이기적인지를 깨달아야 한다. 그러므로 이렇게 생각해야 한다.

'나는 이기적이다. 나는 성격이 못됐다. 나는 나 중심적이다.'

그렇게 인간관계를 시작해야만 한다. 이기적이기 때문에 자기에게는 관대하고 남에게는 인색한 것이 사람의 본능이다. 자기가 남의 차를 추월할 때는 너무 바빴기 때문이라고 생각한다. 이 얼마나 이기적인가? 남이 추월하면 교양도 없는 놈이라고 열을 낸다. 누구나 다 그렇다.

이런 면에서 서양 사람들은 참 합리적이다. 분명히 내가 상대방의 발을 밟았는데도 상대방이 "I am sorry" 라고 한다. 왜냐하면 자기 자신에게 관대하기 때문이다.

하다못해 부부생활, 즉 섹스를 하더라도 그렇다. 아내에게 적응을 해야 한다. 아까도 말했지만 남자는 심장에 열이 뻗쳐 있어서 90%가 흥분되어 있는 상태이다. 그러나 여자는 냉하기 때문에 똑같이 시작하더라도 10%밖에 오르지 않는다. 그래서 여자가 시작할 때는 벌써 남자는 볼일 다 보고 끝난 상태가 된다. 그리고 큰일이나 한 것처럼 벽을 보고 잠을 잔다.

아내는 약이 잔뜩 올라 등을 쿡쿡 찌른다. 그러면 "아까 했잖아!" 한다. 이 얼마나 이기적인가? 그러나 그것을 모른다. 남자는 여자의 체질이 냉하니까 충분히 열을 올려주어야 한다는 사실을 알아야 한다. 그래서 말로 속삭여 주고 쓰다듬어 주고 나서 일을 시작해야 한다.

처음에 시작할 때도 그렇다. 키스를 할 때는 코부터 비벼야 한다. 집에 가서 코를 갖다 대어 보라. 코에서 냄새가 들어간다. 이리 비비고 저리 비비고…… 그래서 바람 많이 피운 여자를 남자 콧김을 많이 쏘인 여자라고 한다. 여자는 남자의 코에서 아버지 냄새를 맡는다. 이것은 어렸을 적부터의 잠재의식이다.

사람에게는 냄새가 중요하다. 스무 마리의 새끼를 낳은 어미 돼지의 젖꼭지는 스무 개나 되지만, 새끼들은 자기가 입을 댄 젖꼭지 하나만을 찾는다. 냄새로 안다. 그래서 서양 사람들은 키스하기 전에 꼭 코를 비비고 나서 들어간다.

입술도 위아래가 다르다. 위는 심장, 간장이고 밑은 신장, 폐이다. 그래서 위는 정신이고 밑은 육체이다. 그래서 키스를 하더라도 위를 살짝 거쳐서 정신으로 암시를 주고 밑을 꽉꽉 누르는 법이다. 그런데 무식하게도 밑에서부터 마구 위로 올라가야 되겠나? 아무튼 섹스를 하더라도 철저하게 상대방에게 적응해야 한다. 여자는 섹스가 끝나면 갓난아이와 같은 정신 상태가 된다. 그래서 남편이 등을 돌리고 자면 증오심이 끓는다. 그러므로 끝나고 나서도 쓰다듬고 다독거려야 한다.

아내만이 아니라 모든 인간을 쓰다듬고 다독거려라. 상사나 동료나 아랫사람이나 할 것 없이 전부 다 쓰다듬는 자세로 살아보아라. 그리고 측은지심(惻隱之心)을 가져라. 얼마나 고독하고 쓸쓸하고 외로운 존재인가 하고, 그러면 모든 것이 용서가 된다.

셋째는 분위기, 환경이다. 얼굴에도 썩은 얼굴이 있으며, 향기 나는 얼굴이 있다. 아주 짜증이 많고 멍청하며 뭐든지 시비를 걸려고 도사리는 얼굴이 썩은 얼굴이다. 그런 얼굴로는 평생 행복해지지 않는다. 평화롭고 따뜻하고 자애롭고 의욕에 차고 신명이 나고 밝아야 한다. 분위기가 그래야 한다.

말도 마찬가지이다. 언제나 부드럽고 유연해야 한다.

"사업 어때?" 하면 "죽을 지경이에요." 하는데, 자꾸만 그렇게 말하다 보면 정말 말이 씨가 된다. 의욕과 목적의식을 갖고 하루하루가 마지막 날인 것처럼 열심히 사는 사람에게 그런 말이 나오겠는가? 말은 절대로 함부로 해서는 안 된다. 그러므로 걸음걸이나 태도나 모든 것이 양명(亮明, 명랑)하고 안정감이 있고, 그래서 분위기 자체가 미래 지향적이 되어야 한다.

이렇게 사람이 살아가는 데에는 때와 인간관계와 분위기, 환경이 중요하다.

결론적으로 사람은 절반은 선(善)하고 절반은 악(惡)하다. 그러므로 누구든지 자만하고 교만한 면이 있다. 그러나 그렇게 자만하고 교만하면 수호신이 우리를 지켜주지 않는다. 항상 배우는 자세, 겸손한 태도, 무슨 이야기든지 긍정적으로 생각하고, 열 마디 이야기를 들었으면 한 마디라도 발상의 전환에 도움이 되었다고 생각하라.

무슨 일을 하든지 성실하게 주인의식을 갖고 그리고 그때그때마다 연구를 하라. 더 좋은 방법이 없을까? 하고 말이다. 그렇게 자꾸 아이디어를 개발하다 보면 변화가 온다.

불쾌하고 기분 나쁜 생각은 빨리빨리 잊고 좋은 생각만 하라. 미래의 꿈과 희망을 갖고 창조적으로 살아가라. 미래 지향적으로 살아야 한다.

인간관계에는 눈감아 줄 것은 눈감아 주고, 자기 자신이 지도

자적인 입장에서 남보다 솔선수범하는 자세를 견지하라.

언행이나 예의나 생활태도 등 모든 것이 다른 사람보다 모범적이어야 한다. 자기 자신이 다른 사람들에게 태도나 교양이나 학식 등 모든 면에서 얼마나 영향력을 줄 수 있는 사람인가를 생각하고 항상 수양하고 반성하며 정진하도록 하자. 그렇게 나쁜 마음, 쾌락을 생각하는 마음을 견제하기 위해서는 수양이 필요하다.

인생이란 하루하루가 쌓여 이루어지는 것이다. 하루의 실패자는 인생의 실패자이다. 오늘 하루는 내일을 준비하는 하루이다. 평생을 사는 마음으로 오늘 하루를 열심히 살아야 한다. 하루하루의 생활속에서 즐거움도 있어야겠지만 남을 위해 착한 일도 해야 한다. 직장생활을 하는 것은 남을 위해 착한 생활을 하는 것이다.

그렇게 생각하는 것이 정신 건강에도 좋다. 이런 마음 자세로 하루하루를 열심히, 위기의식을 가지고 창조적으로 살아가기를 바란다.

양기(陽氣)가 발달한 남자, 음기(陰氣)가 발달한 여자

사람에게는 두 개의 기, 즉 양기와 음기가 있다. 심장과 간장이 양기이고 폐와 신장이 음기이다. 남자는 간장이 잘 발달되어 있는데, 거기서 의욕이 생긴다. 그래서 여자보다 사업을 많이 한다.

여자는 폐가 발달되어 있기 때문에 환상적이고 공상적이고 추상적이고 망상적이다. 만일 바람을 피우다 들키더라도 똑 잡아떼야 한다. '나는 당신 이외의 다른 여자는 거들떠보지도 않고 생각하지도 않는다!'고 말이다.

여자는 환상적이기 때문에 그것을 좋아한다.

여자는 수치심을 많이 느낀다. 다 폐 때문이다. 고층아파트에 불이 나서 줄을 타고 내려오다가 아래쪽에서 웅성웅성 사람 소리가 나면 자기도 모르게 줄을 놓고 부끄러운 부분을 가린다고 한다. 줄을 놓았으니 죽을 수밖에, 여자의 경우 백이면 백 다 그렇다고 한다. 그것은 본능이다. 그러나 남자는 누가 보든말든 상관하지 않는다.

여자는 감상적이기 때문에 무조건 예쁘다고 해야 한다.

"당신만큼 예쁜 여자는 없어!"라고 할 때, "나는 조금 뚱뚱한데……" 하면 "뚱뚱해야 만질 데가 있지."

이런 식으로 말해야 한다. 못 생겼다고 하면 그 날로 끝장이다. 아내가 나이가 들었으면, "여자는 나이가 들어야 성숙미가 있는 것이지. 젊은 애들이 무슨 멋을 알겠어!" 하고 구구절절 칭찬해 주어야 한다. 그러면 여자는 좋아한다. 폐가 발달되었기 때문이다.

가느다랗고 긴 손가락을 가진 여자들이 있다. 그것도 모두 여자의 발달된 폐 때문이다. 공상가(空想家)의 손이 그렇다.

반면에 남자는 간장이 발달되어 있어서 비즈니스를 잘한다. 그리고 심장이 뜨겁고 크기 때문에 어깨가 넓다. 여자는 신장이 크고 냉해서 히프가 크다. 그래서 남자는 위(上)가 발달되어 있고 여자는 밑(下)이 발달되어 있다. 위는 정신이요, 밑은 육체이다. 그러므로 여자는 육체에 관심이 많고 남자는 정신에 관심이 많다. 그래서 처녀귀신은 있어도 총각귀신은 없다. 노처녀가 신경질을 부린다는 것도 가슴이 답답하니까 그렇다. 노총각이 히스테리 부린다는 소리를 들어 보았는가?

여자는 남자의 손길이 닿아야 흥분한다. 여자는 머리끝부터 발끝까지가 성감대이다. 남자가 껴안고 허벅지를 만지고 뜨거운 입김을 불어넣으면 "안 돼, 안 돼!" 하다가도 열에 들뜨면 정신이 감당을 못한다. 음과 양의 이치가 그렇게 돌아간다. 남자는 심장이 발달되어 있기 때문에 모든 것이 긍정적이고 행동적이고 독립심이 강하다.

여자는 심장이 냉해서 오장육부가 오므라들어 있다. 그래서 모든 것을 의심하고 부정적으로 본다. 그래서 남자가 데이트 신청을 해도 혹 '도둑이 아닌가, 인신매매단은 아닌가' 하고 의심한다. 여자에게는 본능적으로 초조하고 불안한 심리가 깔려 있는 것이다.

"내가 이 남자하고 살기는 살지만 내가 눈이 삔 것은 아닌가? 시집 잘못 온 것은 아닐까? 이 남자가 지금 바람을 피우고 있는 것은 아닌가? 딴 생각하는 것은 아닌가? 이러다가 내 장래가 어떻게 될까?"

하다못해 여행을 가더라도 교통사고가 나서 죽는 것은 아닌지 싶어 초조와 불안으로 속이 터질 지경이 된다.

또한 여자는 본능적으로 항상 '밑지고 손해 보는 것은 아닌가' 하는 피해의식을 확인하고 싶은 마음이 작동한다. 그래서 친구에게 전화를 걸어 "어떻게 지내니? 네 남편 월급은 얼마나 되니? 아파트는 몇 평이니?" 하며, 심지어는 잠자리에서는 잘 해주느냐? 스태미나는 있느냐? 사이즈는 크냐작냐 하는 것까지도 물어본다. 여자들이 만나 오랫동안 수다를 떠는 이유는 이런 것들을 비교하느라 그런 것이다. 그래서 여자에게는 비밀이 없다.

건설부 장관이 잠자리에서 아내에게 말했다.
"이번에 도시계획이 세워졌는데, 다른 사람에게 절대 이야기해서는 안 돼. 여기에 신도시가 개발될 예정이야. 이 얘긴 비밀이야, 알았지?"

그러나 아내는 목이 근질근질해서 참지 못하고 언니에게 다른 데 가서 얘기하지 말라고 하면서 비밀을 이야기한다. 그러다 보면 소문이 쫙 퍼지게 된다.

여자는 부부싸움을 하다 말고 말이 막히면, "당신이 과거에 나한테 한 것이 무엇인데, 잘한 게 뭐가 있어요?" 하며 옛날 일을 꼭 들고 나선다. 여자에게 가장 무서운 것은 화병이다. 가슴이 적고 속은 터지지, 그러면 감당을 못한다. 어떤 여자나 가슴이 적기 때문에 불평, 불만에다 바가지를 긁게 되어 있다. 비교하다 보면 죽은 자식 못난 데 없고, 남의 밥그릇이 커보이듯 내 남편만 바보 같고 못나 보이게 마련이다. 그래서 여자는 바가지를 긁는다. 여자가 바가지를 긁을 때는, "가슴이 적어서 저러지……" 하고 그냥 넘어가야 한다. 그래서 나는 부부싸움을 하지 않는다. 싸움을 할 필요가 없는 것이다.

사람은 일 년에 한 번씩은 우울증에 빠진다. 그 이유는 새로운 것을 좋아하기 때문이다. 사업이나 직장에서 똑같은 일을 3년만 하면 싫증이 나고 짜증이 난다. 사람은 변화를 추구한다. 변화가 있을 때 의욕이 생기고 신진대사가 잘 된다. 마치 계절이 바뀌듯이 말이다.

똑같은 것이 반복되면 사람은 싫증을 느낀다. 의욕이 없어지고 이것이 누적되면 무기력해진다. 자기 띠에 해당되는 달이 오면 사람은 우울증에 빠진다.

예를 들면 호랑이띠는 음력으로 1월이다. 토끼띠는 2월, 용띠는 3월, 뱀띠는 4월, 말띠는 5월, 양띠는 6월, 원숭이띠는 7월, 닭띠는 8월, 개띠는 9월, 돼지띠는 10월, 쥐띠는 11월, 소띠는 12월이다. 그 달이 되면 한 달 동안 우울증에 빠진다. 이런 증상은 여자가 남자보다 더 강하다. 여자가 더 감상적이기 때문이다.

사람의 마음은 하루에 열두 번도 더 바뀐다. 아침때의 마음, 점심때의 마음, 저녁때의 마음, 밤의 마음이 모두 다르다. 어떤 때는 재미있고, 어떤 때는 짜증나고 죽고만 싶어진다. 이런 심리 변화는 오장(五臟)의 체온의 변화에서 연유하는 것이다.

밤 1시에서 3시 사이는 체온이 가장 낮은 시각이다. 낮에 활동하면서 올라갔던 열이 이때 식는다. 열이 내려가면서 피로가 회복된다. 가장 열이 낮은 상태에서 아침이 되는데, 이때 간장은 열을 받는다. 때문에 아침이 되면 의욕이 생기는 것이다. 낮이 되면 심장이 열을 받으므로 활력이 솟는다. 그러다가 해가 서쪽으로 기울어지면서 폐로 넘어간다. 그래서 저녁이면 왠지 쓸쓸해지고 환상적이 된다.

친구들 하고 고스톱 치러 갈 생각, 술 먹을 생각, 색시집에 갈 생각, 온갖 잡된 생각이 다 저녁에 일어나는 것이다. 그러다가 밤이 되면 신장이 열을 받아 섹스를 하고 싶어진다. 낮에 선을 보면 누구든지 까다롭게 군다. 열이 심장에 있기 때문에 정신이 말똥말똥하다. 그래서 키가 작다느니, 인물이 못 났다느니, 뭐가 어떻다느니 하며 투정이 많다. 그러나 밤이 되면 열이 신장으로 오기 때문에 키가 작으면 어떻고, 뚱뚱하면 어떠냐 하며 만사가 오케이다.

이처럼 열은 순환한다. 하루 동안에도 정신이 지배할 때가 있고 육체가 지배할 때가 있다. 육체가 지배할 때는 정신이 나가니까 완전히 방심하게 된다. 이때 바로 사고가 나는 것이다. 우리가 사무직이나 생산 라인의 일을 할 때 첫날은 긴장감이 있지만 그 다음 날은 싫증이 나기도 하고 공상이 생기기도 한다.

일요일에 목사님의 설교를 듣고 월요일까지는 십계명을 지키자, 신앙생활을 하자 굳게 다짐한다. 그러나 화요일만 되면 다 잊어버리고, '이래도 한 세상, 저래도 한 세상 적당히 살다 가는 거지'하고 다 잊어먹는다.

이렇게 금방 잊는 사람의 마음을 알아서인지 교회에서는 수요일 밤에 다시 예배를 본다.

이런 현상이 5일 만에 한 번씩 순환된다. 이 순환의 주기는 아주 중요하다. '열흘 붉은 꽃이 없다(花無十日紅)'는 말이 있다. 이 말을 새겨보면 옛 조상님들 말씀 가운데 틀린 것이 하나 없다. 닷새는 꽃을 피우는 시기이고, 닷새는 낙엽같이 꽃잎이 떨어진다. 이처럼 순환을 한다. 이것이 바이오리듬이다. 누구든지 닷새는 저항력이 좋고 정신상태가 맑지만, 닷새는 나쁘다. 이 나쁜 닷새 동안 과로하거나 정신적 스트레스를 받으면 병이 생긴다. 좋을 때는 저항력이 강해 병이 생기지 않으며, 설령 병이 생겼다 하더라도 저항력이 좋은 주기에 들어오면 병이 낫는다. 열흘만 지나면 자정 능력에 의해 웬만한 병은 다 낫는다.

운전을 하더라도 닷새는 사고가 나지 않는다. 판단력이 정확하기 때문이다. 그러나 나쁜 닷새 동안에는 '괜찮아' 하면서 자칫 사고를 내기 쉽다.

그러므로 긴장감을 유지하는 방법을 터득하는 것이 중요하다.

'중국 고전'을 보면 긴장감을 유지하라는 말이 여기저기에 쓰여 있다. 월나라와 오나라 사람은 원수지간이지만 같은 배를 타면 살기 위해 일심동체가 된다〔오월동주(吳越同舟)〕.

오나라의 합려가 월나라의 구천과 싸우다 독화살을 맞아 죽어 가면서 왕자 부차에게, "나의 원수를 갚아라" 하는 유언을 남겼다. 부차는 아버지의 원수를 갚기 위해 뜰에다 장작개비를 쌓아 놓고 발가벗은 채 그 위에서 잠을 잤다. 호화로운 비단 요를 깔고 자면 몸을 편안하게 하거나, 궁녀들과 쾌락, 섹스에 빠지면 무사안일하게 되기 때문이었다.

부차는 원수를 갚기 위해 편안함을 물리치고 몸을 불편하게 둠으로써 한시도 긴장을 풀지 않았다. 그래서 장작개비 위에서 가시에 찌려 피가 나는 고통을 참으면서 아버지의 원수를 갚기 위해 노력한 끝에 결국 원수를 갚았다. 이것이 와신(臥薪), 즉 드러누울 '와(臥)' 자에 장작개비 '신(薪)' 자의 고사이다.

한편 월나라 구천왕은 오나라 부차왕에게 멸망을 당하자 그 또한 복수를 하기 위해 곰의 쓸개를 문지방에 달아놓고 아침저녁으로 그 쓴맛을 맛보았다. 편안하고 방심하기 쉬운 생활속에서 쓰디쓴 곰의 쓸개를 맛보면서 정신을 무장하고 긴장감을 유지했던 것이다.

그 반면 부차왕은 아버지의 원수를 갚았다는 생각에 방심하고 희열에 젖어 서시(西施)라는 여자의 치마폭에 놀아나며 주색의 탐닉에 빠졌다. 곰의 쓸개를 달아놓고 잠시도 마음의 긴장을 풀지 않은 구천왕은 결국 부차왕을 멸망시켰다. 이것이 짐승의 '쓸개 담(膽)'에 '맛볼 상(嘗)'의 상담(嘗膽)이다.

와신상담(臥薪嘗膽)은 바로 긴장감을 유지하는 방법이다. 성공과 실패는 다름 아닌 긴장감을 유지하느냐 못하느냐에 달려 있다. 지난 1990년 발생한 걸프전에 있어서도 마찬가지이다. 다국적군과 이라크군 사이에서 어느 쪽이 더 긴장감을 유지하느냐, 어느 쪽이 더 기가 살았느냐가 전쟁의 승패를 좌우하였다. 때문에 양측은 심리전을 폈다. 유언비어 유포는 이러한 심리전의 일환이었다. 걸프전 동안 여러 가지 가상 시나리오가 나왔다. 미국은 단기전이 유리하고 장기전은 불리하다고 판단했다. 그러나 실제 전쟁이 시작되면 단기전으로 그렇게 빨리 끝나지 않는다.

아무튼 모든 것은 심리전이다. 긴장감을 유지하기 위해 자기 자신이 위기의식을 갖고 모든 일에 임해야 한다.

6·25나, 1·4후퇴 때 이북에서 피난 온 사람들을 보라. 모두들 가방 하나 달랑 거머쥐고 일가친척도 없이 내려왔으니 위기의식을 느끼지 않을 수 없었을 것이다. 하지만 그런 위기의식은 그들을 긴장시켜 결국 오늘날 성공을 거두게끔 만들었다.

이북 출신 사람들이 생활력이 강하고 지금은 다들 잘 사는 이유가 바로 여기에 있는 것이다. 그러므로 얼마나 긴장감을 가지고 열심히 일하느냐가 중요하다.

그리고 무슨 일이든지 꾸준히 하는 것이 중요하다. 조금이라도 쉬면 안 된다. 영어 공부도 그렇고, 한문 공부도 그러하며, 취미생활을 해도 마찬가지이다. 무슨 일을 하든지 꾸준히 해야 연결이 되고 긴장감이 유지된다. 사자조차도 쥐새끼 한 마리를 잡을 때는 온 신경을 곤두세워 긴장을 한다. 제일 중요한 것은 긴장감을 유지시키고, 그때그때마다 아이디어를 창출하는 것이다.

그리고 자기 자신의 스트레스 해소법을 터득해야 한다.

살아가는 데 있어서 가장 중요한 것은 정신의 세계, 마음의 세계이다. 이런 정신의 세계를 지키는 데에는 긴장감의 유지와 끊임없는 발상의 전환이 필요하다.

사람에게 제일 나쁜 것은 고정관념이다.

'나만은 왜 실패하고 불행해질까?' 자기 몸에 배어 있는 나쁜 습관 때문이다. 돈을 벌고, 성공을 하는 것이 전부는 아니다. 성격이 나쁘거나 무능하거나 나쁜 버릇이 몸에 배어 있는 사람이 승진하는 것은 자기 명(命)을 단축하는 일이다. 그런 사람은 결국 회사에서 쫓겨나게 된다.

덕망이 없거나 의욕이 없거나 통솔력이 없거나 신의가 없거나 솔선수범하지 못한 사람은 올라가면 올라갈수록 내리막이 빠른 것이다.

사람에게는 좋은 점도 있지만 나쁜 점도 몸에 배어 있다는 사실을 알아야 한다. 그러므로 자기의 고정관념, 나쁜 버릇, 타성을 바꾸어야 한다. 제일 나쁜 것이 자기 마음의 병이다. 따라서 자기 안에 들어 있는 나쁜 것을 바로잡기 위해 노력해야 한다.

그러려면 우선 고정관념에서 벗어나라. 실패와 불행은 모두 자기 탓이다. 성실하고 부지런하며 신의 있는 인간관계, 이타심(利他心, 자기를 희생하면서 남에게 이익을 주는 마음)을 갖고 보람을 갖고 성실하게 자기 나름대로 인생의 정도(正道)를 향해 걸어가려고 노력하라. 그러면 성공하게 되어 있다.

실패는 전부 자기 탓이다. 인간은 초능력자이다. 마음을 다져먹고 뜻을 정해서 노력하면 안 되는 일이란 하나도 없다.

새로운 궁합법(宮合法)

궁합은 조후(調候) 관계, 기후(氣候) 관계를 보는 것이다. 예부터 난봉꾼들이 하는 말이 있다. 어떤 여자하고 바람을 피우면 재수가 좋고, 어떤 여자하고 바람을 피우면 재수가 나쁘다는 것이다. 신문지상에 유명인들의 스캔들이 보도되는 경우가 종종 있다. 이는 스캔들을 일으킨 상대와의 궁합이 맞지 않기 때문이다.

체온이 뜨거운 사람이 있고 차가운 사람이 있다. 이때 만약 남자도 차고 여자도 차면 이불 속에 고드름이 열린다. 그래서 체온을 중요시하는 것이다. 남자도 성질이 급하고 여자도 성질이 급하면 좋지 않다. 야행성(夜行性)이 있고 주행성(晝行性)이 있다.

예를 든다면 남편은 초저녁잠이 많고, 아내는 새벽 두 시까지 눈이 초롱초롱해서 리듬이 맞지 않는 경우다. 그러니까 그런 조후 관계를 잘 살펴야 하는 것이다.

또한 남편은 뜻이 있고 야망이 많은데 아내가 용기나 편안함을 주지 않고 매사 기를 꺾으면 남편은 성공하기가 어렵다. 남편은 의욕적으로, 희망적으로 일을 하려고 하는데 아내가 찬물만 끼얹으면 어떻게 남편이 성공할 수 있겠는가?

어떤 영업용 택시기사는 합승도 잘 되고 방향도 잘 맞아 돈을 잘 벌다가도 소변 한 번 보고 나면 리듬이 무너져서 손님이 없는 때가 많다고 한다. 또 부부가 합궁을 하면서 기분이 좋은 찰나에 전화벨이 울리면 바로 기가 죽어버린다.

수영하는 사람들이 파도를 잘 타야 되는 이치와 같다. 그렇듯이 모든 것들이 다 살아가는 순리가 따로 있는 것이다.

궁합에 대하여 지나치게 숙명적으로 과대평가하여 좋은 인연이 헤어진다든가 또 과소평가하여 불행한 결혼이 되지 않도록 생각하는 것이 바람직한 태도라고 생각한다. 일반적으로 궁합하면 남녀의 사주를 비교하여 겉궁합과 속궁합을 보는 것을 말하는데 궁합을 보는 사람에 따라 해석 방법이나 판단 기준이 차이가 많다.

사주팔자라고 하는 것은 60년을 기준으로 환절기를 포함하여 다섯 계절 중 어느 계절의 기운을 받고 태어났는가를 월, 날, 시간을 종합하여 그 사람의 생리적 신체공학의 특징을 살피는 것이다.

예를 들면 봄의 영향을 받고 태어난 사람은 향상심(向上心)이 많아 성취욕에 대한 관심이 높고 욕심과 득점욕이 많은 반면 유흥, 도박, 투기, 모험심이 발달되었다. 그러나 가을에 태어난 가을 체질은 감상적이며 실제 위주의 성실한 특징을 지니고 있다. 봄이 외화내빈(外華內貧)이라면 가을은 외빈내실형(外貧內實形)이다. 따라서 반대되는 특징 속에서 의식, 사고방식, 선택의 기준,

우선순위에서 차이가 생긴다.

서로 다른 차이는 충돌, 대립, 반목으로 나타나 결혼생활에 어려운 문제로 작용하는 것이다.

보통 결혼 적령기인 젊은 신랑과 신부의 입장에서 보면 이기적이고 반항적이며 자기주장이 강한 탓에 사과나 반성보다 극단적으로 흐르는 경향이 많은 시기이므로 서로가 비슷한 공통점을 찾아 생리적 요소, 성격, 의식, 사고방식, 취미, 성장 환경, 전공분야, 건강, 종교 등을 종합하여 궁합을 본다는 것이 합리적인 것이다.

서양 사람들의 경우에는 궁합을 보지 않는다. 그것은 서양 사람의 체질과 우리의 토양과 체질에는 큰 차이가 있기 때문이다.

첫째, 서양 사람들은 자기 자신이 잘못한 행동에 대하여 시인하거나 사과를 잘 한다. '미안하다'는 말이 생활속에 습관화되어 있다. 그러나 우리나라 사람들은 기가 강한 탓에 사과나 미안하다는 얘기를 어느 부부생활에서도 자존심이 상한다고 생각하고 사과의 표현을 수치로 알고 있는 게 솔직한 국민정서이다.

보통 결혼생활에서 문제가 되는 성격은 세 가지 요소이다.

첫째 이기적인 행동, 둘째 자만심(고집이나 자기주장), 셋째 반항적인 태도가 그것이다. 특히 우리 국민의 대표적 특징인 위 세 가지 요소는 신랑, 신부의 젊은 연령에 원만한 부부관계 유지를 위해 극복한다는 것은 어려운 문제이다.

우리 선조들이 우리의 토양과 의식에 비추어 궁합을 통해 호흡이 맞는 사람까지 짝을 맞춰 보자는 조심성에서 비롯한 풍습이라 여겨진다.

옛날에는 선비들이 한학이나 음양오행에 밝고 사주 궁합을 비교 분석할 수 있는 탓에 별 문제가 없이 결혼풍습에 궁합이 슬기롭게 이루어졌지만 현대에 와서는 궁합을 역술인에게 부탁하여 보는 탓에, 학문을 많이 공부한 학자인 경우에는 궁합의 원래 취지를 살려 해석하고 판단할 수 있지만 낮은 수준의 역술인의 경우에는 편견과 과오가 따르게 마련이며, 이로 인해 지식인 사이에는 궁합 불신론이 나타나고 있는 것이다.

그러나 서로 다른 남녀간의 결혼에 기준과 원칙을 세워 궁합을 본다는 것도 필요한 것이며 궁합의 기준에 판단법의 과오는 시정되어야 한다.

첫째, 사주 궁합법에서 겉궁합이다.

남녀간에 띠별로 원진(元嗔, 예를 들면 범띠-닭띠, 토끼-원숭이, 용띠-돼지, 뱀-개띠, 소-말, 쥐-양 등)이면 사주 분석법에서 서로 기운이 약간 어긋난다의 의미이다. 원진이면 '원망한다, 원수가 된다'는 식으로 엄청나게 해석하는 경우가 있으나 이는 궁합법에서 무시해도 좋다.

둘째, 상충법(相沖法)이다.

상충이란 의미는 정반대의 기운으로 해석하여 두 띠가 만나면 충돌하고 싸운다고 해석하지만 음양의 조화라는 의미에서 상충이 서로 도움이 되기도 하는 탓에 유리하게 분석할 수도 있다. 그러나 시중의 역술인 가운데는 띠끼리의 상충도 궁합이 나쁘다고 해석하는데 이것은 잘못이다. 상충은 띠별로 범-원숭이, 토끼-닭, 용-개, 뱀-돼지, 말-쥐, 양-소 등을 말한다.

그외 궁합법에는 어려운 내용이지만 역학 용어로 여자 사주와 관성입묘(官星入墓), 관살혼잡(官殺惛雜), 과숙살, 배궁삼형, 일시원진, 상충 등에 괴강, 백호, 간여지동 등의 궁합 기준법이 있다.

궁합법은 추리학인 관계로 시대적 감각이나 산업사회에서의 여성의 역할도 상위시대의 개념으로 바뀌고 있다. 괴강이나 백호대살, 간여지동은 여장부 사주로 남편에 대항한다는 의미로 해석하지만, 현대 경쟁사회에는 성공하는 여성상으로 해석할 수 있기 때문에 시대적 의미를 참고하여 해석해야 한다고 생각한다.

과숙살은 일명 과부살이라고 하는데 꼭 과부가 된다고 해석하면 틀린 것이다. 과숙살이 있는 여성은 남편에게 적응하지 못하는 특징이 있는 탓에 가정적인 분위기에는 적합하지 못하다는 유추해석이 가능한 것이다. 그러므로 궁합법은 시대적 변화와 핵가족사회, 그리고 여성의 직장생활이나 사회활동 등을 고려한 새로운 궁합법이 요구된다고 생각한다.

그럼 필자의 새로운 궁합법을 소개해 보겠다.
첫째, 종교의 일치이다. 서로 다른 종교의 차이에서 성장한 부부는 긍정적인 이해와 협조에서 정서적으로나 의식 사고방식에 단점으로 작용한다.
둘째, 건강진단서의 교환이다. 불치의 난치병이나 결혼생활을 원만하게 할 수 없는 신체적 생리적 결함은 결혼생활에 문제가 된다.
셋째, 경제적 수준에서 남자측이 여성보다 어려운 환경에서 성장했거나 경제적으로 여성이 부유한 집안과는 피하는 것이 좋다. 여자측의 경제사정이 가난한 경우에는 남자측에 적응할 수는 있지만 남성의 경우에는 적응하기가 어렵다.

넷째, 남자측의 선택기준에서 여성측이 남자관계가 복잡하거나 과거에 이성문제로 심각한 때가 있었음을 남자측에서 인지한 경우에는 결혼생활에 나쁜 영향을 주는 탓으로 권태기에는 이혼의 문제가 된다. 연애 감정에서는 관대하지만 결혼의 경우에는 서로 피하는 것이 좋으며 여성인 경우에는 과거의 비밀은 남편에게 평생 비밀로 하는 것이 좋다.

다섯째, 반항심이 강한 격한 감정의 소유자로 데이트 중에 의견 충돌이 많은 경우에는 피하는 것이 좋다.

여섯째, 신체적인 리듬이다. 야행성과 주행성이 있다. 초저녁 잠이 많은 사람이 새벽잠을 자는 야행성의 신체리듬을 갖고 있는 사람과의 결혼이란 원만한 분위기의 가정생활에서 큰 장애요인이 된다.

일곱째, 관상법으로 코 끝부분이 뾰족한 사람은 코 끝부분(준두라고 한다)이 두툼한 사람과 조화가 된다. 또 관골(광대뼈)이 발달한 사람은 관골이 약한 사람과 어울린다. 얼굴 전체가 삼각형인 경우에는 역삼각형과 어울린다.

여덟째, 띠별로 삼합법이 있다. 예를 들면(범, 말, 개), (원숭이, 쥐, 용), (돼지, 토끼, 양), (뱀, 닭, 소) 띠이다.

삼합의 띠는 공통적인 요소가 많아 우호적이며 친밀한 금실 좋은 부부가 될 수 있다고 한다.

결론적으로 정자(亭子) 좋고, 물 좋은 곳이 어디인가? 물론 속궁합을 보는 법이 있다. 어찌 보면 겉궁합보다 속궁합이 더 중요하다고 생각된다. 속궁합을 판단하는 것은 참으로 어려운 문제이다. 연애 중 깊은 감각적 접촉이 없이는 어려운 문제로 중매인 경우에는 더욱 어렵다. 그러나 사주에도 일과 시간이란 가족궁에서 분석할 수 있는 해석법이 선조들의 사주 해석법에 있다는 것을 유의할 필요가 있다.

자기 개선과 원만한 성격의 소유자로 가정적인 분위기의 정서가 몸에 익숙한 사람의 경우에는 이해와 양보로 결혼생활이 행복한 가정으로 승화될 수가 있다. 그러나 오늘날 젊은 세대들의 이기적이고 감각적인 사회 분위기 속에서 반항적인 태도와 자유분방한 쾌락주의는 결혼생활에 적신호로써 현실 사회가 더욱 궁합의 필요성을 느끼게 하는지도 모른다.

아무튼 행복한 결혼생활의 첩경은 이기적인 생각보다는 입장을 바꾸어 생각하는 역지사지(易地思之)의 태도와 반항적인 감정의 태도보다는 일보 후퇴하고 내 탓으로 생각하며 사과하는 태도, 그리고 자기 고집에 집착하지 말고 상대방의 의견을 존중하는 태도이다.

속궁합 역시 합궁의 올바른 습득과 지식을 갖고 선배들의 자문을 얻어 침실문화의 교양을 유지하는 데 관심을 갖는다면 무슨 궁합이 필요하겠는가? 예부터 궁합은 문제가 있는 성격 소유자에게 더욱 필요한 것이었다.

궁합에 대한 부정적 시각보다는 자제력이 부족한 젊은 신랑신부가 짝을 맞추는 조심스러운 인생의 성실성 표현으로 긍정적인 태도로 궁합 문제를 시대감각에 맞게 활용하기를 바란다.

노자(老子)의 물 이야기

앞에서도 얘기했지만 노자는 물이란 큰 그릇에도 담겨지고 작은 그릇에도 담겨진다고 하였다. 이는 적응력을 이야기한 것이다. 부부생활이나 인간관계나 모든 것을 자기 기준으로 보지 말고 상대방에게 적응하려고 해야 한다는 의미이다.

부부생활, 즉 합궁도 마찬가지이다. 서양 사람들은 철저하게 적응하려고 노력한다. 그러나 우리나라 사람들은 성질이 급해서 자기주장만 하려 들지, 적응력은 약하다. 미국인들은 부부생활을 한 번 하는데 45분이 걸린다고 한다. 일본 사람들은 16분, 그리고 우리나라 사람들은 1분50초면 다 끝난다. 여성의 심리나 생리적인 상태는 전혀 고려하지 않고 자기 입장에서만 하기 때문이다.

여자가 부부생활에서 즐거움을 얻으려면 어느 정도 시간이 필요하다. 여자는 심장이 냉하기 때문에 시간을 갖고 달구어져야 한다. 여자는 감상적이며 또 내부 구조가 남자와는 다르다. 뇌에는 대뇌와 소뇌가 있다. 남자는 대뇌가 발달하여, 같은 나이의 여자보다 100g이 더 무겁다.

수학, 과학 등과 같이 논리적으로 연구하고 궁리하는 것은 대뇌에서 이루어진다. 대뇌는 사람의 왼쪽에 있다. 반면 오른쪽에 있는 소뇌는 슬픔, 눈물 등의 감정을 관장한다. 이 소뇌는 여자가 같은 나이의 남자보다 150g이 더 무겁다. 그래서 남자는 지성적이고, 여성은 감성적이다.

그러므로 여자에게는 무조건 예쁘다고 해야 한다. 여자더러 왜 그리 못생겼냐고 하면 그날로 끝장이다. 할머니보고도 아주머니라고 불러야 한다. 부부생활을 하기 전에도 항상 예쁘다, 보고 싶었다고 속삭여야 한다.

이처럼 한참 비행기를 태워야 부부생활을 할 수 있는 기운이 돌게 된다. 이런 달콤한 이야기는 못할망정 한나라당이 어떻고 민주당이 어떻고 하면 소름이 돋는다.

우리나라 사람들은 무드가 없다. 아무튼 부부생활을 할 때도 충분한 애무를 해야 한다. 여자 몸에는 냉장고가 하나 들어 있다고 생각하면 된다. 남자는 불덩어리, 화고(火庫)가 하나 있다. 남자는 화고가 있으니까 90%는 항상 흥분되어 있는 상태이지만, 냉장고의 얼음은 녹여야 하기 때문에 충분한 애무가 필요하다. 이 모든 것을 완전하게 해놓고 부부생활을 해야 한다는 이야기이다.

부부생활도 하나의 적응이다. 자기 기준으로 자기 기분에 의해서만 하는 것이 아니다. 상대방의 입장과 처지를 고려해야 한다.

결혼 생활도 마찬가지이다. 누구든지 일장일단(一長一短)은 있게 마련이다. 사주팔자를 보면 단점이 더 많은 것이 사람이다. 봄에 태어났으면 가을, 겨울의 기운이 없고…… 아무튼 다 다르다.

특히 여자가 가을에 태어나면, 물론 일주(日柱)에 따라 다르겠지만 70%는 몸가짐이 단정하고 정조관념도 강하며 아주 깔끔하고 모범적이고, 원칙에 입각해서 산다. 그러나 너무 깔끔하다 보니까 결벽증이 생기고 남편에게도 자기와 같은 것을 요구한다. 남편이 자기 뜻대로 하지 않으면 불평불만을 터뜨리고, 그러다 보면 부부싸움이 잦아지고 결국에는 낙엽이 떨어지듯 이혼하게 되어 쓸쓸하게 살다 간다. 생리적으로 그렇게 돌아가게 되는 것이다.

사람은 누구든지 단점과 장점이 있게 마련이다. 그러므로 단점을 빨리 파악해서 보완하고 적응하려고 노력해야 한다. 그렇지 않고 자기 기준으로 보아서 이래서 틀리고 저래서 틀리고 이렇게 해서는 안 된다. 이런 의미에서 노자는 항상 적응하라고 강조하였다.

그래서 이혼하는 사람은 지독한 이기주의자라고 할 수 있다. 부족한 것을 이해하고 보완하고 조금씩 물러서며 살아야 한다. 자기 기준으로 이래서 틀리고 저래서 틀리고 하면 안 된다. 결혼에 실패한 사람의 관상을 살펴보면 다이아몬드형이 대부분이다.

인간관계는 Give and Take이다. 카네기가 어렸을 때 토끼를 한 마리 기른 적이 있었다. 한 마리라 풀을 뜯어 먹이기가 쉬웠다. 그런데 어미토끼가 새끼를 열 마리 낳았다. 그러자 혼자 풀을 뜯어 먹이기가 힘들었다. 카네기는 동네 아이들 열 명을 불러 각각의 토끼에다가 그 아이들의 이름을 붙여 주었다. 아이들은 모두 좋아하였다.

'사람이란 받기를 좋아하는구나.'

아이들의 모습에 카네기는 이렇게 생각했다.

후에 카네기는 계열사 사장들에게 연봉으로 100만 불씩을 주었다. 머리가 좋고 능력이 뛰어나면 이렇게 파격적으로 돈을 준다는 뜻이었다. 그러자 천재가 너 나 할 것 없이 몰려들었다. 이렇게 뛰어난 인물들이 몰려들었으니 강철왕이 될 수밖에. 이처럼 카네기는 철저하게 남에게 주려는 마음을 활용하였다.

부부생활도 마찬가지이다. 일본 사람들은 아내를 무척 사랑한다. 아주 위해주고 감싸준다. 한번 연애를 했다가 헤어지더라도 멀리서나마 잘 되기를 기원한다. 그러나 우리나라 남자들은 여자를 해치고, 등치고, 연애 한 번 하면 소문을 내고 아주 여자를 망가뜨리는 경우가 많다. 인간관계는 주고받는 것이다.

여자에게는 비교하는 심리가 있다. 부부생활에서도 여자는 자기 능력에 따라 행동하는 것이 아니라 받아들이는 입장에 있기 때문이다. 자기가 밑지고 있지는 않나, 손해를 보고 있지는 않나 걱정한다. 그러므로 남의 남편이 더 좋아 보인다. 이런 모든 것이 궁금한 게 여자이다.

여자들이 만나서 하는 이야기는 다른 것이 아니다. 부부생활 하면서 속삭인 소리라든가 비밀까지도 친구들에게 다 털어놓는다. 나도 털어놓으니, 너도 털어놓으라는 식이다. 그래서 서로 알고 비교해 보자는 것이다. 이것이 여자의 심리이다. 이렇게 비교하다 보니 빈곤감이나 불만을 느끼게 된다. 그래서 남편만 보면 속은 것 같고, 울화통을 터뜨리고 싶은 심정이 된다. 남편이 집에 들어왔을 때 이런 이야기가 나오면 다 풀어주어야 한다.

"그게 그런 것이 아니네. 그것이 좋은 것 같지만 사실은 나쁜 것이고, 이것이 바로 좋은 것이네."

이렇게 말하며 아내의 마음을 풀어주어야 한다. 여자는 약하고 의존성이 강하기 때문에 세심하게 신경을 써주면 감동하게 마련이다.

"요즘 몸이 아픈가? 병원에라도 한 번 가볼까?"

이런 따뜻한 말 한마디가 얼마나 중요한 것인지 모른다. 그러나 우리나라 남자들은 아프다고 해도 쳐다보지도 않는다.

"아이구, 저런 몰인정한 남자 같으니라고!"

아내들은 가슴을 치며 한탄한다.

남자는 부부생활을 하더라도 정신적인 면이 강하기 때문에 늘 아내하고 하는 것이 흥미가 없다. 사업 때문에 항상 바쁘고 피곤하다. 그러나 여자는 육체적인 욕망이 강하다. 여성은 나이가 들수록 성욕이 강해진다. 30대는 성(性)을 모른다. 그래서 30대 과부는 수절할 수 있다. 그러나 40대가 되면 강해지고, 50대가 되면 더 강해지고, 60대가 되면 남성이 느끼는 것을 함께 느껴 성격이 남성화 되어 간다. 그러므로 남편은 이런 아내의 여러 가지 입장에 대한 배려를 해야 한다.

아내도 마찬가지이다. 남편이 바깥에서 들어오면 일단 표정을 보아야 한다. 기색을 살펴야 한다. 오장의 기가 얼굴에 색깔로 나타난다. 눈에는 정신, 신이 서려 있다. 그러므로 눈동자를 보고 피곤한지, 좌절하고 있는지, 갈등을 겪고 있는지, 고민하고 있는지를 살펴서 과일이라도 깎아 내놓으며 용기를 주고, 희망을 주어야 한다. 이렇게 "아빠, 힘내세요!" 하여 가는 정이 있으면 오는 정이 있게 되는 것이다.

이처럼 모든 것을 주고받는 것이다. 모든 인간관계, 부부관계에 적응하여 신경을 써주고 배려해 주고 친절하게 대해 주어야 한다. 말로만 하는 것이 아니라, 세심한 데에까지 정성을 쏟아 신경을 써주는 마음, 그것이 중요하다.

모든 식당의 경영 원칙은 친절일 것이다. 단순히 '어서오십시오, 안녕히 가십시오' 하는 것이 친절은 아니다. 종업원들은 손님들이 식사하는 모습을 항상 응시하고 있어야 한다. 그래서 손님 하나하나의 마음, 욕구불만을 살피며 김치, 밥, 물 등 더 필요한 것이 무엇인지 빨리 알아야 한다. 물이 필요한 손님에게 가서 물 좀 더 갖다드릴까요? 하면 손님은 이 집이 무척 친절하다고 느낄 것이다. 부부생활도 마찬가지이다.

교육을 잘 시키는 엄마는 아이들을 절대로 야단치지 않는다. 먼저 무슨 일이 있었는지 이야기를 차근차근 들어보고, 그런 다음 아이들이 티없이 맑게 자라도록 한다. 말 또한 조심해야 한다. 자식을 야단치는 엄마를 보면 자식을 원수처럼 여기는데, 원수도 그런 원수가 없다.

"이 싸가지 없는 자식아, 뒈져버려!"

아이들은 이런 말에서부터 잠재적으로 열등감이 쌓이게 된다. 아이들의 얼굴은 생각하고 느끼는 대로 나타나게 마련이다. 딸을 보고 공주님, 공주님 하면 정말 공주처럼 예뻐진다. 그리고 아들에게 왕자님, 왕자님 하면 미남이 된다.

또 한 가지, 잠자기 전의 감정이 상당히 중요하다. 그날 기분 나쁜 일이 있으면 자기가 좋아하는 음악을 듣든지 그림을 감상하든지 '사도신경'이나 '금강경'을 읽든지 해서 심기를 완전히 바꾸고 자야 한다. 죽은 다음 천당 가고 지옥 가는 것도, 죽는 순간이 중요하다. 생전에 나쁜 일을 많이 저질렀더라도 죽는 순간에 참회하면 그 사람은 천국에 간다. 이는 성경에 나오는 이야기이다.

예수가 십자가에 못 박혔을 때 그와 함께 못 박힌 살인강도가 우리 같은 사람들도 천국에 갈 수 있느냐고 물었을 때, 예수는 나의 이름을 빌어서 너의 죄를 참회하면 천국에 갈 수 있다고 대답했다.

이것을 생각하면 아주 쉬운 일 같지만 사실은 참 어려운 일이다. 어떤 죄수도 자신이 죄를 지어서 붙잡혔다고 생각하지는 않는다. 단지 재수가 없어서 붙들렸다고 말한다.

이처럼 자기 죄는 모르는 것이다. 인간이란 모두 이기주의자이기 때문이다. 그래서 자기가 하는 연애는 모두 기가 막힌 로맨스이고 남이 하는 로맨스는 추잡한 스캔들이 되는 것이다. 또 자기가 운전할 때 끼어드는 것은 괜찮고, 남이 끼어드는 것은 얌체 짓이라고 생각한다. 이처럼 모두가 자기중심적이다. 그러므로 남하고 화합하는 마음의 자세는 너무도 중요하다.

운명을 바꾸는 생활역학

사람이 역학을 배워서 실생활에서 쓰는 것이 생활역학이다. 예를 들면 아이의 이름을 지을 때 유명 철학관에 가서 짓는다고 해도 잘못 지어지는 경우가 있다.

살다보면 택일(擇日)이나, 산소 이장을 하는 일, 또 집안에서 누가 결혼해서 궁합(宮合)을 볼 일도 있다. 그리고 자신의 팔자가 어떻게 구성되어 있어서 어떤 방향으로 흘러가고 있는지를 알아야만 앞으로 일어날 수 있는 불행을 막을 수가 있는 것이다.

사람의 운명은 마음먹기에 따라 얼마든지 바뀔 수 있다.

백범 김구 선생만 하더라도 처음에는 후진 양성에 심혈을 기울이던 서당의 훈장이었다. 그런데 하루는 길을 가다가 일본 헌병장교가 우리 백성을 때리는 것을 보게 되었다. 이에 김구 선생은 나라 잃은 울분이 복받쳐 그 일본 장교를 때려 죽였다. 그러나 일제 치하에서 일본인 장교를 죽였으니까 살기 위해선 산으로 도망치는 수밖에 없었다.

그 후 절에 숨어서 사주와 주역을 익혔는데, 자기 자신의 팔자를 보니 평생 빌어먹을 상이었더라는 것이다. 그 때문에 스스로 살 가치가 없다고 생각하고 목을 매러 뒷산으로 올라갔다.

소나무에 목을 걸고 받침대로 있던 돌멩이를 차 버리려고 하는 순간 불현듯 머리에 떠오르는 글귀가 하나 있었다. 바로 관상이 불여심상(不如心相)이라는 말이 그것이었다.

이 말은 관상이나 사주팔자가 아무리 좋다고 하더라도 마음의 상보다는 못하다는 얘기이다. 거기서 김구 선생은 깨달음을 얻었다. 비록 평생을 빌어먹을 팔자로 타고 났지만 이 시간부터 마음을 고쳐잡고 국가와 민족을 위해 일을 해야 되겠다는 작심으로 상해로 갔던 것이다. 그곳에 가서 도산 안창호 선생이 이끄는 임시정부를 찾아가 '내가 문지기를 해도 좋으니 나라와 민족을 위해 일할 수 있게 해 주십시오' 하고 간청을 했다.

그것을 시작으로 김구 선생은 많은 애국운동을 하셨다. 해방 후에는 한국으로 돌아오긴 했지만 돌아가실 때까지 돈은 벌어보지 못했다. 상해에서 독립운동을 하던 시기에는 국내의 애국지사들이 보내준 돈 모두를 독립운동의 자금으로만 썼었고, 그 후에도 마찬가지였다.

결과적으로 보면 평생을 빌어먹은 것이 된다.

그러나 오늘날 백범 김구 선생은 한국 현대사에 손꼽히는 애국자이다. 그런 자기 마음을 바꾸었기 때문에 돈은 벌지 못했지만 운명을 바꾼 게 된 것이다. 말하자면 평생 남의 집에 빌어먹은 것이 아니라 보다 큰일을 할 수 있었던 것이다.

어떤 경우에는 자신의 운명을 스스로 바꾸어야 하는 또 다른 예가 있다. 평소 박력을 좋아하는 처녀가 있었다. 이 처녀는 어려서부터 박력이 있는 남자와 결혼하겠다고 늘 생각해 왔다. 혼기가 차서 선을 보게 되었는데 그 자리에서 그만 웨이터가 실수를 해서 음식을 엎질러 버렸다. 그런데 이 남자가 너무 박력이 넘치다보니 웨이터를 한 대 치고 식탁까지 엎어버렸다. 웬만한 사람이면 퇴짜를 놓아야 할 자리였지만 이 여자는 그 박력에 반해서 결혼을 하게 되었다.

결과는 사흘이 멀다 하고 얻어맞는 거였다. 할 수 없이 이혼을 하고 다시 결혼을 하게 되었는데 조금 모자란 듯하면서도 착한 남편을 고르지 않고 이번에도 박력이 넘치는 사람을 고르게 되었다. 두 번째 결혼도 결국 실패하고 이 여자는 불행해져 버리고 말았다. 그것은 자기 팔자가 나빴다기보다는 자기 운명을 스스로 바꾸지 않았기 때문이다.

진리를 깨우치고 살아가는 것은 인생을 바로 살아가는 것이다. 진리는 행동으로 느끼는 것이 중요하지만 절대 극단적인 방법을 써서는 좋지 않다.

예전에 365일 내내 청와대에다 한 건씩 민원투서를 넣는 사람이 있었다. 결과부터 말한다면 그 사람은 구속되고 말았다. 그러니 자고로 사람이란 착한 마음으로 살아가야 된다.

세상을 살아가는 지혜

우리는 앞날을 내다볼 줄 알아야 한다. 조금 어렵고 힘든 일이 발생하면 '아이고 내 팔자야' 하면서 금세 우울해지는 사람이 있다. 그러나 이런 사람은 꽉 막힌 사람이다. 모든 것은 순환한다.

공교롭게도 세계는 20년을 주기로 전쟁이 일어난다. 1910년에 1차대전이 일어나고 1930년대에 2차대전이 일어났다. 1950년대에 6·25가 터지고, 70년대에 와서는 월남전이 터지고, 1990년대에 와서 페르시아만 사태가 일어났다. 그리고 현재 아프칸 사태에 신경이 곤두서 있다. 20년마다 전쟁이 발발해야 숨통이 터지게 되어 있다. 우주의 법칙이 그렇게 되어 있는 것이다. 이렇게 모든 것은 순환한다.

살아가는 것이, 인생이 자기가 생각한 대로 편안하고 안락한 것만은 아니다. 고통과 역경과 슬픔을 끊임없이 겪으며 살아간다. 누가 이 세상에 태어나서 행복하기를 원하지 않고, 누가 돈을 싫어하겠는가? 그러나 가난과 역경과 질병과 뜻하지 않은 사고가 일어나게 되어 있다. 이것을 사르트르는 '부조리'라고 하였다. 이것이 실존철학이다.

중동에서 전쟁이 터지자 유류 파동이 일어나 전세계가 어려워져 살기가 힘들어졌다고 하며 의기소침해지는 사람들이 있었다. 그런 태도는 인생을 잘못 경영하는 것이다. 사람은 역경 속에서, 어려움 속에서 다듬어진다. 모두가 합심하지 않고서는 어려운 일이 닥쳤을 때 같이 쓰러져 죽는다는 사실을 깨달아야 한다.

운명도 마찬가지이다. 역경과 어려움과 가난을 얼마나 겪느냐에 따라 그 사람이 얼마나 발전하고 성공할 수 있느냐가 결정된다. 너무 좋은 환경에서 아무 탈없이 자라면 온실에서 자란 화초처럼 되어 작은 시련에도 쓰러지고 만다.

지난날 영국 수상이었던 메이저를 보라. 그는 대학교 문턱도 밟지 못한 채 고등학교를 중퇴한 사람이다. 메이저는 공사장에서 일하는 막노동꾼이었다. 그러나 그러한 고생과 역경과 어려움을 그는 의지와 끈기와 인내를 가지고 이겨내었다. 그리고 성공하였다.

메이저 수상의 인생 역정에서도 느끼는 바이지만, 사람에게 제일 나쁜 것은 바로 열등의식이다. 나는 학력이 없으니까……, 인물이 없으니까……, 돈이 없으니까.

이게 모두 고정관념이고 열등의식이다. 흔히들 시간이 없다고 하는데 마음먹고 노력해서 안 되는 일은 없다.

세계적인 석학이자, 아인슈타인 이래 최고의 과학자라고 일컬어지는 호킹 박사의 모습을 모두 보았을 것이다. 호킹 박사는 사지를 움직이지 못하는 사람이다. 눈의 초점도 제대로 맞추지 못하고, 보청기를 달아야 소리를 들을 수 있다. 이런 신체적인 악조건을 지니고 있는 사람이 어떻게 해서 세계 최고의 과학자가 될 수 있었을까?

그는 밤을 낮 삼아서 두세 시간밖에 자지 않고 육체적 고통과 싸우면서 공부를 했다고 한다. 이렇게 인간에게는 초능력이 있다.

그런 엄청난 에너지를 가지고 있기 때문에 정신을 집중하면 엄청난 일을 해낼 수 있다. 호킹은 신체적인 악조건 때문에 건강한 사람보다 수십 배나 노력을 더 하였다.

요즘은 학력이 지나치게 중요시 되고 있다. 그러나 정 필요하다면 대학 졸업장 하나 따는 것은 아무 것도 아니다. 다 자기 마음먹기에 달려 있는 것이다. 내 초등학교 후배 가운데 사업을 하는 이가 있는데, 그는 중학교밖에 나오지 않았다. 언젠가 대학교 졸업장이 필요하다고 하길래 그러면 검정고시를 쳐보라고 권하였다. 그는 사업을 하면서 고등학교, 대학교 검정고시를 모두 1년만에 합격하였다.

고등학교 졸업장이나 대학교 졸업장이 필요하면서도 힘들 거라며 지레 겁을 먹고 아예 부딪혀 보지도 않는 사람이 있다. 이제는 대학 과정도 시험만 보면 학위가 나온다. 대학교 가지 않고도 혼자 공부해서 그 과정만 마스터하면 되는 것이다. 그래서 머리 좋은 사람은 1년 만에 졸업장을 따기도 한다. 그러나 대부분 사람들은 노력할 생각은 없이 그저 어렵다는 고정관념에만 사로잡혀 있다.

동양과 서양은 근본적으로 차이가 난다. 일본은 고유한 동양문화 위에 서양의 문물을 받아들였다. 동서양이 접목된 것이다.

일본은 36년 동안 우리의 정신문화를 말살시키려 하였다. 속된 말로 우리를 완전히 엽전으로 만들어 버린 것이다. 엽전이란 쇠를 꽉 눌러서 납작해진 돈이다. 그래서 우리나라 사람들은 정치도 하지 못하고 경우도 없다며 얕보았다.

정치란 조상들의 유산을 잘 보존하고, 그 얼과 정신을 그대로 계승해 나가는 것이다. 물론 바꾸어야 할 것은 바꾸어야 한다. 그리고 우리 후손들을 잘살 수 있게 터전을 마련하는 것, 이것이 바로 정치이다. 지금 살고 있는 사람만을 위해서 정치한다면 그것은 참다운 정치가 아니다. 항상 후손을 생각해야 한다. 나라의 주인은 국민이다. 그러므로 국민 전체가 잘살 수 있도록 하는 것이 정치가의 일이다.

미국의 초대 대통령 조지 워싱턴 앞에 왜 '위대한'이라는 칭호가 붙었을까? 당시 헌법에 따르면 대통령의 임기는 2년 단임이었다. 그런데 2년이 지났는데도 마땅한 후임자가 없자 신문, 언론은 물론 야당에서도 조지 워싱턴에게 한 번 더 대통령을 하라고 권하였다. 개헌을 해서라도 말이다. 그러나 조지 워싱턴은 초대 대통령으로서 법을 어기면서까지 나쁜 선례를 만들면 후손들도 그때마다 악용할 것이라며 거절하였다.

얼마나 정직한 사람인가? 우리나라 정치인들 같으면 대부분 '얼싸 좋다, 이게 웬 떡이냐?'했을 것이다. '3선 개헌이다, 사사오입이다' 하며 마음대로 법을 바꾸지 않았던가.

우리나라 해방 이후, 미국의 역대 대통령은 루즈벨트에서부터 트루먼으로 아이젠 하워, 케네디, 존슨, 닉슨, 포드, 카터, 레이

건, 부시, 클린턴, 아들 부시, 오바마까지 얼마나 많이 바뀌었는가? 이와 비교해 보면 우리나라 정치인들의 변모는 그리 뚜렷하지 않다. 우리의 정신문화가 잘못되어 있기 때문이다.

일제 36년에다 해방 이후 70여 년이 지났는데도 그렇게 변한 게 없다니 기막힐 노릇이다. 10년이면 강산도 변한다는데 말이다.

정신문화가 사라진 지금 사람들은 섹스, 쾌락, 향락이 인생의 전부인 양, 최고인 양 착각하고 살아간다. 정말 중요한 것이 정신의 세계이고, 마음의 세계인 줄을 모른다. 우리는 이처럼 서양의 나쁜 것만 받아들이고 있다. 그러나 서양에도 좋은 것이 많이 있다.

서양에서는 자녀 교육을 아주 자유분방하고 개방적으로 시킨다. 그러나 다음 세 가지는 반드시 명심해서 가르친다.

첫째, 정직하라.

둘째, 봉사심을 가져라.

셋째, 성실하라.

얼마 전 나는 캐나다를 다녀왔다. 캐나다에서는 하루 13시간 무조건 일하도록 되어 있다고 한다. 국민 소득 3만 달러의 선진국 사람들이 너무도 근면하고 검소하였다. 그들은 성실하게 일하며 정직한 마음으로 생활한다. 그리고 그에 더하여 자비로운 마음과 이타심을 지니고 이웃을 위하여 기꺼이 봉사하였다. 이 세 가지가 그 사람들의 기본 의식이었다. 어릴 때부터 부모들은 자녀들의 머릿속에 이 세 가지를 확고하게 심어 놓았다. 그래서 둘만 있어도 줄을 선다.

서양 사람들과 우리는 생김새부터가 다르다. 우리나라 사람은 기후의 영향을 많이 받는다. 경상도 사람과 충청도 사람은 오장육부가 다르다. 경상도 사람들은 동쪽에 살다보니까 햇빛을 더 많이 받는다. 그래서 심장이 더 뜨거워져 흥분을 잘하고 과격해지기 쉽다. 경상도 총각 셋이 모이면 정신이 없다. 목소리가 너무 크다. 심장에 열이 많아 뜨거우면 두뇌회전이 빠르다. 그래서 경상도 사람은 머리가 좋다.

서양 사람과 우리는 오장육부부터가 다르다. 서양은 일교차가 심하다. 그러나 우리나라는 그렇게 심한 일교차를 보이지 않는다. 낮에는 뜨겁고 밤에는 춥기 때문에 서양 사람들은 반소매에다 밤에 추우면 입으려고 뒤에다 스웨터를 등에 걸치고 다닌다.

이런 것도 모르고 우리나라 여자들 사이에 스웨터를 등에 걸치고 다니는 것이 유행된 적도 있었다. 아무튼 서양은 저녁으로 춥기 때문에 항상 열이, 에너지가 부족하다. 그래서 서양 사람들의 가장 큰 취미가 일광욕이다. 햇빛을 받으려고 기를 쓴다.

여름철이 되면 프랑스 파리가 텅텅 비는 것도 다 이 때문이다. 이런 이유로 서양은 약하고 여성적인 체질을 지닌다. 그래서 섹스 문화가 발달되어 있다. 우리 동양은 심장이 뜨겁기 때문에 정신문화가 발달하였다.

서양 사람들은 약하다. 그래서 조니워커 한 병을 30명이 나누어 마신다. 얼음 넣고 물 타고 홀짝홀짝 칵테일해서 마신다. 하지만 우리나라 사람은 열이 많기 때문에 둘이서 한 병이 모자란다. 이는 다 오장육부가 다르기 때문이다.

의사 말에 따르면 우리나라 사람들은 따로 일광욕을 할 필요가 없단다. 아무리 옷을 두껍게 입어도 햇빛이 다 뚫고 들어오기 때문이다. 그래서 전부 열이 넘치고, 눈이 충혈되어 있다. 공항에 가 보면 떠들고 고함치는 사람은 모두 한국 사람이다.

우리나라 사람은 밥을 먹으면 열이 더 뻗친다. 그래서 밥상 받아놓고 싸우고, 밥 먹다 말고 싸운다.

이런 이유로 옛날부터 밥 먹을 때는 말하지 말라고 하였다. 식불언(食不言)이다. 우리나라 사람들이 실패하는 원인은 서두르는 것, 급한 성질 때문이다. 외양내음(外陽內陰)이라 우리나라 사람들은 모두 성질이 급하다. 그래서 퇴직한 다음 사업을 하면 대개가 다 망한다. 평생 동안 고생하고 저축해서 코아놓은 돈을 심사숙고(深思熟考)도 없이 누가 뭐가 좋다 하면, "그래!" 하고 덤벼들다 망치는 것이다. 다 성질이 급하기 때문이다.

딸 졸업식에 가던 한 부인이 꽃을 사려 하였다. 가격을 물어보니 한 다발에 5천 원이었다. 그 정도의 꽃은 도매상에 가만 2백 원밖에 하지 않았다. 그걸 5천 원씩 받다니, 25배 장사를 하는 것이었다. 그 부인은 자기도 꽃장사를 해야겠다고 생각하고는 서둘러 장사를 시작하였다.

시장조사도 하지 않고, 별 준비도 없이 그까짓 꽃장사쯤이야 하고 덤벼든 것이다. 부인은 저녁에 도매상에서 꽃을 사다가 다음날 아침 졸업식장에서 꽃을 팔았다. 그런데 다른 꽃장수의 꽃은 팔리는데 자기 것은 팔리지 않았다. 곰곰 생각해보니 다른 사람들은 새벽에 꽃을 받아 싱싱한데, 자기는 어제 저녁에 받아 놓았으므로 밤새 시들었던 것이다.

또 다른 사람은 물통을 가져다 놓고 거기에 꽃을 꽂아 놓고 파는데 자기는 땅바닥에 그냥 놓았기 때문에 꽃은 더 빨리 시들 수밖에 없었다. 결국 그 부인은 장사 밑천 20만 원만 날리고 말았다. 하다못해 꽃장사 하나를 하더라도 이렇게 다른 것이다. 일을 시작하기 전에 철저한 준비를 하지 않았기 때문이다. 성질이 급해서 무조건 저질러 놓고 보자, 시작이 반이라고만 생각한다.

인생도 마찬가지이다. 인생도 기업을 경영하듯이 경영을 해야 한다. 경영을 잘못하면 망한다. 일본의 사업가들은 모두 미국 공무원들하고 결탁이 되어 있다. 1993년부터는 자동차의 배기가스 억제 시설이 없으면 미국에 자동차를 수출하지 못하게 되어 있었다. 수천 억을 들여야 그 기술을 수입해 올 수 있다. 그러나 이것을 해결하고 나면 또 다른 문제가 발생될 것이다.

이렇게 이리저리 말려들다 보면 자칫 기업이 위태로워진다. 망하고 도산한다. 그러므로 우리는 앞날을 잘 내다보고 기업을 경영해야 한다.

인생도 마찬가지이다. 이 세상을 살아가는데 우선순위로 두어야 할 것이 있다. 건강관리, 목적의식이 우선순위가 되어야 한다. 그러기 위해서는 시간을 잘 활용하여 하루하루 준비를 해나가야 할 것이다. 그에 더하여 실력, 지식이라는 것도 있어야 한다.

한비자(韓非子)가 말한 가까이 해야 할 세 사람

우주의 보이지 않는 에너지를 생각해 보자. 쇳덩어리 소리가 들리지 않는가? 우주는 엄청난 자력으로 가득차 있다. 따라서 분위기, 환경이 어떻게 기를 모으느냐, 다시 말해 양기를 어떻게 모으느냐에 따라 엄청난 변화가 생긴다.

이름도 마찬가지이다. '옥'이 끝 자로 들어가면 위장병으로 인해 소화불량에 걸리기 쉽다. '아'하면 소리가 목구멍에서 나간다. 그 다음에 '옥'하면 토하는 것 같다. '옥'하면서 위경련이 일어난다. 소화가 안 된다. 바로 발음에 오행이 들어 있는 것이다. 반면 '가, 카'라는 소리가 들어가면 간장이 좋아진다. 그리고 '나, 라, 타, 다' 소리가 들어가면 심장이 좋아진다. '마, 바, 파'는 신장이, '사, 자, 차' 소리는 폐를 좋게 한다.

성씨만 보아도 오장이 달라진다. 박씨는 바 소리 때문에 신장이 좋아져 정력이 넘친다. 따라서 바람피우는 사람이 많다.

이렇게 따지면 바람피우는 걸 나쁘게 생각해서는 안 된다. 여자들은 나쁘게 생각할지 모르지만, 남자들에게 정력이 떨어지면 의욕이 없어진다. 그러나 유흥과 육체적인 향락, 쾌락에 빠지면 빠질수록 기는 그 쪽으로 빠져나간다. 유흥은 자멸을 의미한다. 따라서 항상 신앙생활을 해야 한다. 호사다마(好事多魔)인 것이다. 좋은 일에는 반드시 마가 낀다.

상승세(上昇勢)일 때 우리는 모든 것이 영원히 유지될 것으로 생각하고 자꾸 확장을 해나간다. 그러나 그때는 오히려 축소해야 한다. 현재 고전하고 있다면 그것은 앞으로 좋은 일이 있을 징조이다. 밤이 지나면 아침이 오듯이……, 그때 시설을 확충하고 준비를 해야 한다. 이것이 순환의 이치에서 대응하는 전략이다.

지도자나 경영자가 자멸하는 길은 오직 한 가지뿐이다. 그것은 바로 자만, 교만이다. 자만이란 무엇인가? 남의 말을 외면하면 그때부터 어려워진다.

한비자는 주위에 세 사람이 있어야 한다고 말하였다.

첫째, 살아가는 원리나 원칙을 가르쳐 주는 스승이나 선배나 참모가 있어야 한다. 이는 경영에도 적용된다.

둘째, 지도해 주는 사람과 바로잡아 주는 사람이 있어야 한다. 사람은 모름지기 아첨과 듣기 좋은 소리에 귀가 쏠리게 마련이다.

옛날 제나라에 축이라는 명재상이 있었다. 축은 아주 미남자였다. 스스로 생각해도 너무 잘생긴 얼굴이었다.

하루는 그가 아내에게 이렇게 물었다.

"여보, 장안에 서홍이라는 미남자가 있다지? 그 사람하고 나하고 누가 더 나은가?"

그러자 아내가 대답하였다.

"영감이 더 낫죠. 어떻게 그와 비교를 하겠어요?"

이렇게 모두들 축 대감이 월등하게 잘생겼다고 하였다.

그러던 어느 날이었다. 축은 서홍을 자신의 처소로 불러들였다. 그리고는 가만히 서홍의 얼굴을 뜯어보았다. 그런데 어찌된 일인가? 옆으로 보나 앞으로 보나 서홍이 자기보다 더 잘생긴 것이었다. 그런데 다른 사람들은 모두 자기가 잘생겼다고 하였다. 애첩이나 심지어는 아내까지도……

아, 내가 남편이니까 행여나 밉게 보일까봐, 듣기 싫어할까봐, 그리고 권력을 쥐고 있으니까, 전부 듣기 좋은 말만 했던 것이구나. 듣기 좋은 이야기만 듣고 사실을 착각해서 판단하고 결정한다면 어떻게 나라를 올바르게 다스릴 수가 있겠는가?

이렇게 마음을 다잡아먹은 축은 다음날 왕을 찾아가 자초지종을 이야기하였다. 그리고는 왕에게 직언(直言)하는 사람에게 상을 내리라고 제언을 하였다.

직언을 해야 한다. 그러나 더 중요한 것은 지도자나 경영자의 태도이다. 비록 아랫사람이 너무 유치하고 졸렬하고 보잘것없는 내용을 건의하더라도 "아, 그래. 그것 대단한데. 좋은 아이디어인데."라고 말해야 한다.

"그래, 대학까지 나왔다는 사람이 유치하게 이까짓 것밖에 못해!"라고 한다면, 그 다음부터는 입을 딱 다물어 버리고 말하지 않을 것이다. 공연히 한마디 했다가 야단만 맞을까. 또 모욕을 받을까봐 더 이상 말을 하지 않는다.

현대는 시간이 바로 돈이다. 정보가 들어와야 계획하고, 결정을 할 것이다. 그런데 아랫사람이 이렇게 주저하면 시간만 지나고 경쟁에서도 뒤지게 된다.

그러므로 알고도 모르는 척, 모르고도 아는 척하며, 아 그것 좋은 아이디어인데! 라고 해야 한다. 격려해 주고 포상하고 그래서 의욕적인 분위기를 만들어 주어야 한다. 경직되고 권위적인 의식은 금물이다. 그러면 무서워서 아무도 가까이 하지 못한다. 분위기에 눌려서 말이다. 그러므로 최고의 경영자는 죽마고우(竹馬故友) 같은 참모가 한 사람 있어야 한다. 아니면 회사와는 아무 관계가 없지만, 어느 때라도 들어와서 객관적으로 이야기를 하고 바로잡아 주는 사람이 있어야 한다.

녹(祿)을 먹다 보면 눈치를 보게 되고, 무사안일해지고 직언을 않게 된다. 그러나 성공을 하려면 주위에 직언하는 사람이 많아야 한다.

한비자가 이야기한 세 번째는 어려운 문제를 함께 의논할 수 있는 지혜로운 사람이 있어야 한다는 것이다. 자기 혼자의 지혜보다는 다른 사람의 지혜를 모으는 것이 더 발전적이기 때문이다. 자기 혼자 모든 것을 독단적으로 하는 사람이 있다. 혼자 고민하고 혼자 애태운다. 그러나 특히 지도자나 경영자는 남의 능력과 지혜를 빌어서 자기 것으로 활용할 줄 아는 도량을 가져야 한다. 그러기 위해서는 우선 겸손해야 한다. 하지만 재산이 많아지고, 사회적·경제적 지위가 높아지면 자칫 자만하기 쉽다. 남의 말을 듣지 않게 된다.

　중국 고전에서 말하는 교훈은 다름 아닌 자만하지 말라는 것이다. 진시황(秦始皇)을 도와 천하를 통일한 이사(李斯)의 생일이 되었다. 조정의 대소관료들이 모두들 이사의 생일을 축하해 주었다.

　그러나 이사는 조금도 기쁜 표정이 아니었다.

　"내가 왕 다음의 1인자로서 권력이 하늘에 닿았으나, 자만이 가득차게 되었다. 나도 이제는 내리막길이로구나. 내가 죽어서 어디에 의지할 것인가?"

　이사는 이렇게 한탄하며 눈물을 흘렸다.

　장량(張良)은 유방(劉邦)을 도와서 항우(項羽)를 무너뜨린 일등공신이었다. 그러나 재상 자리를 거부하였다. 자만과 교만이 인생의 내리막길이라는 것을 잘 알았기 때문이었다.

　월나라 구천왕(句踐王)을 도와서 오나라 부차(夫差)를 멸망시킨 일등공신 범려(范蠡)도 재상 자리를 마다하고 숨어버렸다.

　옛날 한무제가 오랑캐들과 전쟁을 벌였다. 그러나 너무 오랜 전쟁에 양편 모두 국력이 쇠퇴해졌다. 양편은 당분간 휴전하기로 결정하였다. 그런데 휴전을 하면서 오랑캐들은 한(漢)나라 공주를 인질로 달라고 요구를 하였다.

　왕은 어전회의를 열고, 오랑캐에게 공주를 보낼 수 없으니 궁녀들 가운데 못생긴 아이를 골라 공주라고 속여 보내자고 하였다. 이리하려 모윤수라는 화상을 시켜 천 명의 궁녀들의 화상을 그리게 하였다. 모든 궁녀들이 예쁘게 그려달라고 모윤수에게 아양을 떨고 뇌물도 주었다.

그러던 어느 날 모윤수는 왕소군이라는 궁녀를 그리게 되었다. 그런데 왕소군이 어찌나 아름다운지 그 얼굴을 본 순간 눈이 부셔서 제대로 눈을 뜰 수가 없었다.

"세상에 어쩌면 저렇게 아름답고 선녀 같을 수가……."

이렇게 감탄하며 그림을 그리던 모연수는 갑자기 부아가 치밀었다. 왕소군의 오만함 때문이었다. 왕소군은 뇌물을 쓸 만한 처지도 아니었고 자존심이 그것을 허락하지 않았다.

"자기가 예쁘면 예뻤지, 저렇게 오만할 수 있을까?"

화간 난 모윤수는 제일 예쁜 왕소군을 제일 못 생기게 그려 놓고 말았다. 그래서 오랑캐에게 왕소군이 끌려가게 되었다.

왕소군의 얼굴은 사막을 지나면서 모래 뒤범벅이 되었지만 가마를 타고 가는 왕소군의 얼굴이 얼마나 예뻤던지 하늘을 날던 기러기가 그녀의 얼굴에 눈이 멀어 가마 앞에 떨어졌다고 한다. 이것이 바로 '떨어질 낙(落)' 자에 '기러기 안(雁)' 자, '낙안(落雁)'의 고사이다.

이처럼 잘생긴 여자가 못생긴 얼굴로 둔갑하여 끌려간 것도 모두 자만 때문이다. 그러므로 항상 주의하고 싸워야 할 것이 자만이다. 경영자가 몰락하는 길은 바로 자만이다. 항상 겸손해야 한다. 항상 남의 말을 귀담아 듣고, 직언할 기회를 만들어 주고, 되도록 아랫사람을 따뜻하게 대하고, 자꾸 베풀어야 한다. 그러는 사이에 자기 자신이 변화하게 된다.

그러나 이 모든 이치는 모두 인간관계 가운데에 있기 때문에 인간관계를 어떻게 활용하느냐 하는 것이 가장 중요하다. 노자(老子)는 물이 높은 곳에서 낮은 곳으로 흐르기 때문에 '윗물이 맑아야 아랫물이 맑다'고 하였다.

지도자나 경영자는 우선 솔선수범해야 한다. 그래서 아랫사람의 신뢰를 얻어야 한다. 백성은 아내이고, 대통령은 남편이다. 여당은 남편이고, 야당은 아내이다. 사원은 아내이고, 사장은 남편이다.

아내가 흔히 남편을 불신하고 부정하고 의심하듯이, 사원은 경영자를 의심하고 불신하는 눈으로 본다. 모든 백성들은 지도자를 불신하고 의심하는 눈으로 본다. 조그만 잘못이 있어도 아내가 바가지를 긁듯이 공격하는 것이 사원들의 심리이다.

지도자로서 신뢰감을 얻는 것이 얼마나 중요한지 고사의 예를 보면 구구절절이 드러난다.

옛날 위나라 영왕이 하루에 천 리를 간다는 천리마를 구하기 위해 방을 내었는데 3년이 지나도 한 마리도 구하지 못하였다. 그때 마침 어딘가에 천리마가 있다는 소문이 들려왔다. 영왕은 신하에게 황금 500근을 주어 천리마를 사오라고 명하였다.

그 신하가 물어물어 천리마가 있는 곳을 찾아갔으나, 그 말은 이미 죽고 없었다. 그 신하는 천리마가 묻혀 있는 곳에서 말뼈다귀를 황금 500근을 주고 산 다음 돌아와 왕에게 바쳤다.

"천리마를 사오라고 했지 말뼈다귀를 사오라고 하였느냐?"

왕은 그 신하를 마구 힐책하였다.

그러자 신하가 이렇게 대답하였다.

"폐하께서 모르시는 게 있습니다. 그것은 바로 아무리 천리마를 구한다해도 사람들이 믿지 않는다는 것이옵니다. 백성들은 관리들에게 빼앗기고 착취만 당해왔는데 폐하에게까지 빼앗기면 재판도 못하고 누구에게 하소연할 수도 없지 않겠사옵니까? 이런 불신을 불러서는 안 되옵니다. 그러나 폐하께서 말뼈다귀까지도 샀다는 소문이 나면 정말 사는 것이라고 믿게 될 것이고, 그렇게 되면 틀림없이 천리마를 구할 수 있을 것이옵니다."

아니나 다를까 그 소문이 돌자 이 고을 저 고을에서 천리마를 구할 수 있게 되어 1년에 천리마를 세 필이나 구할 수 있었다. 지도자로서 솔선수범하여 백성들에게 신뢰를 얻었기 때문이었다.

이처럼 지도자로서 솔선수범하여 신뢰를 얻을 수 있는 것, 이것이 경영자로서 전제되는 필수 자세이다.

인체 내의 소우주(小宇宙)

　사람에게 일어나고 있는 것의 많은 부분은 오장(五臟)의 영향 탓이다. 지구에도 오장이 있다. 동양(東洋)은 간장(肝臟)이고 미국은 폐(肺)에 해당되며 북쪽은 신장(腎臟), 남쪽은 심장(心臟), 그리고 중앙은 위장(胃臟)이 된다.
　그래서 사람의 인체는 우주의 축소판이라고 하고 인체를 두고는 소우주(小宇宙)라고도 하는 것이다. 두 개의 눈이나 귀는 모두 다른데 그 절반은 양기가, 나머지 절반은 음기가 지배한다.
　사람의 뇌 역시 대뇌와 소뇌 두 개가 있다. 여기서 대뇌는 간장과 심장을 지배하는 양기의 뇌인데 간장에서는 의욕, 심장에서의 마음을 지배하는 것이 대뇌의 역할이다. 그런 이유로 인해서 착하고 교양이 있으며 학문을 하는 사람은 심장이 좋아지면서 뇌세포가 발달이 되는 것이다.
　이를 테면 사람의 대뇌는 공부를 열심히 하고 착한 마음을 갖기 위해서 수양을 하면 할수록 개발이 된다. 마찬가지로 책을 보고 착한 마음을 가질수록 심장 또한 좋아진다. 심장이 좋아지면서 뇌세포가 좋아지고 피도 맑아지면서 얼굴이 좋아진다. 사랑이나 자비를 베풀게 되면 뇌나 심장을 좋게 하고 피를 맑게 하여 당뇨병 등의 성인병에 걸리지 않도록 해준다.

이와는 달리 사람을 미워하게 되면 병이 당장 찾아온다. 그래서 성질내고 원한을 갖고 남을 미워하면 당장 성인병 등의 질병에 걸리는 예가 많다.

예를 들어 당뇨병에 걸리게 되면 정력(精力)이 감퇴되어 버린다. 따라서 원만한 부부관계를 갖지 못하게 되므로 무조건 나 이외의 다른 사람들을 사랑하는 마음을 가져야 한다.

사람이 곧 부처님이요, 신이기 때문에 사람을 해롭게 하면 어떤 경우든지 인과응보(因果應報)가 따르게 마련이다. 그래서 착하게 살면 그 만큼 얼굴이 좋아지고, 심장이 좋아지고, 피가 맑아지고, 건강이 좋아지게 된다. 그러니까 한 번 웃으면 한 번 젊어지고, 한 번 화내면 그만큼 늙어진다는 얘기이다.

이를 테면 일노일로(一怒一老)인 것이다. 현대인들이 인생을 보람 있게 살기 위해서는 날마다 웃으면서, 기쁘고, 즐겁게 살아야 한다. 이런 삶이 인생을 올바르게 사는 것이다.

만약 남편이나 아내가 외도를 하게 되는 경우가 생긴다 하더라도 너그럽게 용서하는 마음을 지녀야 함은 물론이다.

역학에서 과부팔자라고 하는 게 있는데 가장 성실하고 정조관념이 높으며 모범적인 여자가 과부팔자에 해당된다고 한다. 왜냐하면 스스로의 생활이 결백한 만큼 남편에게도 그런 것을 요구하게 되는데, 남자가 그렇지 못할 경우에는 절대 용인을 하지 않기 때문이라는 것이다.

비록 자기 자신은 더없이 성실하고 결백하다고 하더라도 상대방이 꼭 자기와 같기만 요구해서는 안 되는 것이다. 상대방의 모자라는 점까지 용인하고 너그럽게 덮어줄 수 있어야지만 일상생활에서 스트레스가 쌓이지 않는다. 이것이 바로 마음을 조절하는 방법이다.

또 여자는 대개의 경우 일상생활에서도 환상을 버리지 못하기 때문에 남자는 너른 도량을 가지고 여자의 이런 면들을 이해해 주고 살아야 한다. 거기에다 여자에게는 자기 자신도 감당할 수 없는 주기적인 우울증까지 있다. 이것은 본능의 세계가 오장을 지배하기 때문인데 인간만사의 사바〔娑婆〕 세계는 전부 이 오장에서 나온다.

그래서 색즉시공(色卽是空) 즉, 마음을 비우라고 하는 것이다. 사람이 수양하고 정진하는 데에는 오장의 욕망으로부터 벗어나는 것뿐이다. 그걸 '해탈(解脫)'이라고 한다. 그래서 항상 자족하는 마음으로 기쁘게 살아야 하는데 현대를 살아가고 있는 대부분의 사람들은 많은 갈등을 겪으면서 살아가고 있다. 그런 모습들은 인생을 바르게 살아가는 것이라고 할 수 없다.

사람이란 어차피 겸손과 교만, 선과 악, 결점과 단점, 소극과 적극 등등 양면성을 띠고 있게 마련이다. 따라서 좀 더 높은 차원에다 가치를 두고 모든 것을 포용하며 살아가는 삶의 지혜가 필요한 것이다. 그런 삶의 자세는 사람에게 중요한 철학이 된다.

신체 구조상으로 본다면 그것은 위장의 역할이다. 사람에게는 오장이란 게 있기 때문에 어쩔 수 없다.

그러나 현대처럼 과학 문명이 발달하여 물질 만능의 풍조가 만연하다보니 사람들의 관심사는 말초신경 쪽으로만 흘러가게 되어 버렸다. 그래서 섹스, 쾌락, 향락의 본능만 쫓다보니 사람에게는 영(靈)이 떠나버리고 있는 것이다.

좋은 기(氣)를 받는 영성(靈性)

　사람은 누구든지 살만큼 되고 또 무슨 일이 순조롭게 풀려 가면 그런 만큼 교만해지는 게 보통이다.
　사람의 손을 보면 매듭이 세 개 있다. 제일 위에 있는 것이 영성(靈性)인데 사람의 마음속에는 부처님 같은 마음이 들어 있게 마련이다. 그래서 사람에게는 영성이라는 게 있는 것이다. 그 다음 것이 심성(心性)이고 그 밑에 본성(本性)이 있다. 본성이란 인간의 본능을 두고 이르는 말이다.
　옛날 농경사회처럼 경쟁이 많지 않고 인심이 좋았을 때는 영성이 발달되게 되어 있다. 그 때문에 석가모니불(佛)을 보면 수양과 정진 속에서 영감이 왔다고 보는 것이다.
　남자의 왼손이 양기(陽氣)이다. 말하자면 불을 지배하는 것이다. 수(水)와 화(火)의 중간은 토(土)이다. 그래서 보통 참선을 할 때 두 손을 맞잡는다. 그래서 하나는 화의 기운을 다른 하나는 수의 기운을 연결시켜 주게 되는 것이다. 그래서 남자인 경우에는 왼쪽이 화이니까 화의 기운이 잘 통하도록 해주고, 여자는 오른쪽 손을 잡아주면 된다.

그러니까 예전에 높은 스님들이 음양(陰陽)을 우주 삼라만상의 이치에 따라서 기(氣)의 교류를 만들어 놓았던 것이다. 또 연꽃 모양으로 합장하는 의미는 손을 모으면 오장의 음과 양의 교류가 잘 되기 때문이다. 그래서 합장하는 게 피로회복, 건강증진, 혈액순환에 좋다는 것이다.

이런 이치 때문에 불교는 철저하게 음양오행, 우주, 자연과학, 삼라만상에 기초를 두고 있다. 이런 우주 삼라만상의 이치나 법칙을 담은 학문이 역학(易學)이다.

불교와 역학의 관계는 우주과학의 차원에서 일맥상통하는 데가 있다. 그래서 석가모니불의 유언은 이랬다. '우주만물은 바뀌고 변한다. 그 변화하는 만큼 자기 자신도 변화시켜야 한다. 따라서 수양하는 자세는 끊임없이 자기 자신을 정진(精進)하여 변화시켜라'고 했다. 그것이 '바뀔 역(易), 변할 역(易)' 역학(易學)의 정신이다. 그래서 역학이 종교적이고 신앙적인 것과 그 이치가 상통하는 데가 있는 것이다.

옛날에는 대부분 영(靈)이 있었다. 역학이나 사주팔자 보는 법도 영이 있는 사람이 만든 것이다. 그래서 역학을 신(神)의 학문이라고도 한다. 명당자리 한 번 다녀오게 되면 영화를 누리게 된다. 그런 이유 때문에 명산대천에 절이 있는 것이다. 좋은 산세에 가서 기를 한 번 받아보기 위해서 떠나려고 마음먹은 때부터 영이 발동한다.

일진이 좋고 나쁜 이유도 따로 있다. 예를 들어 명당에서 자면 아주 좋은 꿈을 꾸게 되고 혈액순환이 잘 되니 병이 생기지 않게 된다. 그러나 악몽을 꾸게 되면 신진대사가 원활하지 못해서 암도 생기게 된다. 따라서 좋은 꿈을 꾸는 것은 중요한데 하루의 생활도 좋은 꿈을 꿀 수 있는 하루가 되도록 해야 한다. 보통 그날그날의 생활에서 두 눈으로 보고 느낀 것은 영화 스크린 돌아가듯이 꿈에 나타나는 것이다.

예를 들어 하루 종일 도둑질한 사람은 밤새도록 도둑질하는 꿈만 꾸게 된다. 그래서 도둑이 되는 것이기도 하다. 또, 스님이 정좌(定座)하고 수양을 하면 할수록 그런 꿈을 꾸면서 부처님 얼굴을 닮아가는 것이다.

누구하고 다투어서 미워했다고 하면 그만큼 뒤틀려서 병이 된다. 이 모든 게 다 인과응보(因果應報)이다.

그러니까 좋은 음악을 감상하거나 불경을 듣고 있다 보면 스스로가 느끼지 못하는 사이에 영은 그것을 받아들이게 되는 것이다.

그러다보면 모든 게 다 좋아지게 되고 즐거운 일이 일어나게 된다. 그런 까닭에 즐겨서 명당을 찾아야 되고 좋은 기(氣)를 받아야 한다. 좋은 기를 찾아간다고 마음을 먹는 순간부터 영은 좋아서 들뜨게 된다. 그리고 그때부터 좋은 꿈을 꾼다. 그러다보니 어딜 다녀오는 순간부터 다시 명당자리를 찾아가는 노력을 계속해야 한다. 그게 운명을 살리는 길이다.

명산대천(名山大川)의 기를 받지 않고 사람이 어찌 소망을 이룰 수 있겠는가? 이루어지고 이루어지지 않고는 모두 자기의 마음 탓이다.

사람에게 가장 나쁜 것은 갈등, 부정적인 사고방식, 열등감, 나쁜 선입견들인데 이런 것은 사람의 명을 불행하게 만든다. 장사하는 사람이 아침에 재수가 없다고 하면 자기 암시에 걸려 하루 종일 재수가 없어지는 것도 다 자기 암시 때문이다.

따라서 항상 마음가짐을 반듯하게 하고 세상을 살아가는 게 슬기로운 삶이다.

역학에서 본 영(靈)과 기(氣)의 세계

　역학 공부를 하다보면 영(靈)의 세계를 생각하게 되고 명상을 하게 되면 기의 흐름도 알게 된다. 산도 명산이 따로 있다. 강화도의 보문사나 낙산사 홍련암에는 다 좋은 기가 있다.
　예를 들면 복을 비는 기복신앙(祈福信仰)의 행위를 굳이 할 필요가 없다. 정성을 다하고 공덕을 쌓으면 다 알아서 이루어지는 것이다. '지성(至誠)이면 감천(感天)'이라는 말 그대로인 것이다.
　그 다음으로 무(戊)가 있다. 무토(戊土)가 바로 제방토(堤防土)이다. 한강물 내려가는 데도 둑이 있고 호숫가에도 둑이 있다. 제방은 강한 것이다. 다음에 기토(己土)는 습한 흙이다. 그런데 묘한 것은 기토는 약한테 비해서 무(戊)에 태어난 사람은 체력이 전부 우람하고 좋다고 한다.
　그리고 경금(庚金)은 아주 강한 쇠이다. 그 다음에 신금(辛金)은 주사바늘 같은 것으로 아주 부드러운 금이다. 그래서 신금 자리에 태어난 사람은 주사바늘처럼 남의 약점을 콕콕 찔러서 약을 잘 올린다.

다음으로 임수(壬水)가 있는데 바닷물이다. 바닷물은 강하기 때문에 이때 태어난 사람은 아주 기가 강하다.

다음 계수(癸水)는 빗물, 감로수라고 한다. 예를 들면 계미일(癸未日)에 태어난 사람이 있다고 할 때, 계는 약한 빗물이고 미(未)는 양이기 때문에 계미일자에 태어난 사람은 이슬비에 젖은 양이 되는 것이다. 그러기에 따뜻한 걸 원하게 되고 겨울만 오면 아랫목을 독차지하려는 것이다.

인생에서는 모험을 하려고 하지 않아서 평탄하고 순탄하며 안정되고 편안한 것을 찾는다. 이것은 본능이 그렇다. 이렇듯 성정을 알고 띠를 알아서 풀어가는 것이기 때문에 오행 성정이라고 하는 것이 중요한 것이다.

이것은 일주만 봐도 알 수 있다. 그래서 오행(五行)의 성정에다 지지(地支)를 붙였던 것이다. 지지(地支)도 오행 성정이 있다.

어떤 사람은 호랑이띠나 쥐띠는 밤에 낳아야 좋다고 한다. 그러나 그렇게 푸는 것이 아니라 오행(五行)의 성질을 가지고 풀어야 한다. 말하자면 무슨 띠를 몇 시에 낳았고 해서 푸는 것이 아니라 오행의 성정을 보아서 풀어야 한다는 것이다. 을목(乙木)이나 을일(乙日)에 태어난 사람은 비가 오면 좋다.

내 인생의 행운 찾기

1월은 인(寅)이다. 역학 용어로는 인월이다. 사주는 자(子)에서부터 시작된다. 그래서 시각은 자시(子時)부터 시작되고 또 십이지지(十二地支)도 자에서 시작되지만 월만큼은 항상 인월에서부터 시작된다. 왜냐하면 입춘의 기점이기 때문이다.

입춘이 되면 해가 바뀌고 1월이 시작된다. 그래서 인이 1월이고 인(寅), 묘(卯), 진(辰)이 1, 2, 3월이므로 이때가 봄이다. 봄은 목(木)이 왕성(旺盛)한 계절이다. 봄이 되면 얼었던 땅이 녹아 나무는 자기 세상을 만난 듯이 울창해진다.

여름은 불의 계절이다. 그래서 밖에 나가면 굉장히 덥다. 망종이 되면 5월이 되고, 5월은 여름의 전성기이다.

다음의 7, 8, 9월은 금(金)의 계절인 가을이다. 가을을 왜 금의 계절이라고 하는가? 가을은 결실의 계절이다. 서늘한 바람이 불면 뿌리에서 올라오는 영양분을 열매에게 양보하기 위해 나뭇잎이 떨어진다. 그러면 열매가 그것을 전부 다 먹는다. 그렇게 열매는 익어간다. 시장에 나가 과일을 살 때 우리는 돈을 주고 산다. 열매는 곧 돈이다. 결실은 곧 돈이다. 그러면 돈이 무엇인가? 돈은 금이다. 우리가 손가락에 낀 황금, 이런 것이 바로 돈이다. 그래서 가을은 결실의 계절이고 금의 계절이다.

해자축(亥子丑)은 10, 11, 12월에 해당되는 겨울이다. 겨울은 물이 왕성한 계절이다. 그래서 습기가 많고 춥다.

오행(五行)에서 가장 뜨거운 것은 불이요, 또 가장 찬 것이 물이다. 우리 몸속에도 물과 불이 공존해 있다. 심장은 불덩어리이다. 그리고 신장, 방광은 물이다.

하늘에 떠 있는 태양은 불덩어리이다. 그 불덩어리가 빛을 지구에 내려 보낸다. 지구는 물이 2/3를 차지한다. 물은 열에 의해서 증발한다. 그리고 증발한 물은 하늘로 올라간다. 수증기가 되어 하늘로 올라간 물의 고향은 지구, 땅이다. 그래서 구름으로 떠다니다 다시 비가 되어 자기 고향으로 내려오는 것이다. 불은 하늘이 고향이다. 불을 피우면 불꽃이 위로 올라가는데 그것은 자기 고향으로 가고 싶은 마음 때문이다.

우리 몸속도 마찬가지이다. 신장에 있는 물은 위로 올라가고, 심장에 있는 불은 밑으로 내려감으로써 상승, 하강 작용을 한다. 다시 말해서 물은 올라가고 불은 내려오는 작용을 하므로, 물과 불의 균형이 맞아야 한다. 그때가 건강할 때이다. 균형이 깨지면 약해져서 건강을 망치게 된다. 물이 너무 많으면 불이 꺼지고, 불이 왕성하면 가스레인지 위의 주전자 물이 말라버리듯 물이 말라버린다. 그러면 균형이 깨져 건강에 문제가 발생한다.

그러므로 너무 화나는 일이 있어도 화를 내면 안 된다. 불이 왕성해지고 물이 약해지기 때문이다. 균형을 제대로 유지하는 것이 가장 중요하다. 너무 차게 자면 신경통, 관절염, 류머티즘에 걸린다. 이것은 물이 왕성하고 불이 약해서 그런 것이므로 따뜻하게 해 주어야 한다.

남자는 불이고, 여자는 물이다. 그래서 남자는 심장이 있는 가슴 부분이 벌어져 있고 여자는 히프가 크다.

관상학적으로 보면 목까지가 초년이고 목에서부터 배꼽 부분까지가 중년해 해당된다. 그래서 대부분 남자는 머리도 크고 가슴도 크다.

초년과 중년에도 남자들이 여자들을 지배하고 자기가 최고인 척한다. 그러나 중년 이후 말년이 되면 히프가 적으니까 여자에게 꼼짝 못한다. 이것이 바로 자연의 이치다. 그렇다고 해서 남자가 강하고 여자가 약하다는 말은 아니다. 누가 강하고 약하고는 없다. 지구가 돌고 돌아 낮과 밤이 생기고 춘하추동이 생기듯이 우리 인생살이 자체도 항상 변화한다.

"내가 최고다. 언제나 즐겁고, 또 이 정도면 살 만하지 않은가?"

그러나 너무 안하무인(眼下無人)하면 문제가 된다. 그 순간부터 그 사람은 내리막길로 접어드는 것이다.

남자는 하늘이고 여자는 땅이다.

하늘은 높고 땅은 낮지만, 그러나 실제 지위상의 높고 낮음은 없다. 이것은 음양의 이치에 의해서 남자는 양이고, 여자는 음이라는 뜻이다. 남자는 하늘같다 하여 사주팔자를 뽑을 때 하늘 건(乾) 자를 써 건명이라고 한다. 여자는 땅이므로 곤명(坤命)이다.

사주팔자를 뽑아 보면 태어난 일진(日辰), 즉 태어난 날 밑에 숫자가 쓰여 있다.

흔히 운이 좋아야 한다고 말한다. 운 가운데에서도 가장 큰 운이 대운이다. 대운은 10년을 좌우하는 운이다. 운수가 사나워서, 운이 좋아서, 행운, 불운 등에서 사용하는 운(運)이라는 글자는 움직인다는 뜻이다. 그래서 운이란 흘러가는 것이다. 운의 종류에도 여러 가지가 있는데, 그 모두를 통틀어 행운이라 한다.

사람이 어머니 뱃속에서 태어난 순간 가지고 나오는 것은 아무것도 없다. 팔자를 지니고 태어날 뿐이다. 아무리 좋은 집안에서 태어나고 머리가 좋고 얼굴이 잘생겨도 아무 소용이 없다. 사주를 잘 타고 나야 한다. 우리 인생은 공수래공수거(空手來空手去)이다.

돈을 가지고 태어나지도 못하고 또 가지고 죽지도 못한다. 사주팔자를 잘 타고 나야 행복하게 살 수 있는 것이다.

그런데 이보다 더 중요한 것이 있다. 그것은 바로 대운이다. 팔자가 좋다는 것은 자동차가 좋다는 말과 같다. 그리고 대운은 자동차를 운전하는 사람이거나 혹은 도로이다. 그러므로 아무리 자동차가 좋아도 도로가 강원도 산길 같거나, 운전자의 기술이 좋지 못하면 자동차는 얼마 가지 못해 망가지고 말 것이다. 이것이 바로 팔자는 좋은데 대운이 나쁜 사람이다.

만약 팔자도 좋고 운전자도 능숙하고 고속도로 같이 길이 좋다면 그 차는 비행기처럼 날아갈 것이다. 이런 경우가 가장 좋은 팔자이다.

그 다음으로 자동차는 고물이라도 도로 사정이 좋으면 차는 문제없이 잘 나갈 수 있다. 이것이 두 번째 좋은 것이다. 세 번째는 자동차는 좋지만 도로가 나쁜 경우, 네 번째는 자동차도 나쁘고 도로도 나쁜 경우이다. 이런 사람은 고생을 많이 한다. 이렇게 사주팔자는 네 가지로 분류할 수 있다.

그러므로 우리는 행운을 잘 만나야 한다. 행운에는 네 가지가 있다. 첫째는 대운이다. 대운은 10년이다. 이 10년 중 각 1년의 운을 연운(年運), 또는 세운(歲運)이라고 한다. 1년은 12개월이다. 따라서 달마다 월운(月運)이 있다. 그리고 한 달은 30일이므로 일운, 즉 일진(日辰)이 있다. 이보다 더 적은 것은 시운(時運), 2시간마다의 운이다. 그러므로 인간의 운세는 2시간마다 바뀐다. 그러나 그 폭이 아주 적으므로 잘 느끼지 못한다. 이상의 것을 통틀어 행운이라고 한다.

사주팔자는 사주팔자 혹은 본바탕이라는 의미로 원국이라고 한다. 그러나 원국이 아무리 좋아도 원국보다는 행운이 더 좋아야 한다. 따라서 사주팔자도 잘 타고 나야겠지만, 그보다 더 중요한 것은 흘러가는 운이 잘 돌아와야 한다.

순행과 역행이라는 것이 있다. 시계 방향으로 돌아가는 것을 순행운(順行運)이라 하고, 시계 반대 방향으로 돌아가는 것을 역행운(逆行運)이라고 한다.

남자는 하늘이고 여자는 땅이다. 이에 반론을 제기할 사람은 아무도 없을 것이다. 남자는 양이므로 태어난 해 즉, 생년(生年)이 양이면 순리대로 태어난 것이고, 여자는 음이므로 생년이 음(陰)해이면 순리대로 태어난 것이다. 이를 순행이라 한다. 덧붙이면 남자가 양년생이고, 여자가 음해 즉 음년생이면 순행운이다. 그러나 반대로 남자가 음년생이고 여자가 양년생이면 역행운이다.

우리가 배우는 학문은 목화토금수(木火土金水)의 오행학(五行學)이다. 각 오행에는 음과 양이 있다. 어두운 밤길을 갈 때 남자가 앞장을 서듯이 언제나 양이 선행한다. 갑을병정무기경신임계 가운데 갑병무경임은 양이고, 을정기신계는 음이다. 이렇게 음양을 결정하는 것이다.

만사는 자기 마음가짐에

우리는 사람이다. 그렇지만 사람에 대해서 잘 알지 못한다. 사람의 모든 에너지는 오장에서 나온다. 그런데 우리의 손가락, 손바닥, 얼굴에도 오장이 모두 드러나 있다. 눈썹은 간장과 연결되어 있다. 주색에 곯은 사람은 간장에 부담을 느낀다. 그래서 밤새 주색에 취한 사람은 아침에 출근할 때 눈썹이 착 가라앉아 있다. 그러나 밤새도록 고스톱을 치다 돌아온 사람은 끗발이 서서 눈썹이 빳빳하다.

눈은 심장이다. 우리의 마음, 정신, 사랑하는 마음, 보고 싶은 마음, 행복한 마음, 이 모두가 심장에서 이루어진다. 눈은 심장과 연결되어 있다. 그래서 눈을 마음의 창이라고 한다. 연애를 잘 하는 사람은 사랑을 고백할 때 말로 하지 않는다. 말을 하면 무드가 깨진다. 말 대신 눈으로 사랑을 고백한다. 눈이 마음이기 때문이다. 그래서 눈동자를 보면 그 사람이 착한지 악한지 금방 알 수 있다. 아가씨들은 보통 마음이 착하다. 눈 흰자위가 희고 깨끗하다. 그러나 성질을 잘 내고 화를 잘 내는 사람은 눈 흰자 위가 시뻘겋게 충혈되어 있거나 누렇다.

피는 심장에서 만들어진다. 착한 마음을 가지면 심장이 피를 맑게 한다. 그러므로 착한 사람은 얼굴부터가 다르다. 여자에게 애인이 생기면 얼굴이 달라진다. 얼굴이 예뻐진다. 사랑하고 그리워하는 마음을 갖다보니 심장의 피를 맑게 해주어서 그런 것이다.

사람이 이 세상을 살아가는데 제일 중요한 것은 사랑하는 마음이다. 사랑, 자비심, 그것이 제일 중요하다.

코는 위장을 나타낸다. 코는 우리 신체의 축소판이다. 코 중간쯤이 약간 튀어나온 사람이 있다. 이렇게 튀어나온 사람은 뼈대가 튼튼한 사람이다. 그리고 그곳이 말랑말랑한 사람이 있다. 이런 사람에게는 돈이 붙지 않는다. 딱딱해야 돈이 붙는다.

인생은 고독하다. 지구의 지붕인 히말라야를 오를 때 고상돈(高相敦, 세계 최고봉인 에베레스트산을 한국 최초로 등정한 산악인)은 얼마나 고독했을까? 정상을 2, 3백 미터 앞두고, 여섯 명이 한 팀을 이루어 올라가는 독일팀을 보고 일행 없이 혼자 가는 자신이 얼마나 외로웠는지 모른다고 고상돈은 뒤에 고백하였다.

인간은 고독한 존재이다. 그러나 그 고독 속에서 스스로 즐기는 마음을 갖는 것, 이것이 스트레스 해소법이다. 자기 나름대로 스트레스 해소법이 있어야 한다. 사람에게는 정신이란 것이 있다. 사람에게 가장 중요한 것은 마음의 세계요, 정신의 세계이다. 그 마음과 정신을 어떻게 깨닫고 느끼고 살아가느냐가 중요하다.

의상대사와 함께 중국으로 유학을 가던 원효대사가 어느 날 밤 외딴 곳에서 자게 되었다. 그런데 갑자기 목이 몹시 말랐다. 원효대사는 바가지로 우물에서 물을 떠 갈증을 풀고 아주 편안하게 잠을 잤다. 아침에 일어나 또 목이 타자 원효대사는 다시 물을 먹으려고 우물가로 다가갔다.

그런데 이게 웬일인가? 어제는 밤이어서 몰랐는데, 우물물을 받아먹었던 그릇은 바가지가 아니라 해골이었다. 그리고 우물 안을 들여다보니 아기 뼈다귀 시체가 있었다.

'썩은 물을 먹었구나.'

이렇게 생각하는 순간 원효대사는 먹은 것을 모두 토해냈다. 그리고 거기서 원효대사는 도(道)를 깨우쳤다.

'일체유심조(一切唯心造)다. 즉 모든 것은 마음에서 비롯된다.' 무슨 일을 하더라도 가장 중요한 것은 어떤 마음으로 생각하고 받아들였느냐 하는 것이다. 현재의 직장 생활에 자족하고 감사하고 기쁜 마음으로 일하면 그것이 그렇게 감사하고 기쁠 수가 없다. 그러나 신세 한탄만 하고 부정적으로 생각하면 자기의 인생이 너무도 처참하게 느껴진다.

그러면 어떤 사람이 슬기로운 사람인가? 어차피 자기에게 주어진 일이요, 생활이다. 그것을 그토록 처참하게, 비참하게 느끼며 살아간다면 일이 더욱 힘들어질 것이다. 그러나 자신의 일이 기쁘고 즐겁고 보람된 것이라고 생각하면 모든 것이 달라질 것이다.

나사 조이는 일을 매일같이 반복하다 보면 무척 지루하고 고독하고 짜증날 것이다. 그러다 보면 오장육부가 뒤틀린다. 그러나 내 손길이 닿음으로써 우리나라 기간산업이 발전하고, 또 세계 속의 자동차가 완성된다는 마음을 가지면 내 손이 얼마나 자랑스러운가? 이 얼마나 즐겁고 보람 있는 일이냐?. 이렇게 생각하면 같은 일을 하더라도 피곤하지가 않다. 즉 만사는 마음먹기에 따른 것이다.

남자가 예쁜 여자를 보면 마음이 충만해지고 기분이 좋아지고 황홀해진다. 입에서 침이 돌 정도이다. 그러나 기분 나쁘고 짜증이 나고, 살기등등하고, 아이고 내 팔자야 하면 침이 바짝 마른다. 그러면 몸이 피곤해진다. 같은 일을 하더라도 마찬가지이다.

등산을 예를 들어보자. 모처럼만의 휴일에 땀을 뻘뻘 흘리며 산을 오른다. 중노동도 그런 중노동이 없다. 그러나 등산으로 한 것이고 놀러왔다고 생각하니까 운동이 되는 것이다.

이처럼 똑같은 신체적 활동인데도 어떤 것은 노동이고 어떤 것은 운동이 된다. 모두가 마음가짐에 달려 있는 것이다.

그런데 현대인들은 이런 중요한 마음의 이치를 모른 채 살아간다. 우리가 생활속에서 마음의 깨달음이 중요하다는 것을 알고, 직장생활이나 가정생활을 하면 감사하고 기쁘고 즐거운 마음으로 일할 수 있다. 그것이 바로 행복이다.

어느 날 텔레비전 프로에 바이올리니스트 정 모씨의 어머니가 나와 함께 출연한 적이 있었는데, 그때 이런 말을 하였다.

"사람이란 육체적이고 본능적인 것을 가지고 있기 때문에 쾌락이나 섹스를 좋아한다. 그러나 책을 보거나 수양을 하거나 학문하는 것은 싫어한다. 일을 하거나 공부를 한다는 것은 힘들고 괴로운 일이다. 누가 놀고 싶지 일이나 공부를 하고 싶겠는가?"

그러나 그 어머니는 50이 넘었는데도 외국을 자주 다니므로 영어가 필요해 단어책을 사서 공부를 시작하였다. 하루에 단어 3개씩을 외웠다.

이 50이 넘은 어머니는 단어 밑에 빨간 밑줄을 그으면서 부지런히 단어를 외웠다. 단어 하나를 외움으로써 내 지식이 풍부해지고, 보람을 느끼며, 다른 사람과의 대화에 그 단어를 사용할 수 있다면 얼마나 즐거울까? 그녀는 그렇게 생각하며 아주 즐겁고 신명나는 마음으로 공부를 시작하였다.

그 어머니는 결국 5년 만에 영어 회화를 할 수 있게 되었다. 아주 능숙하지는 않지만 어느 정도 의사소통은 가능했다. 영어 공부를 지긋지긋하게 생각했으면 그렇게 하지 못했을 것이다. 그러나 자기 일을 기쁘게, 즐겁게 생각했기에 능률도 오르고, 건강에도 도움이 된다는 사실을 알았다. 이것이 인생을 살아가는 마음가짐 가운데 하나이다.

살아가는 데 있어서 제일 나쁜 것은 열등의식이다. 그리고 둘째는 고정관념, 셋째는 부정적인 생각이다. 넷째는 반항이다. 이 네 가지 나쁜 결점을 바로잡아야 한다.

무엇보다 자녀교육을 바르게 시켜야 한다. 골목길에서 젊은 엄마들이 자녀들에게 하는 소리를 들으면 원수도 그런 원수가 없다.

"이 싸가지 없는 놈아, 네까짓 게 되기는 뭐가 돼! 크게 될 놈은 떡잎부터 알아본다는데……!"

이런 식으로 말을 한다. 여기서부터 아이들은 반항적이 되고 열등의식에 젖는다. 딸을 교육시킬 때 꼭 알아두어야 할 것이 있다.

"계집애가 왜 이렇게 까불어? 여자는 빠져!"

자꾸 이렇게 말하면 여자로서 반항심이 생긴다. 그러면 결혼 후에도 남편을 자꾸 끌어당기려고 하고 바가지를 긁게 된다.

인간관계를 감정적으로 엮어내어서는 안 된다. 말을 할 때도 그렇다. 상대방의 기분과 감정을 자극하는 언동을 삼가야 한다. 아랫사람이나 주위에서 누가 실수를 하더라도 "왜 그 모양이냐?"고 쏘아붙이면 안 된다. 그러면 그 사람이 반항적이 된다. 일단 반항심이 생기면 다른 의견을 받아들이지 않는다. 서로 사이만 나빠질 뿐이다.

부부생활을 할 때도 마찬가지이다. 아내가 조금 못마땅하다고 바로 그때 소리를 지르면, "당신은 뭐 잘한 게 있어요?" 하고 반항적으로 나온다.

제일 나쁜 것이 반항이다. 반항적이 되지 않기 위해서는 융통성이 있어야 한다. 너무 원칙을 따지면 안 된다. 공중전화는 3분 통화가 예의이다. 그런데 앞사람이 3분 이상 걸고 있으면 원칙에 어긋나고 예의에 벗어났다고 생각해서 욕지거리를 하거나 "빨리 나와", 혹은 "빨리 걸죠" 한다. 그러나 전화 통화를 4분 할 수도 있는 것이다. 이렇게 감가상각을 해서 생각해야 한다. 그래야 인간의 폭이 넓어진다. 파란불이라고 해서 건너가야지 하고 생각해서는 안 된다. 운전기사가 잘못 보고 지나갈 수도 있다. 그러므로 파란불이더라도 좌우를 살펴보고 지나가야 한다.

내가 정당하고 원리원칙을 지킨다고 해서 상대방에게도 똑같은 것을 요구할 수는 없다. 내가 성실하고 정직하다고 해서 아랫사람에게도 꼭 그렇게 해야 한다고 요구해서도 안 된다. 그래서 사소한 잘못은 눈감아 주고, 직장 동료들 중에 어려운 일을 당한 사람이 있으면 서로 감싸주어야 한다.

동료 하나가 지각을 했다. 상사가 왜 지각했느냐고 물었을 때, 그 녀석 어제 저녁 고스톱 치다가 늦었다고 말하면 나중에 그런 사실이 당사자 귀에 다 들어가게 된다. 그러면 그가 얼마나 서운하게 생각하겠는가? 그 대신 아까 전화가 왔는데 조금 늦는다고 했다고 말해 주면 얼마나 좋은가?

인간이란 고독한 나그네 인생이다. 그러므로 서로 위해 주고 용서해 주고 다독거려 주어야 한다. 너무 각박하게 감정적으로, 신경질적으로 짜증을 내면서 살아가면 모두 자기 손해이다. 항상 마음을 풍요롭게, 보람을 갖고, 기쁜 마음으로 자족하며 감사하는 정신 자세가 중요하다.

우리 인체는 왼쪽과 오른쪽의 성질이 다르다. 우리 절반은 정신이요, 절반은 육체이다. 사람은 누구든지 절반은 육체적인 욕망에 있다. 어느 남자, 여자도 바람을 피울 수가 있는 것이다. 즉 예의나 도덕에 어긋날 수도 있다. 영화에 섹스 장면이 나와야 관객들이 몰려들고, 만화를 그려도 섹스하고 키스하는 장면이 나와야 잘 팔린다는데 무슨 말을 할 것인가? 신문에 게재하는 여자 사진 하나도 판매부수에 커다란 영양을 미친다. 하다못해 강의에도 섹스 이야기가 조금 들어가야 재미있게 듣는다.

우리는 흔히 '배꼽 밑은 말하지 말라'고 말들을 한다. 자기가 유부녀하고 연애하고 바람피우는 것을 아주 멋있는 사랑이고 로

맨스이지만, 남이 유부녀하고 연애하면 지저분하고 인간 이하로 취급한다.

　인간의 절반은 이기주의자이다. 사람은 누구든지 절반은 선하고, 절반은 악하다. 남자는 선한 게 더 많고 여자는 악한 게 더 많다. 범죄가 있는 곳에는 항상 여자가 있다. 범인을 체포해 보면 그 뒤에 여자가 하나씩은 꼭 있다. 이 모든 것이 음과 양의 이치이다.

실용학문으로서의 역학

 다음은 조후(調候)에 대하여 알아보겠다. 지구상의 모든 물체는 기후에 적응하여 살 수밖에 없다. 더운 여름에 털외투를 입을 수 없으며, 추운 겨울에 러닝셔츠 차림으로 돌아다닐 수 없는 일이다.
 조후란 기후를 조절한다는 뜻이다. 더울 때는 에어컨도 틀고, 시원한 나무 그늘 밑이나 물 있는 곳을 찾아간다. 그리고 겨울에는 따뜻한 히터가 있는 곳이나 아랫목을 찾는다. 옷도 기후에 따라 입고 다니게 마련이다. 이런 것이 바로 조후이다.
 하루도 쉬지 않고 사람들이 태어나고 있다. 그런데 이 사람들의 사주팔자는 모두 다르다. 한 여름, 그것도 대낮에 태어난 사람은 뜨거운 태양의 열기를 받았기 때문에 팔자 자체가 뜨겁다. 이런 사람은 물을 가까이 하고, 물과 더불어 사는 것이 행운이 된다. 몸이 뜨겁고 팔자가 뜨거우므로 시원한 물 속에서 수영을 하면 컨디션이 좋아진다. 컨디션이 좋아지면 좋은 아이디어가

떠오르고 또 기분이 좋기 때문에 하는 일이 잘 된다. 하지만 남보다 더 더위를 잘 타는데 뜨거운 곳에서 일을 한다면 능률이 오를 리 없을 것이다.

반면에 추운 겨울에 그것도 한밤중에 태어나면 태양 에너지를 직접적으로 받지 못하고 태어난 것이므로 팔자 자체가 차다. 팔자가 차면 뜨거운 것이 올 때가 행운이 된다. 이런 사람은 밤에 일하기를 싫어한다.

그러나 낮에는 햇볕이 있으므로 일할 의욕이 생긴다. 또 봄, 여름에는 따뜻하므로 일할 의욕이 생기지만 가을이 되면서부터는 만사가 귀찮아지고 따뜻한 온돌만을 찾는다.

이처럼 기후에 의해서 마음이 변하듯이 팔자도 마찬가지로 변한다. 그러므로 조후는 사주팔자를 푸는 데 있어서 80%를 차지하는 것으로 아주 중요하게 여겨진다.

지금 우리는 음양 오행학을 배우고 있다. 태양은 계속 에너지를 발산하지만, 지구가 자전하기 때문에 낮과 밤이 생긴다. 낮은 양이고, 밤은 음이다. 또한 낮은 태양 자체가 불〔火〕이기 때문에 불이 성한 때이다. 그러나 밤은 물〔水〕이 성할 때이다. 밤에는 습기가 많다. 그래서 아무리 무더운 여름이라도 밤 1~2시쯤 되면 더운 것을 느끼지 못한다.

오행은 목화토금수(木火土金水)를 가리킨다. 이 중에서 양을 대표하는 불과 음을 대표하는 물이 가장 기본이 된다.

그러면 목과 금은 어떤 것인가? 불은 나무가 있어야 한다. 불이 자식이라면 나무는 어미이다. 나무가 불을 생(生)해 준다. 뉴스에 기름 유출 사건이다, 수질 오염이다 해서 간혹 세상이 시끄러워진다. 이처럼 난리를 치는 이유는 물이 죽어가기 때문이다. 죽은 물을 먹으면 우리의 생명은 꺼질 수밖에 없다. 그러므로 좋은 광물질이 들어 있는 물을 찾는 것이다. 요즘 많이들 깨끗하고 살아 있는 물, 즉 생수를 사 마신다. 좋은 광물질은 좋은 물을 만들어 준다고 생각하면 된다.

계절로 본다면 목(木)은 봄이다. 봄은 나무가 생기를 얻을 때이다. 그리고 화는 여름이다. 여름은 1년 중 가장 뜨거운 계절이므로 불과 같다. 봄이 지나면 여름이 되는데 이는 나무가 불을 생(生)해 주는 것과 같다. 토(土)는 환절기에 해당한다. 금(金)은 가을이 되고, 수는 겨울이다. 즉 가을은 겨울의 시작이다. 가을은 겨울을 도와주는 계절이다.

목화토금수 가운데 가장 기본은 불(火)과 물(水)에 해당되는 여름과 겨울이다. 여름의 화는 남자이고, 겨울의 수는 여자이다. 따라서 여자들은 음이고 물이기 때문에 찬 데서 자거나 방석을 깔지 않고 찬 곳에 앉으면 몸에 병이 생긴다. 그러나 남자는 양이므로 괜찮다. 뜨거운 열기를 식힐 필요가 있기 때문이다.

하지만 여자는 다르다. 여자는 몸을 따뜻하게 해야 한다. 남자가 너무 따뜻하면 누글누글 해져서 안 된다. 아이들 공부방은 조금 차다싶어야 컨디션이 좋아 공부가 잘 된다. 너무 따뜻하면 졸리기만 하고 집중이 안 된다.

그러나 남자아이와 여자아이는 다르다. 즉 여자아이들은 조금 따뜻한 데서 하게끔 하고, 남자아이들은 조금 찬 데서 공부하게 하는 것이 좋다. 이것이 음양의 이치이다. 방마다 일일이 온도를 조절하기는 어렵지만 될 수 있는 한 여자아이들은 방석이라도 깔고 앉아서 공부하는 것이 좋다.

　봄, 여름, 가을, 겨울을 음양으로 나누어 보면 봄과 여름은 양이 된다. 여름은 화로서 양의 대표이고 목, 즉 봄은 여름을 만들어 주고 도와주는 계절이기 때문이다. 그러므로 목, 화는 양이고 금, 수는 차가우므로 음이라 하겠다.

　목에는 천간 글자 갑과 을이 있으며, 화에는 병, 정이 있다. 그리고 금에는 경과 신금이, 수에는 임과 계가 들어 있다. 토는 오행의 중간에 위치하고, 계절에 있어서는 각 계절이 끝날 때, 즉 봄이 끝날 때는 진월, 3월이고 여름이 끝날 때는 미월, 6월이다.

　인묘진신유술해자축해서 각 계절이 끝나 다음 계절로 넘어가는 역할을 토(±)가 한다. 그러므로 목화가 양이고 금수가 음이라면, 토는 중성이라고 생각하면 된다.

　그런데 이 토에는 두 가지가 있다. 천간에 보면 무토와 기토라는 것이 있다. 무토는 큰 산을 말한다. 겉으로 보기에 산은 건조하다.

　반면에 기토는 논, 밭이라 식물을 심기 위해 항상 젖어 있는 흙이며, 농부가 경작하기 위해서 쟁기로 갈아엎어 놓은 흙이다. 즉 기토는 항상 물에 젖어 있는 습한 땅이다. 여기서 양이라는 것은 쉽게 말해 남자이고, 음이라는 것은 여자라 할 수 있다. 그러므로 목에 있는 갑을과 화에 있는 병정과 토의 무토는 남자에 해당된다.

　이렇게 천간 열 자 중에서 다섯 글자는 따뜻함을 나타낸다. 그러나 기토와 금에 해당하는 경신과 수에 해당하는 임계는 물을 도와주고, 또 물과 관련 있는 습한 흙이기 때문에 이것들은 습한 글자이며, 여자를 가리킨다.

오행(五行)	木		火		土		金		水	
천간(天干)	甲	乙	丙	丁	戊	己	庚	辛	壬	癸
지지(地支)	子	丑	寅	卯	辰	巳	午	未	申	酉	戌	亥

다음 지지를 분류하기로 한다.

목(木)에 해당하는 지지는 인과 묘이다. 화에 해당하는 글자는 사·오이며, 금에 해당하는 지지는 신·유이며, 수에 해당하는 것은 해와 자이다. 그리고 나머지 진술축미는 토에 해당된다. 토는 앞서 배운 삼합에 따라 분류해야 한다. 삼합에는 인오술, 신자진, 사유축, 해묘미가 있다. 인오술, 즉 호랑이띠와 말띠, 개띠는 각각 네 살 차이로 삼합하기 때문에 겉궁합이 맞는다. 또한 이것은 여덟 살 차이기도 하다. 인에서 오까지는 네 살 차이지만, 인에서 술까지는 여덟 살 차이이다. 그러므로 네 살이나 여덟 살 차이는 겉궁합으로 봐서는 궁합이 좋다.

인오술은 화국이고, 신자진은 수국이고, 사유축은 금국이고 해묘미는 목국이다. 삼합에서 상세하게 설명했듯이 술이라는 글자는 불이 들어 있는 창고이고, 진이라는 글자는 물창고이고, 축은 금창고, 미는 목창고이다. 이것들은 오행이 들어 있는 창고인데 이 중에서 따뜻한 글자는 화에 해당하는 술과 목에 해당하는 미이다.

금창고인 축과 물창고인 진은 차가운 글자이다. 이렇게 천간 지지 스물두 글자를 각각 열한 자씩 따뜻한 글자와 찬 글자로 나누었다. 목화에 해당하는 글자는 열조(熱燥)한 글자, 즉 열이 많고 건조한 글자, 한마디로 따뜻한 글자이다.

금수에 해당하는 글자는 한습(寒濕)한 글자, 즉 차고 습한 글자이다. 이상의 구분이 사주팔자를 푸는데 있어서 80%를 차지한다. 그러므로 위 내용은 쉬우면서도 아주 중요한 것이다.

강의를 하다 보면 우리나라 사람들의 성격이 너무 급하다는 것을 자주 느낀다. 나도 성격이 급한데 역학을 통해서 많이 누그러졌다. 역학을 하고 나서는 화내는 일이 거의 없어졌다. 혹 내가 바보가 된 것이 아닐까 하는 생각이 든 적도 있었다.

그러나 다른 사람들의 잘못을 인간이기 때문에 그럴 수도 있다고 생각하면 화를 낼 이유가 없어진다. 인간이기 때문에 잘못을 저지르는 것이다. 자신의 잘못을 반성하지 못하는 사람을 볼 때마다 난 불쌍하고 안타깝다.

자기 자신을 모르고 항상 잘난 척하며 자기 자신이 최고라고 생각하는 사람은 아직 덜 된 사람이다. 벼도 익을수록 고개를 숙인다고 하지 않았는가?

그러나 이 또한 인간이기 때문에 그럴 수 있는 것이다. 우리 인간은 완전할 수 없다. 사주팔자를 보더라도 누구에게나 흠집이 다 있다. 나는 아직까지 완전한 사주팔자를 보지 못하였다. 인간이기 때문에 인간이 가지고 태어난 팔자이기 때문에 완전한 것은 하나도 없다. 지금 우리나라의 재계의 인물이나 정치가나 그 밖의 어떤 인물의 사주를 보더라도 단점은 다 들어 있다.

오늘날 역학은 어떤 모습으로 우리 앞에 있는가? 미신이라는 오랜 굴레를 아직 벗지 못하고 있지만 영업적으로는 상당히 성공한 철학관들이 점점 늘어가고 있다. 역학에 직간접으로 관련된 직업을 가지고 있는 사람의 수가 40여만 명에 이른다는 이야기도 있다.

또한 이러한 사회적 분위기를 감안함인지 일간지에도 '오늘의 운세'를 게재하고, 월간지마다 다투어 '이달의 운세'를 싣고 있으며 매달 한두 꼭지는 족집게니 뭐니 하면서 흥미성 기사를 제시한다. 대중이 원한다면 그렇게 할 수밖에 없지만 역학 발전에는 긍정적인 역할을 하지 못한다.

해방 이후 우리나라 교육제도는 미국식으로 바뀌었고 그 과정에서 미국인의 눈에는 보이지 않는 기(氣), 또는 음양오행을 기본 요소로 출발하는 모든 동양학은 철저히 무시되었다. 다른 학문마저도 사실은 우리나라가 완전히 새로 역사를 시작하는 미개국인 것처럼 철저히 바꾸었다. 그래서 문학은 서양문학이어야 했고 음악은 서양음악이어야 했으며 미술도 서양미술이어야 했다.

역학, 풍수, 국악, 부적, 고전 같은 우리 문화를 낡아빠진 유물로 천시했다. 이 과정에서 일부 민족문화는 겨우 서양학문의 맨 뒷줄에서나마 서게 되었다. 그러나 아직도 정규 학문으로 인정받지 못하는 것들이 많다.

어쨌든 역학의 쓰임새는 많다. 운명 감정에서 정치, 경제, 외교, 건축, 의학, 풍수, 도장, 부적 등 응용하기에 따라서 얼마든지 이용할 수 있다.

첫째, 가장 실용적으로 쓸 수 있는 것이 외교, 즉 인간관계이다. 예부터 역학을 제왕학이니, 재상학이라고 했다. 그것은 국가의 장래나 정책 결정과정에서 역학이 매우 중요하게 쓰였음을 말하는 것이다.

멘델의 유전법칙으로 살펴보자.
만일 불특정 집단에 불특정인의 얼굴을 한 번 보이고 나서 이런 설문조사를 해보면 재미있을 것 같다.
호감이 간다, 그저 그렇다, 싫다 등. 직접 해보지는 않았지만 역학적으로 그 결과는 호감이 간다 25%, 그저 그렇다 50%, 싫다 25%이다. 이것은 마치 하얀 분꽃과 빨간 분꽃을 교배하여 얻는 F1을 보면 알 수 있다. 빨강 25%, 분홍 50%, 하양 25%가 나온다. 이것이 사상(四象)이다.

둘째는 역학의 카운슬링 기능이다.
사주가 맞든 안 맞든 대학입시철이나 인사, 선거철이면 철학관은 문전성시(門前成市)를 이룬다. 수요가 그 만큼 있기 때문이다.
우리나라에서는 진로를 상담하거나 이성 문제, 고민 등을 상담하려면 성직자를 찾아가거나 사랑의 전화니 하는 몇 군데 전화상담소 같은 곳을 찾는다. 이른바 카운슬링이다.
만일 역학자들이 사사로운 이권 문제를 떠나 진심으로 한 개인의 운명을 상담하여 용기와 희망을 줄 수 있다면 이보다 더 바람직한 방향은 없을 것이다. 더 나아가 학교의 상담교사들이 역학을 이해하고 또 이를 바르게 쓴다면 그 효과도 훨씬 높아질 것이다.

셋째로 역학은 유전공학 내지 첨단 과학도들이 응용해야 한다는 것이다.

앞으로의 세대에서 지구를 지배하는 국가는 바로 과학문명이 앞선 나라일 것이다.

송명초(공주 용화사) 스님은 실용할 수 있는 대체에너지를 먼저 개발해내는 나라가 바로 그러한 자격을 얻게 된다고 말했다. 또 풍수지리학을 하는 류상채(풍수가 민의학자) 씨는 누가 기(氣)를 먼저 실용화하느냐가 가장 큰 관건이라고 말하기도 한다.

말하자면 돌파구는 바로 동양철학, 동양사상에 있다는 것이다. 바로 그 속에 아인슈타인이 미처 보지 못한 엄청난 물리학의 세계가 숨어 있는 것이다.

그래서 역학이 이러한 실용학문으로 성장하려면 무엇보다 대학의 정규학과로 자리를 잡아야 한다고 생각한다. 주역을 사상으로 가르치는 것은 여전히 동양철학과에서 하고 있지만 명리학·풍수지리학·주역·음양오행 같은 것을 종합적으로 다루는 학과가 따로 있어야 한다. 그래서 이 학과에서 개설한 과목을 심리학·철학·물리학·정치학과 학생들이 원한다면 모두 들을 수 있도록 해야 한다.

만일 미국 교육학을 공부한 교육학자들이 서양에는 그런 학과가 없다는 이유로 난색을 표한다면 차라리 수십만 명의 역학자와 역술가·풍수사들을 모조리 법으로 다스리고 철학관에 들락거리는 시민들을 모조리 체포하기 바란다. 그렇게 하지 않고는 수천 년의 뿌리를 가진 그 미신을 퇴치할 수 없을 것이다.

다시 말해서 역학을 미신이 아닌 정학(正學)으로 자리잡게 하려면 대학에 정규학과를 설치하여 체계 있는 전문교육을 시켜야 한다는 것이다. 역학자들과 운명을 상담해본 경험이 있는 국회의원들만 찬성해 주어도 당장이라도 이루어질 수 있을 것이다.

역학이란, 그리고 그 역학에 의한 사주란 하나의 조건에 지나지 않는다. '조건을 이기느냐, 조건에 지느냐' 그것이 인생의 질을 결정하는 것이다.

제2장

TOP — 프로 인간학

공자(孔子)의 인간학(人間學)

제자인 자공(子貢)이 공자에게,
"선비란 어떠한 인물을 말하는 것입니까?"
하고 물었다.
선비란 사회의 지도적 입장에 있는 사람이라고 이해할 수 있다. 그러므로 자공은 지도자의 조건에 관해서 물은 셈이다.
그러자 공자는,
"자신의 언행(言行)에 대해 수치를 알고, 사방에 사신으로 나가 군주(君主)의 사명을 욕되게 하지 않는 인물이다."
라고 대답했다. 즉 자신이 하는 행동에 책임을 질 줄 알고 외국에 사신으로 나가서 훌륭하게 외교 교섭을 해낼 수 있는 인물이 바로 선비라고 대답했던 것이다.
그래서 자공은,
"그 밑의 등급은 어떤 인물을 말합니까?"
공자는 그 말에 대답하기를,

"부모에게 효도하고 형제간의 우의(友誼)가 좋은 인물, 그도 선비라 할 수 있을 것이다."

라고 대답했다.

이것은 지나치게 평범한 대답이지만 평범하기 때문에 오히려 실행하기가 더욱 어려운 것인지도 모른다.

자공도 그것을 어렵다고 느낀 모양이다. 이어서,

"또 한 단계 낮추면 어떤 인물이 될까요?"

라고 묻자 공자는,

"언필신(言必信) 행필과(行必果), 융통성이 없는 소인이겠지."

라고 대답했다.

약속한 일은 반드시 지키고, 손을 댄 일은 끝까지 해내는 인물은 융통성이 없는 소인이기는 하지만, 그럭저럭 선비 축에 넣어도 좋을 것이라는 말이다.

따지고 보면 '언필신 행필과'라는 것은 지도자로서 최저의 조건이다. 덧붙여 자공이 당시의 정치가에 대해서 공자의 감상을 물었더니,

"앙금 같은 친구들이다. 얘기도 안 된다."

라고 잘라 말했다고 한다.

그와 같은 『논어』의 문맥을 살펴보면, '언필신 행필과'라는 것은 앙금 같은 친구들보다는 억지로 하나 위, 즉 선비로서는 최하위로 아슬아슬하게 합격했다는 정도인 것이다. 적어도 100%의 칭찬은 아니다.

자로가 또 공자께 이렇게 물었다.

"선생님, 하느님에게는 어떤 태도로 봉사해야 합니까?"
"하늘에 봉사하기보다는 먼저 인간에게 봉사할 것을 생각해야 한다."
라고 공자는 대답했다. 자로가 덧붙여 물었다.
"그러면 죽는다는 것은 대체 어떤 것입니까?"
"살아가는 의미조차 아직 모르고 있는데, 하물며 죽음에 대해서야 알 턱이 없지 않겠느냐?"

이 대답을 간단히 나타내면 '아직 삶을 모르는데 하물며 죽음을 어찌 알랴?'가 된다.

이 응답에서 분명한 것처럼, 공자의 관심은 일관되게 인생을 어떻게 살아가느냐, 눈앞의 현실을 어떻게 대처하느냐 하는 생활의 문제에 쏠려 있었다.

사회생활 속에서 우리들을 가장 괴롭히는 문제 중의 하나가 인간관계인데, 『논어(論語)』는 그 문제에 대해서 여러 가지 각도에서 방향을 제시해 준다.

우선 공자가 인간관계의 기본으로써 중시한 것은 '신(信)'이다. '신'이란 거짓이 없는 것이다. 약속을 지킨다는 의미로 구태여 옮기자면 '성실(誠實)'이라고 할 수 있다.

『논어』에서 공자는 '인간에게 성실이 없다면 그 좋은 것을 모르겠더라. 성실이 없다면 이미 인간으로서 평가받을 수 없다'고까지 혹평을 하고 있다.

자공이 정치의 가장 중점 과제로 삼을 것이 무엇이냐고 물었을 때, 공자는 이렇게 대답했다.

"식량의 충족과 군비(軍備)의 충실, 그 위에 사회속에 성실을 확립시키는 것이다."

"그러면 그 세 가지 가운데 가령 하나를 단념해야 한다면 어느 것을 골라야 할까요?"

"군비지."

"남은 둘 가운데 또 하나를 단념해야 한다면요?"

"물론 식량이지. 인간은 언젠가는 죽는다. 죽음을 피할 수는 없지만, 이 사회에서 성실이 없어진다면 살아 있어도 보람이 없잖은가?"

이 문답 하나만 보더라도, 공자가 인간관계의 기본으로써 신(信), 즉 성실성에 근거를 둔 신뢰를 중시하고 있었던 것을 잘 알 수가 있다.

그리고 우리들 사회에서는, 옛날부터 '화목(和睦)'을 더 중요시해 왔다. 화목을 중요시하는 것 자체는 좋은 일이지만, 우리들이 이해하고 있는 화목에는 약간의 문제가 있다. 즉 자신을 버리고 주위의 의견에 동조한다. 그것이 '화목'이라고 생각하는 면이 엿보인다.

공자도 화목을 중시하지만, 그가 주장하는 화목은 그것과는 다르다. 우리가 말하는 화목의 의미는, 오히려 '동(同)'에 가깝다.

'군자는 화(和)하나 동(同)하지 않고, 소인은 동하나 화하지 않는다'는 말도, 그 의미는 군자는 화는 하지만 뇌동(雷同)은 하지 않는다. 이것에 반해 소인은 뇌동은 하지만 화를 하지 못한다는 것이다. 그러니까 '화'와 '동'은 완전히 다른 것이다.

'동'이란, 자신의 의견이 없이 무턱대고 부화뇌동(附和雷同)하는 태도를 말한다. 여기에 대해서 '화'라는 것은 자신의 주체성을 지켜 가면서 주위 사람들과 협조하는 태도를 가리키고 있다.

우리들은 '화'를 구하면서 자칫하면 '동'에 쏠리기 쉬운데, 될 수 있다면 공자가 말하는 것처럼 주체성을 우지하면서 타인과 협조를 도모하는 그러한 '화'를 구하고 싶다.

가까이 해서 도움이 되는 친구라는 것은 강직한 인물, 성실한 인물, 교양이 있는 인물의 세 가지 유형이다. 그리고 도움이 안 되는 인물이라는 것은 쉬운 것을 좋아하는 인간, 사귀기 좋은 인간, 언변이 좋은 인간이라고 한다. 이것 또한 신랄한 표현이다.

다음으로 윗사람과 사귈 때 범해서는 안 될 것이 세 가지가 있다고 공자는 말한다.

첫째, 묻지도 않는데 말을 하는 것.

둘째, 물었는데 대답하지 않는 것.

셋째, 상대의 얼굴빛을 안 보고 떠드는 것이다.

윗사람을 회사의 상사라고 바꿔 놓아도 좋을 것이다. 이 세 가지를 지키는 것만으로도 상사와의 인간관계는 무척 원만해질 것이다.

서양의 『성서』, 동양의 『논어』라고 일컬어지듯이 『논어』는 예로부터 가장 기본적인 교양서로 널리 읽혀 왔다.

현재도 사회의 지도적 입장에 있는 경영자나 관리직 종사자에게 있어서는 필독서라 할 수 있을 것이다.

왜냐하면 『논어』에는 인간으로서의 자신을 어떻게 향상시켜 가는가? 혹은 인간관계에 어떻게 대처해야 하느냐 등 인간학의 기본이 되는 것들이 여러 가지 각도에서 해명되어 있기 때문이다.

일반적으로 중국의 고전은 어느 정도 인생 체험을 겪은 뒤 읽는 것이 이해하기 쉽다. 특히 『논어』는 그러한 책이다.

젊었을 때 반발을 느낀 문구(文句)가 나이를 먹고 다시 읽어보면, 쉽게 납득할 수 있는 예가 비일비재하다. 한 번 읽고서 잊어버리는 것이 아니라, 기회 있을 때마다 되풀이해서 읽음으로써 점점 더 깊은 맛을 느낄 수 있는 책인 것이다.

맹자(孟子)의 설득력

맹자로부터 배워야 할 점은, 박력 넘치는 교묘한 설득력이다.

맹자는 장년기인 20년간을 거의 유세활동에 쓰고 있다. 각국의 왕을 회견하고 인의(仁義)에 의한 왕도정치(王道政治)를 논하며 돌아다녔던 것이다. 당시는 '제자백가(諸子百家)'라고 불리는 갖가지 사상가가 나타나서 각기 '치국평천하(治國平天下)'의 경륜을 논하며 유세활동을 하고 있었다. 그들 틈에 섞여 왕도정치의 이상을 실현시키려고 설득하는 것은 결코 쉬운 일이 아니었을 것이다.

맹자가 주장하는 왕도정치는 무엇보다도 군주 개인의 덕을 중시한다. 우선 군주가 덕을 몸에 익히고 그 덕을 널리 사람들에게 펼쳐간다. 이것이 바로 왕도정치의 안목(眼目)이었다.

그 때문에 왕도정치를 실현하기 위해서는 먼저 군주를 설득해서 그런 마음을 갖도록 하지 않으면 안 된다. 설득 자체에도 자연 힘이 들어갈 수밖에 없다.

『맹자』에는 그러한 유세활동의 기록이 많이 수록되어 있는데, 그것을 설득력이라는 관점에서 보면 다음 세 가지 특징을 지적할 수 있다.

첫째, 반문의 형식이 많이 사용되고 있다. 상대의 질문에 대해서 거꾸로 이쪽에서 되묻고 상대의 반응을 확인 뒤에, 이쪽의 의견을 발표하는 방법이다.

둘째, 상대를 추켜세우는 방법이다. 처음부터 무작정 반론하면 반발을 일으킬 뿐 설득 효과가 없다. 먼저 상대를 칭찬해서 그런 생각을 갖게 한다.

셋째, 하나하나의 논리에 다짐을 받아가면서 다그쳐가는 방법도 맹자의 특기였다. 그 때문에 상대는 어느새 맹자의 페이스에 말려 들어가고 만다.

한마디로 말해서 교묘하고 박력에 넘쳐 있는 것이 맹자의 설득력의 특징이다. 한 예를 들어 보면 다음과 같은 것이 있다.

제나라의 선왕(宣王)과 회견했을 때의 일인데, 얘기가 음악에 관한 화제에서 시작되었다. 먼저 맹자 쪽에서 말을 걸었다.

"들리는 바에 의하면 음악을 좋아하신다구요?"

"아니오. 내가 좋아하는 것은 고전 음악이 아니라 주로 속된 노래라오."

선왕은 맹자를 두려워해서 처음부터 꽁무니를 빼려 들었다. 그러자 맹자가 계속 말했다.

"음악을 좋아하는 것은 나라가 태평에 가까워졌다는 증거입니다. 고전 음악이건 일시적으로 유행하는 노래이건 다를 바가 없습니다."

"허허, 그런데 그 이유는……?"

선왕은 자기도 모르게 끌려 들어갔다.

"대체 음악이라는 것은, 한 사람이 연주하는 것과 다른 사람이 함께 연주하는 것과 어떤 쪽이 즐거운 것이라고 생각하십니까?"

"그야 물론 다른 사람과 함께 연주하는 쪽이 즐겁지요."

"그렇다면 소수로 즐기는 것과 여럿이 즐기는 것과는 어떨까요?"

"물론 여럿이 즐기는 것이 낫지요."

여기까지 상대방의 의견을 끌어내 놓고는 맹자는 서서히 본론으로 들어간다.

"실은 그 즐거움에 대해서 말씀드리려고 합니다. 가령 임금이 연주회를 열었다고 합시다. 그 피리나 북소리를 들은 사람들이 눈을 찡그리면서, '임금님은 음악을 즐기고 계시다. 그런데 우리들은 먹지도 입지도 못하는 비참한 생활을 하고 있다'고 이런 불평을 하는 것은 무엇 때문일까요? 그것은 다른 이유에서가 아닙니다. 임금님 혼자만 즐기며 다른 사람들과 즐거움을 함께 나누지 않기 때문입니다.

거꾸로 피리나 북소리를 들은 사람들이 정말 즐거운 듯이, '임금님은 건강하신 모양이야. 그렇지 않고서야 음악을 즐기실 턱이 없지'라고 속삭였다고 합시다. 이것은 달리 그런 것이 아닙니다. 사람들과 즐거움을 함께 했기 때문입니다.

앞으로 임금님이 솔선해서 백성과 기쁨을 함께 하거나 생각을 실천에 옮긴다면, 제나라뿐만 아니라 천하의 왕으로도 군림할 수 있을 것입니다.

맹자(孟子)는 인간의 본성은 선(善)이고, 누구나 노력만 한다면 탁월한 인간이 될 가능성을 갖고 있다고 생각했는데, 특히 그 가운데서 노력이 필요한 사람은 백성을 다스리는 지도자 계층이라 했다. 그런 사람들이 남이 안 보는 곳에서 나쁜 일을 하거나 약한 사람들을 못살게 굴거나 자신의 이익만을 추구하고 있으면, 아무리 올바른 이론을 주장할지라도 전혀 설득력을 가질 수가 없다.

지도자로서 설득력을 갖기 위해서는 인, 의, 예, 지의 덕을 몸에 익혀야 한다고 맹자는 말했다.

동정심과 연민을 가르쳐 주는 '인(仁)', 도리를 따르고 악을 부끄러워하는 '의(義)', 한계를 알고 남에게 양보하는 '예(禮)'의 세 가지에, 시비선악(是非善惡)을 판단하는 '지(智)'의 네 가지를 강조하고 있다. 전자를 인격적 요건이라고 한다면, '지'는 능력적인 요건이라 할 수 있다. 이것들은 누구나 노력 여하에 따라 몸에 익힐 수 있는 것인데, 그러기 위해서는 역시 수양(修養)이나, 수신(修身)이 전제 조건이 된다.

그리고 이것은 앞에서 말한 것처럼, 강요된 것이 아니라 자신을 단련하고 향상시키려는 자각적인 노력을 빼놓고는 생각할 수 없다.

그런데 현실적으로는 인격적 수양이 모자라는 설득력 없는 지도자가 판을 치고 있다. 이것은 맹자가 살던 그 당시의 중국에서도 마찬가지였다. 맹자도 다음과 같이 한탄하고 있다.

'옛날의 현자(賢者)는 우선 자신의 인격을 닦음으로 해서 사람들을 지도했다. 그런데 오늘날의 지도자는 자신의 인격은 선반

위에 올려놓은 채 지도자 노릇만 하고 있다.'

맹자의 이런 한탄은 현대를 사는 우리에게도 상통하는 면이 있다. 그리고 맹자는 스스로의 수양이 미치지 못함을 끊임없이 반성하는 자각심에 의해 뛰어나게 자신을 향상시킬 수 있다고 말했다.

"사람과 접할 때 애정을 쏟아도 상대방이 자신에게 친근감을 갖지 않으면 자기가 '인'을 갖고 대했는지 어떤지를 반성하고, 인도를 해도 상대가 쫓아오지 않으면 지혜를 갖고 인도했는지를 반성해 보라. 노력해도 보답을 받지 못하면 원인이 자신에게 있지 않는가를 반성하라. 자신이 올바르지 않으면 천하 사람들을 이끌어갈 수 없는 것이다."

이와 같은 끊임없는 노력과 반성 위에 비로소 맹자가 말하는 이상적인 지도자상이 성립한다. 그 이상적(理想的)인 모습은 다음과 같다.

'인(仁)이라는 광대한 세계에 살며, 예(禮)라는 공정한 입장을 지키고, 의(義)라는 대도(大道)를 걷는다. 요직에 등용되었을 때는 백성에게도 인, 의, 예를 실천케 하고, 야(野)에 있을 때도 자기 혼자서 실천한다. 금전에 의해 마음이 흔들리는 일 없이, 빈곤에 의해 절조(節操)를 바꾸는 일 없이, 권력에 의해서도 지조를 굽히지 않는다. 이런 사람이야말로 진정으로 훌륭한 인물이라 할 수 있다.

'부귀(富貴)에 빠져들게 할 수 없으며, 빈천(貧賤)으로도 옮겨 다니게 할 수 없으며, 위무(威武)로써도 굽힐 수 없다. 이것을 대장부라 일컫는다.'

과연 위풍당당한 인물이 떠오르지 않는가?

맹자는 또한 남에게 인정을 받건 못 받건 간에 언제나 집착하지 말라고 깨우치고, 그러기 위한 마음가짐을 다음과 같이 논하고 있다.

'자신의 덕을 중히 여기고 의를 지키는 것에 기쁨을 느끼고 있으면 담백해질 수 있다. 지도자 입장에 있는 자는 가난해도 의를 잊지 않고, 영달(榮達)을 이루어도 도(道)에서 벗어나지 않는다. 가난해도 의를 잊지 않으면 자존심은 보존된다. 영달을 이루어도 도에서 벗어나지 않으면 백성의 신망이 모인다.'

『맹자』에는 그러한 설득력의 묘미가 많이 소개되어 있다. 그것은 또한 『맹자』를 읽는 즐거움의 하나라고 할 수가 있다.

노자(老子)의 조직관리

 『노자』를 논할 때 지금까지는 주로 노자의 사상이나 처세철학을 중심으로 소개해 왔다. 그러나 『노자』는 그것만을 취급한 책은 아니다.
 옛날부터 중국인은 정치적 인간이라고 지적되어 왔듯이 정치에 강한 관심을 나타냈다. 그 결과 모든 고전이 정치를 테마로 다루어 왔는데, 『노자』도 예외는 아니다. 어떤 의미에서 『노자』는 '정치학 서적'이라고 말해도 좋을 만큼 열심히 정치를 논하면서도 이상적인 정치를 추구하고 있다.
 『노자』의 정치론의 정수(精髓)를 한마디로 말하자면, '무위(無爲)' 혹은 '청정(淸靜)'이라는 말로 표현할 수 있을 것이다. '무위'와 '청정'은 거의 같은 의미이지만, 우선 노자의 표현을 빌린다면 이렇다.
 '천하를 다스리는 데는 무위에 철저하지 않으면 안 된다. 왜 무위하지 않으면 아니 되는가? 인간의 지혜가 많아지면 많아질

수록 불행한 사건이 그치지 않고 법령이 갖춰질수록 범죄자가 많아지지 않는가?'

또한 노자는 지도적 인사의 마음가짐에 대해서, '무위하다면 백성 스스로 교화(教化)된다. 청정하면 백성은 스스로 정도(正道)로 되돌아간다'라고 말하고 있다.

요컨대 노자가 주장하는 무위나 청정이란 간단히 말하자면 다음과 같다.

첫째로, 상부로부터의 지시나 금지령 따위는 될 수 있는 대로 억제하라.

둘째로, 백성에게 부담을 강요하는 따위의 정책은 행하지 말라.

셋째는 정부의 개입을 피해 민간의 활력에 맡기라.

단, 무위나 청정은 으레 오해받고 있는 것처럼 아무것도 하지 않고 잠자코 있어야 한다는 것은 아니다.

남의 위에 서는 인물은 누구든지 항상 전체의 움직임에 신경을 쓰므로 마음이 편안할 여유조차 없다. 그러나 그것을 고생스럽다고 말하고 불평을 하거나 푸념을 늘어놓으면 지도자로서는 실격이다.

아무리 괴롭더라도 상사의 입장에 서 있는 이상, 쓰라림을 표면에 나타내지 않고 시원스러운 얼굴을 하고 있지 않으면 안 된다. 집오리의 물갈퀴처럼 티를 안 내고 태연히 있어야 한다. 그것도 지극히 자연스럽게 말이다. 이것이 노자가 말하는 무위이고 청정이다.

그러한 노자의 정치철학을 가장 잘 표현하고 있는 것이, '대국

(大國)을 다스리는 것은 작은 생선을 찌듯이'라는 말이다. 작은 생선은 찔 때, 필요 없이 찌르거나 휘저어 놓으면 형태도 부서지고 맛도 없어져 버린다. 살살 달래가면서 쪄야 한다.

나라의 정치도 이와 같아서 위로부터의 권력이 개입하지 않는 편이 잘 다스려진다는 것이다.

이러한 '무위'와 '청정'을 골자로 한 노자의 정치철학은 '황노(黃老)의 도(道)' 또는 '황노의 술(術)'이라고 불리운다.

그 이유는 노자의 가르침을 받은 사람들이 자신들의 주장을 권위 있게 하기 위해 '황제(皇帝)'라고 하는 전설상의 황제의 이름을 끌어내서 노자 위에 덮어 씌워 '황노'라고 불렀기 때문이라고 한다.

예부터 중국의 정치가 가운데는 '황노의 술' 신봉자가 적지 않았다. 그 중 한 사람으로 조참(曹參)이라는 인물이 있다. 그에게 적용해서 '황노의 술'이라는 것을 좀 더 구체적으로 설명해 보기로 하겠다.

조참은 본래 한(漢)나라 고조 유방의 참모로 활약한 인물이다. 유방이 천하를 통일하고 나서 제(齊)나라 지방의 재상으로 임명하였다. 조참은 전쟁터에서의 활약은 뛰어났지만 정치에는 완전히 풋내기였다. 그래서 그는 부임해 가자 나라 안의 학자들이란 학자들은 모조리 모아놓고 정치란 어떤 요령으로 하는 것인가를 가르쳐 달라고 부탁했다.

그런데 학자들의 조언(助言)은 각양각색 사람마다 달라서 알아듣기 쉽지 않았다. 그럴 즈음에 우연히 어느 곳에 '황노의 술'을 배운 노인이 있다는 소문을 듣게 되었다. 경각을 지체하지 않고 그 노인을 초청해서 가르침을 청했더니 그 노인은, '치도(治道)는 청정(淸靜)'을 귀히 여긴다. 따라서 백성 스스로가 길을 정한다. '치도', 즉 정치의 도는 청정을 주지로 삼는다. 그렇게 되면 백성 스스로 생활에 안주하게 된다는 말이었다.

조참이 노인의 말대로 정치를 행하였더니 제나라는 잘 다스려지고 훗날 명재상 소리를 듣게 되었다.

그렇다면 조참은 어떤 식으로 정치를 했던 것일까?

그는 얼마 뒤 실적을 인정받아 중앙정부의 정승에 발탁되어 임지인 제나라를 떠나게 되는데, 그때 후임 재상에게 다음과 같은 말을 남겼다.

"재판과 시장, 이 두 가지에 대해서만은 특히 신중하게 대처해 주시오."

후임자는 왜 이 두 가지에만 주의를 기울여야 하는지 그 이유를 알 수가 없었다.

그래서,

"정치에는 이 두 가지보다 훨씬 더 중요한 일이 있지 않습니까?"

했더니, 조참은 이렇게 대답했다.

"아니오, 그렇지 않소, 재판도 시장도 두 군데 모두 선과 악이 모여 드는 곳이지요. 규율을 엄하게 하면 악인들이 갈 곳이 없어져 못된 짓을 꾸며서 사회 불안의 원인이 될 것이오. 그래서 나는 이 두 가지 일에 우선주의를 환기시킨 것이오.

'황노의 술'에 근거를 둔 조참의 정치는, 선도 악도 허용하면서 중요한 곳만 제압해 나가면 된다는 정치였다. 그리고 그것이 바

로 노자가 주장하는 '무위'와 '청정'의 정치인 것이다

　노자는 난세를 살아가는 데 필요한 마음가짐 세 가지를 들고 있다.
　첫째는 사람들을 자비롭게 대할 것.
　둘째는 모든 일을 조심스럽게 할 것.
　셋째는 사람들 앞에 나서지 말 것.
　이 세 가지를 거론한 후, 노자는 이렇게 말한다.
　"사람들에게 자비롭게 대함으로써 용기가 샘솟아 나온다. 모든 일을 조심스럽게 처리함으로써 결코 막히는 일이 없다. 사람들 앞에 나서지 않음으로 오히려 지도자로서 추앙받는다."
　이것도 또한 '만족을 아는' 방법의 권유이다.
　그리고 『노자』에, '공을 이루면 물러나는 것이 천도(天道)니라'고 한 유명한 말이 있다. 물러날 때는 깨끗이 물러나라는 말인데, 이것도 또한 '만족을 아는' 처세법에서 생겨난 인식이다
　노자는 이렇게 말한다.
　"넘치도록 가득 부은 물은 곧 넘친다. 그리고 날카롭게 간 칼은 부러지는 것도 빠르며, 재보(財寶)를 방 하나 가득 쌓아 두어도 지킬 수가 없다. 출세했다고 으스대면 누군가가 다리를 잡아 끌어 내린다. 일을 완성하면 물러나는 것이 천도니라."
　어째서 물러나는 것이 좋다고 하는 것일까? 두말할 것도 없이 그 편이 지금까지 쌓아올린 공적이나 명성을 온전히 유지할 수 있기 때문이다. 그 때문에 지위를 끝까지 오르고 나면 물러날 것을 생각하라는 것이다.

장자(莊子)의 측은지심(惻隱之心)

장자는 이상(理想)의 지도자상에 대해서 다음과 같이 말하고 있다.

"힘든 역경에도 불만을 품지 않고 영달(榮達)을 기뻐하지도 않고, 만사를 있는 그대로 내맡기고 억지로 일을 꾸미려 하지 않는다. 그리고 실패해도 실망하지 않고 성공해도 잘난 체하지 않는다."

"마음은 거울과 같은 것이다. 자신은 꼼짝도 하지 않는다. 찾아오는 것은 그대로 비추지만, 가 버리면 아무런 흔적도 남기지 않는다. 따라서 어떤 사태에도 대응할 수 있고 더구나 상처받는 일도 없다."

이 두 가지의 설명은 얼마간 추상적이어서 이해하기 힘들지도 모르겠다. 그것을 좀 더 구체적으로 말하고 있는 것이, 양자거(陽子居)라는 인물과 노담(老聃)이라는 인물의 다음과 같은 문답이다.

"신속 과감한 행동력, 투철한 통찰력을 겸비하고 더구나 지치지 않고 '도'를 계속 배워 나가는 인물이 있다고 하면, 이상적인 지도자라고 할 수 있지 않을까요?"

노담은 고개를 흔들었다.

"무슨 소리? 그런 녀석은 기껏해야 낮은 관리 자리가 고작이야. 얼마간의 재능밖에는 가진 것이 없고, 더구나 그것에 얽매여 몸도 마음도 지쳐 있는 불쌍한 녀석이지. 게다가 어설프게 그런 재능을 갖고 있으면 오히려 몸을 망치지. 호랑이나 표범은 아름다운 모피 때문에 사냥꾼에게 살해당하고, 원숭이나 사냥개는 그 영리함 때문에 사슬에 묶이지. 그런 녀석이 어떻게 이상적인 지도자라 할 수 있겠는가?"

양자거는 부끄러워서 몸을 움츠리며 물었다.

"그러면 이상적인 정치란 어떤 것입니까?"

"글쎄 그의 공덕은 천하를 덮고 있지만 일반 사람의 눈에는 그와 아무런 관계도 없는 것처럼 보이지. 그의 가르침은 만물에 미치고 있지만 사람들은 전혀 그것을 모르고 있지. 천하를 다스리고는 있지만 시책(施策)의 뒤끝을 남겨 놓지 않지. 그러면서도 만물 하나하나에 근본의 이치를 깨우쳐 주거든. 그것이 이상적인 정치라는 게야."

넘쳐나는 재능을 타고났으면서도 구태여 무능에 철저하고 무언의 설득력에 의해 사람들을 감화시킨다. 그것이 『장자』에서 본 이상적인 지도자상이라 할 수 있다. 이것을 한층 잘 설명하고 있는 것이 유명한 '목계(木鷄)'의 이야기이다.

옛날에 기성자(紀渻子)라는 싸움닭을 훈련시키는 명인이 있었는데, 언젠가 임금님으로부터 한 마리의 닭을 훈련시키라는 하명을 받았다. 10일 가량 지난 뒤 임금이 물었다.

"어떠냐? 쓸 만하게 되었느냐?"

그러자 명인이 이렇게 대답했다.

"아닙니다, 아직 멀었습니다. 지금은 마구 살기등등해서 적(敵)만 찾고 있습니다."

그리고 나서 10일이 지나 임금이 다시 묻자 명인은 또 이렇게 대답했다.

"아직 안 됩니다 다른 닭을 보면 노려보거나 흥분합니다."

또 10일이 지나 임금이 묻자 명인은 이렇게 대답했다고 한다.

"이제 된 것 같습니다. 옆에서 다른 닭이 아무리 울거나 싸움을 걸어도 일체 동하는 기색이 없어서 마치 목각(木刻)을 한 닭 같습니다. 그것이야말로 덕이 충실해 있다는 증거입니다 그렇게 되면 어떤 닭도 그 닭을 당해 낼 수 없습니다. 모습만 보아도 도망쳐 버릴 것입니다."

이러한 목계야말로 장자가 마음으로 그리는 이상적인 지도자 상인 것이다.

제갈공명(諸葛孔明)의 리더십

　제갈공명(諸葛孔明)은 촉나라의 지도자(指導者)로서 10년에 걸쳐 몇 배의 국력을 가진 나라들과 대전쟁을 치르면서도, 국내외(國內外) 정치에서는 털끝만큼의 약점(弱點)도 보이지 않고 있었다. 이같이 그는 지도자로서 발군(拔群)의 실력을 가진 인물이라 할 수 있다.
　공명은 촉(蜀)나라의 승상, 즉 군사(軍師)이자, 재상(宰相)이었는데, 재상으로서의 공명에게는 몇 가지의 뛰어난 특징이 있었다.
　첫째, 솔선수범(率先垂範)하는 태도이다. 옛날부터 중국인이 이상적인 재상상으로 생각해 온 것은, '재상은 세사(細事)를 가까이 하지 않는다', 즉 재상의 지위에 있는 자는 자질구레한 업무는 제각기 담당자에게 맡기고 자신은 높은 곳에서 감시만 하고 있으면 된다는 생각이다.
　그런데 공명의 태도는 그것과는 대조적으로, 하찮은 장부 따위까지 결재하며 아침 일찍부터 밤늦게까지 직무에 온 열의를 쏟았다고 한다.

이런 에피소드가 있다.

오장원(五丈原)에서 사마중달(司馬仲達)과 대치중일 때의 일이다. 촉나라 공명측의 사자가 위나라 사마중달의 진영(陣營)을 찾아갔다. 중달이 공명의 생활태도에 대해서 묻자 사자(使者)가 이렇게 대답했다.

"제갈공은 아침 일찍 일어나고 밤늦게까지 일을 하며, 매 20대 이상의 형벌 사건까지 모두 손수 처결하십니다. 식사는 조금밖에 하지 않습니다."

중달은 사자가 돌아간 뒤, '저러다가는 공명의 목숨도 얼마 안 가겠구나'하고 중얼거렸다고 한다.

매 20대 이상의 사건이란 겨우 대대장급의 일이었다. 총사령관인 공명이 그 정도의 일에까지 손을 댄다는 것은 분명히 비정상적인 일이었던 것이다.

물론 공명도 '재상은 세사(細事)를 가까이 하지 않는다'는 것을 모르는 바는 아니다. 그러나 공명은 그것이 허용되는 입장에 놓여 있지 않았다. 왜냐하면 촉이라는 작은 나라에서 인재의 층도 얇고 느긋이 기다릴 여유가 없었으며, 무슨 일이건 재상 혼자 처리하지 않으면 안 되었기 때문이다. 한술 더 떠서 선주(先主, 유비)로부터 전적인 책임을 위탁받았다는 무거운 중압감이 공명 한 사람의 어깨를 짓누르고 있었다.

이러한 입장에 놓인 공명은 문자(文字) 그대로 침식을 잊고 직무에 전념했던 것이다. 지도자의 그러한 열의가 부하나 국민의 마음을 움직이지 않을 수가 없었다. 공명이 발군의 지도력을 발휘할 수 있었던 첫째 요인이 바로 여기에 있다.

둘째는 공평무사한 태도를 들 수 있다.

공명은 신상필벌(身上必罰)의 엄한 자세로 국내 정치에 임했다고 한다. 소국이 대국과 싸움을 하는 것이니까 당연히 세금의 부담도 컸을 것이다.

그러한 상황에서 엄한 정치를 행하자면 부하나 국민들 사이에서 불평불만의 소리가 나오는 것이 보통이다.

그런데 공명의 경우, '백성들에게 원성(怨聲)이 없었다'고 평가될 정도로 위정자를 원망하는 소리가 하나도 없었다. 그 이유는 공명이 지극히 공평무사한 태도를 취해서 상벌(賞罰)의 적용에 전혀 사사로운 정을 두지 않았기 때문이다.

그 때문에 처벌을 받은 자는 자기가 잘못했기 때문이라고 납득하지 않을 수 없었다고 한다.

셋째는 사생활이 검소했다는 것이다. 공명은 원정에 출발할 때 황제인 유선에 대해서 자신의 재산을 보고하곤 했다.

밭은 얼마, 논은 얼마 하고 재산공개를 했던 것이다. 공개된 재산의 액수는 극히 미미한 것으로, 그가 죽은 뒤 남은 유족이 겨우 생활을 꾸려 나갈 정도였다.

공명은 일상생활도 몹시 검소했다. 그렇게 일편의 사심 없이 국무(國務)에 열의를 쏟았던 것이다. 그러니까 부하나 국민들에 대해서 강력한 설득력을 가질 수 있었던 것도 당연하다고 할 수 있을 것이다.

손자(孫子)의 곡선사고(曲線思考)

　인생을 살아가는 지혜라고 하면, '우회(迂廻)하는 것을 직선(直線)이라 생각하라'고 하는 계략이 있다.
　우회하는 것은 거리, 시간적으로 멀리 돌아가는 것을 의미한다. 즉 공격할 때 성미 급하게 몰아붙이는 것이 아니라, 멀리 돌아가면서 결과적으로 빠르게, 그러면서도 확실하게 목적을 달성하는 방법이기도 하다.
　예를 들면 헝클어진 실 뭉치가 있을 때, 그 실을 풀려고 하면 누구나 무작정 잡아당기거나 하지는 않는다. 그렇게 하다가는 실이 점점 더 엉키게 된다는 것을 경험적으로 잘 알고 있기 때문이다. 그 실을 풀려고 하면 역시 충분한 시간을 갖고서 하나하나 매듭을 가려 나가는 외에 다른 방법이 없다.
　인간관계에 대해서도 전적으로 같은 얘기를 할 수 있다. 뒤엉킨 인간관계를 제자리에 돌려놓으려면 역시 충분히 시간을 들여가면서 대처하지 않으면 안 된다. 어떤 일을 추진하거나 교섭을 할 때도 마찬가지로, 무작정 몰아붙이거나 급하게 성사시키려고 하면 오히려 만사를 망쳐 버리게 된다. 그런 대는 냉각기간을 두고 차분하게 접근하는 것이 오히려 효과가 있는 것이다. 바로 이러한 행동을 손자(孫子)는 '우회하는 것을 직선(直線)이라 생각하라'고 말하고 있다.

소위 '곡선사고(曲線思考)'라고 해도 좋다.

'곡선사고'라고 하면, 『손자병법(孫子兵法)』에는 또한 '궁한 적에게는 대들지 말라'는 말이 있다. 궁한 적이란 궁지(窮地)에 몰린 것을 말하는 것으로, 그러한 적은 공격해서는 안 된다는 말이다. 왜냐하면 그런 식으로 나가다가는 적도 필사적으로 반격해 오므로 뜻하지 않은 손해를 입기 때문이다.

'싸우지 않고 이긴다'와 일맥상통하는 점이 있는 발상이다. 그렇다면 적을 궁지에 몰아넣었을 때는, 어떻게 하면 좋을까? 손자(孫子)는 그 해답으로써 다음과 같이 말하고 있다. '포위된 적에게는 반드시 도망갈 길을 열어 놓아라.'

즉 도망갈 길이 있다, 잘하면 살 수도 있겠다는 생각이 들면 죽을 각오로 기를 쓰고 반격해 오지는 않을 것이라는 예측이다. 이것은 인간관계에도 그대로 들어맞는다. 아무리 상대방에게 잘못이 있다고 하더라도 고압적으로 꼼짝하지 못할 상태에 몰아넣으면 언제 어디서 그 원한을 되돌려 받게 될지 모른다.

몇 년 전에 자기 운전사에게 '운전이나 해먹은 놈이!' 하고 욕을 했다가 원한을 사서 칼에 맞아 죽은 사장이 있었다.

극단적인 예인지는 몰라도, 상대방을 도망갈 구멍도 없이 몰아세웠다가는 비슷한 일이 언제나 일어날 수가 있는 것이다. 꾸

손자(孫子)의 곡선사고(曲線思考)

지람을 하더라도 도망갈 길만은 남겨 두라는 것이 『손자병법』의 '포위된 적에게는 반드시 도망갈 길을 열어 놓아라'는 말이 갖는 교훈이다. 사람들과 토론을 할 때도 마찬가지이다. 치밀한 논리를 펴서 완벽하게 상대방을 해치우고 기분 좋은 얼굴을 하고 있는 사람들을 종종 볼 수가 있다.

자기는 기분(氣分)이 좋을지는 모르나 패배를 당한 상대방 입장이 되어 보라. 아무리 생각해도 좋은 결과를 기대할 수는 없을 것이다. 상대방의 지지를 얻지 못할 뿐더러 언제 어디서 복수를 당할지 알 수가 없다. 타인과 마찰을 일으켰을 때는 우선 상대방의 의견에 귀를 기울인다. 그리고 상대방의 체면을 깎지 않을 정도로 도망갈 길을 열어 주면서 주장할 것은 주장한다. 그러는 편이 오히려 잘 되어 나갈 수가 있다.

인간 본성의 통찰력(通察力)

　주(周)나라 건국공신 여상(呂尚) 태공망(太公望)의 비전의 병법서라고 알려진 『육도삼략(六韜三略)』을 살펴보면 다음과 같다.
　장수를 선발하는 데 있어, 뭇 사람 속에서 뛰어난 자를 선발하고 훈련을 더해서 임명하는 것이 원칙이겠으나 그 인물의 고하(高下)를 구별하려면 겉모양과 내실(內實)이 일치하지 않는 것을 구분해야 한다.

- 얼른 보기에는 현자(賢者) 같으나 실제에 있어서는 생각이 없고 착하지 못한 자.
- 겉으론 온화하고 선량해 보이나 실제에 있어서는 도둑질하는 자.
- 겉모양은 공경하는 척하지만 실제에 있어서는 교만한 자.
- 매우 겸손하고 삼가는 것처럼 보이지만 마음속으로 공경하는 뜻이 없는 자.

- 물처럼 맑아 보이지만 실제에 있어서는 성의가 없는 자.
- 계획 세우기를 좋아하면서도 결단성이 없는 자.
- 겉으로는 과감해 보이지만 실제에 있어서는 무능하고 실천력이 없는 자.
- 성실하게 보이면서 실제에 있어서는 신의가 없는 자.
- 겉보기에는 어리석은 것 같으나 실제에 있어서는 충실한 자.
- 괴이한 것을 좋아하고 과격한 언동을 하면서도 실제에 있어서는 효과를 올리는 자.
- 겉으로는 용감한 척하지만 실제에 있어서는 겁을 내는 자.
- 겉으로는 엄숙하고 성실한 것 같지만 마음속으로 사람을 업신여기는 자.
- 엄격하고 냉혹한 것처럼 보이지만 도리어 고요하고 성실한 자.
- 겉으로 보기에는 위신이 없어 보이고, 풍채도 보잘것없으나 밖에 있어 일을 할 때는 주도면밀(周到綿密)하지 않은 것이 없으며, 무슨 일이든 다 완수할 수 있는 자.

이상이 겉에 나타나는 것과 실제가 서로 맞지 않는 열네 가지 경우이다. 세상 사람들이 아무리 천하게 여기는 인물이라도 성인은 이를 존중해서 쓰는 경우가 있다. 이런 일들은 범인으로서는 판단이 미치지 못하고 오직 뛰어난 밝은 지혜를 가진 사람만이 알아볼 수 있는 것이다.

『육도삼략(六韜三略)』용도편(龍韜篇)을 살펴보면, 인물의 본성을 간파하는 데 있어서 그 징후를 파악하는 여덟 가지 방법이 제시되고 있다.

첫째, 질문을 해 보아서 이해의 정도를 관찰하라.
둘째, 추궁해 보아서 그의 순간적인 반응도를 관찰하라.
셋째, 첩자를 보내서 내통을 하도록 유인하여 성실한 자인가를 관찰하라.
넷째, 비밀을 털어 놓아 그의 인덕을 관찰하라.
다섯째, 재정을 취급케 하여 정직한가 어떤가를 관찰하라.
여섯째, 여자를 접근시켜서 그 인물의 성실을 알아보라.
일곱째, 곤란한 임무를 부여해 보아서 용기가 있는가 어떤가를 관찰하라.
여덟째, 술에 취하게 만들어 보아 그의 태도를 관찰하라.

이상의 시험을 통하여 현명하고 현명치 않음을 확실히 구별할 수 있다.

현대인의 지도자, 또는 조직의 리더가 읽어야 하는 『손자병법(孫子兵法)』에는 지도자의 조건으로 다음과 같은 다섯 가지 조건을 들고 있다.

첫째는 지(智), 둘째는 용(勇), 셋째는 신(信), 넷째는 엄(嚴), 다섯째는 인(仁)이다.

우선 '지'는 상황판단을 잘하는 것으로 그 상황을 읽는 힘을 말한다. 바꾸어 말하면 선견력(先見力)이라고 해도 좋다.

'적을 알고 나를 알면 백 번 싸워도 질 수가 없다'고 한 바와 같이 적을 알고 나를 알기 위해 필요한 것은 바로 '지'인 것이다.

'승산이 없이는 싸우지 않는다'는 것이 손자병법의 대전제인데, 승산이 있느냐 없느냐를 판단하는 것이 곧 '지'인 것이다.

다음은 '용(勇)'인데 이것은 용기, 혹은 결단력이라 해도 좋다.

손자는 전진, 또 전진하는 식의 저돌적인 용기는 평가하지 않는다. 건곤일척(乾坤一擲), 부딪쳐 깨지라는 식의 용기는 '필부(匹夫)의 만용(蠻勇)'에 불과하다. 즉 기껏해야 우직한 사나이의 만용에 지나지 않는 것이다.

그러면 손자가 말하는 진정한 용기란 어떤 용기를 말하는 것일까? 그것은 승산이 서지 않거나 승리할 전망이 없다고 판단했을 때에는 단호히 물러설 줄 아는 용기, 서슴지 않고 뒤로 물러날 줄 아는 용기인 것이다.

옛날부터 천하를 잡은 사람들은 나아감과 물러남의 결단이 빨랐다. 그것이 그들의 공통적인 특성이다.

결코 무리한 짓을 하지 않는다. 그 이상 밀어 보았자 승산이 없다고 판단을 내렸을 때에는 주저하지 않고 재빨리 후퇴하고 있다.

또한 손자가 지적하고 있는 지도자의 셋째 조건은 '신(信)'이다. 이 말의 본래 의미는 거짓말을 않는 것, 약속을 지키는 것이다.

'신'은 옛날부터 인간으로서 최소한의 조건으로 간주되어 왔다. 태연하게 거짓말을 하거나 약속을 지키지 않는 그런 종류의 인간은 도저히 인간이라고 할 수 없는 존재였다.

그렇다면 왜 손자는 그토록 자명한 '신'을 일부러 지도자의 조건에 넣었을까? 그것은 아마도 '신'이 부하를 통솔하는 데에 중요하게 작용하는 것이기 때문이 아닐까? 왜냐하면 태연스럽게 거짓말을 하는 지도자에게는 부하가 따라오지 않는다. 그래서는 부하의 마음을 사로잡을 수가 없기 때문이다.

손자가 말하는 지도자의 조건 가운데서 남은 것이 엄(嚴)과 인(仁)이다.

'엄'이라고 하는 것은 엄격한 태도, 즉 신상필벌(信賞必罰)로 부하에게 임하는 것이다.

『손자병법』의 저자인 손무(孫武)가 왕의 부탁으로 후궁 180명을 모아서 부대를 편성하여 훈련하게 되었다. 180명을 두 개의 부대로 나누어 왕의 총애를 받는 미녀 두 사람을 각 부대의 대장으로 임명하고 구령(口令)에 대한 설명을 시작했다.

'우향우!'라고 하면 오른쪽을 향한다. '엎드려!'하면 땅에 납작 엎드린다고 되풀이해서 설명하고 나서 드디어 훈련에 들어갔다.

그런데 북을 두드리며 구령을 걸어도 후궁들은 킬킬거리며 웃을 뿐 전혀 구령에 따를 생각을 하지 않았다. 손무는,

"아, 내 잘못이다. 구령을 이해하지 못하기 때문이다."

하고 다시 한 번 자세히 설명해 주고 나서 북을 울리고 구령을 걸었다.

"우향우!"

그러나 여인들은 또다시 킬킬거리고 웃을 뿐 꼼짝도 하지 않았다. 그러자 손무는,

"전에는 내 설명이 잘못됐지만 이번에는 다르다. 전원이 구령을 이해했을 것이다. 구령대로 움직이지 않는 것은 대장의 책임

인간 본성의 통찰력(通察力) 169

이다."

하고 두 사람의 대장을 그 자리에서 즉각 참해 버렸다. 그리고는 새로운 대장을 임명하고 또다시 훈련에 들어갔다. 그 결과는 어땠을까? 후궁들은 이번에야말로 대장의 구령이 떨어지자마자 정연하게 행동하고 어느 한 사람 말하는 사람조차 없었다고 한다.

이것이 『손자병법』이 말하는 '엄'의 진수인 것이다. 부하를 통솔하는 데는 먼저 그러한 엄격함이 필요하다고 『손자병법』은 힘주어 강조한다.

그러나 '엄'만으로는 명령에 따르게는 할 수 있어도 심복하게 할 수는 없다 '면종복배(面從腹背, 겉으로는 복종하는 체하면서 속으로는 배반함)'와 같은 사태가 종종 일어나게 된다. 그래서 필요하게 되는 것이 '인(仁)'이라고 손자는 생각한다. '인'이라는 말은 대단히 설명하기가 까다로운 말인데, 간단히 말하자면 배려해 준다는 의미이다. 상대에게 이해를 나타내 보이는 것, 상대의 입장이 되어 생각해 주는 것이라고 해도 좋을 것이다.

어떤 부대에 매우 잘 통제된, 그리고 단결이 잘된 중대가 있었다고 한다. 그래서 그 중대장을 불러 부하의 통솔에 대해서 각별한 배려를 하고 있느냐고 물으니까, 중대장은 잠시 생각한 뒤에 다음과 같이 대답했다.

"별로 특별한 일을 하고 있지는 않지만, 저는 평소에도 애써 부하들과 대화를 많이 하고, 때에 따라서는 그들 가족들과도 연락을 취할 수 있도록 하고 있습니다. 혹시 그것이 대원들의 사기에 좋은 영향을 주고 있는지도 모릅니다."

그 중대장은 대화를 자주함으로써 대원의 사기를 높이는 데 성공한 셈인데, 이러한 배려도 손자가 말하는 '인'이다.

그런데 다만 '인'만 있고 '엄'이 없으면 조직에 해이한 구조를 가져오게 된다. 기강이 해이해지고 조직에 긴장감이 없어진다. 그렇게 되지 않기 위해서는 '인'으로 부하를 접하면서, 한편으로는 '엄'을 유지해 나갈 필요가 있다. 요컨대 '인'만으로도, '엄'만으로도 안 되는 것이다.

그러므로 '인'과 '엄'의 밸런스를 어떻게 유지해 나가느냐 하는 것이 부하에게 임하는 지도자의 자세이다.

『사기(史記)』의 인생경영

『사기(史記)』는 지금부터 2천여 년 전에 역사가인 사마천(司馬遷)에 의해 쓰여진 것이다. 전설상의 황제(皇帝)시대부터 사마천이 살았던 한 대(漢代)까지 거의 1천 년에 이르고 있다.

역사서라고 하면 무미건조한 연대기 같은 것을 상상할지도 모르지만,『사기』는 그런 책이 아니다.

위로는 왕후 귀족으로부터 밑으로는 서민, 심지어는 부랑배에 이르기까지 모든 종류의 인간상이 등장해서 그 광대한 중국대륙을 무대로 종횡으로 활약하는 대서사시인 것이다.

초(楚)나라 장왕(莊王)의 관용과 포용력

춘추시대라고 불리우던 무렵, 초(楚)나라엔 장왕(莊王)이라는 명군이 나타나 후진국인 초나라를 일약 최강의 나라로 끌어올렸다.

장왕은 지도자로서의 장점을 고루 갖춘 인물이었던 것이다. 장왕은 즉위해서 3년 동안 정치 따위는 아랑곳없이 매일 밤낮을 주색잡기로 지새웠다. 더구나 나라 안에 포고(布告)를 내려서, '간하는 자는 사형에 처한다'고 할 정도로 철저하게 놀았다.

그러나 그 중에는 장왕의 행동을 못마땅하게 생각하고 있는 신하도 있었다. 그 중의 한 사람인 오거(伍擧)라는 중신이 배알을 청했다.

"수수께끼를 한 가지 내겠습니다."

"말해 보아라."

"언덕 위에 새가 있습니다. 3년 동안 날지도 않고 울지도 않습니다. 그것은 무슨 새이겠습니까?"

"3년을 날지도 않더라도 일단 날면 하늘 꼭대기까지 날 것이다. 3년을 울지 않더라도 일단 울면 이 세상을 놀라게 할 것이다. 그대가 말하려는 것을 이미 다 알고 있도다. 물러가라."

그러나 몇 개월이 지나도 장왕의 주색잡기는 그치지 않았다. 아니 오히려 전보다 더 심했다.

이번에는 소종(蘇從)이라는 신하가 면담을 청했다. 소종은 오거와는 달리 맞대고 말했다. 목숨을 걸고서 하는 사간(死諫)이었다. 장왕은 이렇게 다짐을 받았다.

"간하는 자는 사형이라는 포고를 알고 있겠지?"

"주군의 어리석음을 깨우칠 수가 있다면 죽어도 한이 없겠습니다."

그 각오를 들은 장왕은 이후 놀기를 그만두고 정치의 쇄신을 착수했다.

우선 지금까지 함께 놀았던 부하 수백 명을 추방하고 신인을 등용하고, 용기 있게 간언한 오거와 소종 두 사람을 국정의 최고 책임자로 임명했다.

이 이야기에서 '3년 동안 울지 않고 날지 않는다'는 속담이 생겨났는데, 장왕은 멋이나 호기심으로 놀음에 빠져 있었던 것이 아니라는 것을 알 수가 있다.

그 동안에 충분히 신하들을 관찰하여 쓸 수 있는 자와 쓰지 못할 자를 가려내고 있었던 것이다. 그리고 일단 일에 손을 대자 일거에 인사를 쇄신하고 국정의 기반을 갖추었던 것이다. 실로 멋진 솜씨였다.

위의 이야기에서도 알 수 있듯이, 장왕이라는 사람은 수완가일 뿐만 아니라 예리한 인물이었던 것이다. 그러나 예리한 인물은 대개 그 예리함으로 인해서 부하를 두려워하게 만들 수는 있으나, 반면에 종처럼 심복시킬 수는 없는 것이다.

장왕은 그 점에서도 예외적인 존재였다. 예리한 인물이면서도 통이 큰 일면도 가지고 있었기 때문이다.

어느 날 밤의 일이다. 많은 장수와 신하들을 모아놓고 주연을 베풀고서,

"오늘밤은 신분의 상하를 구별하지 않고 터놓고 마시는 술좌석이다. 사양 말고 마음껏 놀아라."

라고 하며 신명나도록 마셨다.

그런데 이윽고 바람이 어디서 불어왔는지 방안의 촛불이 모두 꺼져버렸다. 때는 이때다 하고 왕의 애첩을 껴안고서 장난을 친 장수가 있었다.

애첩은 다부진 여인이었던 모양으로, 그 자의 갓끈을 떼어들고 장왕에게 호소했다.

"대왕, 저를 희롱한 자가 있습니다. 갓끈이 없는 사람이 범인입니다. 빨리 불을 밝혀서 단죄해 주십시오."

그러자 장왕은,

"아니다. 원인을 따지자면 내가 술을 마시자고 해서 생긴 일이므로, 일개 여자의 정조를 중하게 여겨서 단죄할 수는 없다."

장왕은 애첩을 제지하고 큰 소리로 말했다.

"오늘밤은 무례를 용서할 테니 모두 갓끈을 떼어내고 술들을 마셔라!"

불이 켜진 다음에 보니 어느 누구 한 사람 갓끈을 달고 있는 사람은 없었다고 한다.

그로부터 몇 년 뒤, 장왕은 강국인 진(晉)나라와 전쟁을 했다. 그러자 항상 아군의 선두에 서서 용감무쌍하게 싸우는 용사가 있었다.

초나라는 그의 활약으로 마침내 진나라 군대를 격파하는 데 성공했다. 전쟁이 끝난 다음 장왕은 그 장수를 불렀다.

"그대 같은 용사가 있는 것을 지금까지 모르고 있었다는 것은 나의 부덕(不德)의 소치이다. 그러나 나를 원망하지도 않고 목숨을 걸고 싸운 데는 다른 무슨 이유라도 있느냐?"

그러자 그는 이렇게 대답했다.

"저는 한 번 죽은 목숨이었습니다. 술에 취해 무례를 범했을 때, 임금님의 따뜻한 온정 때문에 목숨을 건지고 그때부터 목숨을 던져 은혜에 보답하겠다고 결심해 왔습니다. 그날 밤 갓끈을 잘린 것은 바로 저였습니다."

　사소한 일에 일일이 도끼눈을 세우다가는 부하의 신뢰를 얻을 수 없다. 관용하고 포용력이 있어야만 부하의 신뢰를 얻을 수 있다.

오기(吳起)의 통솔법

　또 한편, 오기(吳起)가 섬기던 위(衛)나라의 임금은 무후(武侯)였다. 어느 날 무후가 신하를 모아놓고 회의를 열었는데, 누구 한 사람 무후보다 뛰어난 의견을 말하는 이가 없었다.
　무후는 물러갈 때 의기양양해 했다. 그것을 보고 오기가 이렇게 말했다.
　"옛날 초나라 장왕이 신하와 회의를 열었는데, 누구 한 사람 장왕보다 뛰어난 의견을 내는 사람이 없었습니다. 정무를 끝내고 물러가면서 장왕은 얼굴에 슬픈 표정을 짓고 있었습니다. 그래서 신공(申公)이라는 신하가, '왜 그렇게 슬픈 얼굴을 하고 계십니까?'하고 물었더니, 장왕은 이렇게 대답했다고 합니다. '어떤 시대에도 성인은 있었고, 어떤 나라에도 현자(賢者)는 있었다. 성인을 찾아내서 스승으로 받드는 자는 왕이 되고, 현자를 찾아내서 친구로 삼는 자는 패자(覇者)가 된다고 하지 않았던가? 그런데 지금 나에게는 나보다 뛰어난 신하가 없다는 것을 알았다. 이래서야 이 나라의 장래가 어찌 되겠느냐?' 장왕은 그처럼 신하의 무능을 슬퍼했습니다. 그런데 임금님께서는 오히려 그것을 기뻐하고 계십니다. 우리나라의 앞길에 위구심(危懼心, 염려하고 두려워하는 마음)을 품지 않을 수가 없습니다."

그 말을 들은 무후의 얼굴에 부끄러워하는 빛이 떠올랐다고 한다.

그 후 또 어느 날 무후가 배로 서하(西河)라는 강을 내려갈 때의 일이었다. 경치를 바라보고 있던 무후가 오기 쪽을 돌아보면서,

"정말 훌륭한 강이로구나. 이 험난한 지형을 보라. 이곳이야말로 우리나라의 보배로다."

하고 말했더니, 오기는 이렇게 대답했다.

"아닙니다. 나라의 보배란 지형의 좋고 나쁨이 아닙니다. 위정자의 덕(德)이야말로 나라의 보배입니다. 가령 임금님이 덕을 닦지 않으신다면 지금 이 배에 타고 있는 신하들은 전부 적에게 붙을 것입니다."

그렇게 말하며 무후의 잘못을 깨우쳤다고 한다.

지도자에게 덕이 없으면 부하는 따르지를 않는다. 이것도 또한 지당한 말일 것이다.

그렇다면 그처럼 기회를 보아가며 무후를 간해 온 오기는 과연 어떤 사람이었을까?

오기는 장군이었다. 장군은 부하를 이끌고 싸움터에 나가지 않으면 안 된다. 목숨을 건 싸움터에서 병사들의 정신이 흐트러져 있어서는 도저히 승리를 바랄 수 없다.

오기는 항상 부하들의 심리 상태에 신경을 썼고, 싸움터에 있을 때는 언제나 최하급의 병사와 같은 옷을 입고 같은 음식을 먹었다. 또한 잠잘 때도 거적 같은 것은 깔지 않았고, 행군할 때도

마차에 타지 않았으며, 자기 식량은 자신이 휴대하고 무슨 일을 하던 부하들과 고생을 함께 나누었다고 한다.

그 모습을 잘 나타내 주는 다음과 같은 이야기가 전해지고 있다.

한 병사가 종기 때문에 대단한 고생을 하고 있었다. 그것을 본 장군 오기는 몸소 자기 입으로 종기를 빨아 고름을 뽑아주었다고 한다.

그러자 나중에 그 얘기를 전해들은 병사의 어머니가 소리내어 통곡했다. 이웃사람이 이상하게 여겨서 묻기를,

"당신 자식은 일개 병졸인데, 장군께서 직접 고름을 빨아주었잖소. 어째서 통곡을 하는 거요?"

모친은 이렇게 대답했다.

"그렇지 않습니다. 사실은 오기 장군께서는 역시 그 아이 아버지의 고름을 빨아주었습니다. 그 뒤에 그 애 아버지는 오기 장군을 따라 싸움터에 나갔는데, 어떻게든 그분의 은혜에 보답해야겠다고 끝까지 적에게 등을 보이지 않고 싸우다가 전사하고 말았습니다. 듣자하니 이번에는 자식놈의 고름을 빨아주셨다고 하니, 이것으로 그 아이의 운명은 정해진 것이나 마찬가지입니다. 그래서 울었습니다."

오기는 굳이 그런 일까지 해가면서 부하의 마음을 사로잡으려고 했던 것이다.

인정을 나타내 보이며 부하와 함께 똑같은 고생을 하면서, 부하의 마음을 사로잡는다는 그러한 마음가짐은 현대의 지도자에게도 필요한 것이 아닐까?

자산(子産)의 정치

춘추시대의 말기 정(鄭)나라에 자산(子産)이라는 명재상이 있었다. 자산의 정치적 특징은 강(剛)과 유(柔), 즉 엄한 면과 부드러운 면의 균형이 잘 이루어진 점에 있었다그 한다.

그렇게 함으로써 자산은 정나라의 정치를 안정으로 이끌었는데, 그의 방법은 현대의 조직 운영면에서 참고 될 점이 많다.

먼저 엄한 면의 예를 들면, 자산이 재상으로 있던 정나라는 작은 나라였다. 대국들 사이에 끼어서 생존해 나가려면 무엇보다도 체질을 강화하고 국력을 충실하게 하는 것이 첫째 과제였다.

자산은 여러 가지 수법을 이용해서 피폐한 농촌의 진흥책(振興策)을 강구하는 한편, 군비를 확충하기 위해 새로운 세금의 징수세를 도입했다.

그때 국민들은 조세 부담의 중압에 못 견디어, '자산을 죽여라' 할 정도로 원성이 높았다고 한다.

중신(重臣)들 가운데는 맹렬한 비난을 참다못해 조세 징수의 중지를 진언하는 사람도 있었다. 그러나 자산은 그에 굴복하지 않았다.

"나라의 이익이 되는 일이라면 몸을 희생해도 좋다. 나는 이렇게 배웠다. 선(善)을 행하려면 어디까지나 끝까지 추진하라. 그렇지 않으면 모처럼의 선도 아무 소용이 없게 된다고 배웠다. 국민의 비난을 받았다고 해서 그만둘 수는 없다. 나는 단호히 추진

하겠다."

그렇게 말하면서 그는 끝까지 정책의 관철을 도모했다.

그러자 3년, 5년이 경과하는 사이에 농촌의 진흥책(振興策)이 궤도에 올라서 농민의 생활도 향상되어 갔다.

그 때문에 당초 자산을 죽이겠다고 벼르던 백성들도 차츰 자산의 시책을 선정(善政)이라 칭송하기에 이르렀다고 한다.

이처럼 어떠한 비난에도 굴복하지 않고 확신에 찬 정책의 관철(貫徹)을 시도하는 방식을 강(剛)이라 한다면, 자산의 부드러운 면모는 우선 다음과 같은 학교정책에 잘 나타나 있다고 볼 수 있다.

정나라에는 옛날부터 지도자의 양성기관으로 각 지방에 '향교(鄕校)'라고 불리는 학교가 설치되어 있었다. 그 향교가 어느 새 정부의 시책에 불만을 품고 있는 사람들의 정치활동 거점으로 이용되어지고 있었다.

그대로 방치해 두면 반란 같은 직접적인 반정부 활동으로 발전할 것 같은 추세였다. 그것을 우려한 측근들이 향교의 폐쇄를 진언하자, 자산은 이렇게 말하며 반대했다.

"아니다. 그럴 필요까지는 없다. 그들은 아침저녁으로 일을 끝낸 뒤, 향교에 모여 우리들이 하는 정치를 비판하고 있다. 나는 그들의 의견을 참고로 평판이 좋은 정책은 과감하게 시행하고, 평판이 나쁜 정책은 고쳐 나가도록 하겠다. 그들은 이른바 나의 은사인 셈이다. 물론 탄압해서 그들의 언론을 우격다짐으로 봉쇄할 수도 있다. 하지만 그것은 강물을 막으려는 것과 같은 짓이다. 그런 짓을 하다가는 이윽고 제방이 넘쳐흘러서 수많은 사상자를 낼 것이 틀림없다. 그렇게 되면 손을 쓸 수밖에 없게 된다. 국민의 언론도 그와 마찬가지로 탄압하기보다는 들을 것은 들어주어 이쪽의 약(藥)으로 삼는 편이 현명하다."

이러한 태도는 정치에 대한 유연한 자세를 나타내 보이는 전형적인 예이다.

자산은 강함과 부드러움이 적절하게 균형 잘 된 정치를 함으로써 명재상이라는 칭송을 받은 셈인데, '강(엄함)'이냐, '유(부드러움)'냐, 실제 상황에 닥쳐서는 그 조화를 이루기가 어려운 일인 것이다.

자산은 병을 얻어 죽음의 자리에 들었을 때, 후임인 자대숙(子大叔)을 머리맡에 불러놓고서 이렇게 충고했다.

"나는 정치에는 두 가지 방식이 있다고 생각한다. 하나는 '강'의 정치, 다른 하나는 '유'의 정치인데, 일반에게는 '강'의 정치를 행하는 것이 좋다. 그 두 가지를 비유한다면, 불과 물 같은 것이다. 불의 성질은 격렬하고 보기에도 무서우니까 사람들은 가까이 오려고 하지 않는다. 따라서 오히려 불 때문에 목숨을 잃는 사람은 드물다. 그런데 물의 성질은 지극히 약해서 사람들은 물을 두려워하지 않는다. 그 때문에 오히려 불보다는 물에 의해 목숨을 잃는 경우가 허다하다. '유'의 정치는 물과 같아서 얼핏 보기에 쉬운 것 같지만, 사실은 대단히 어려운 것이다."

일반적으로 정치가라고 하는 것은 인기나 평판을 너무 중시한 나머지 '유'에 중점을 두고, 국민에게 아첨하는 정치 방법을 취하게 마련이다.

그러나 그렇게 해서는 정치에 맺힌 데가 없어지고 만다. 자산은 그것을 경계했던 것이다.

자대숙은 자산이 죽은 후, 엄한 자세로 국민에게 임하기를 꺼려서 주로 관용을 베푸는 정치를 펴나갔다. 그러자 정치에 긴장감이 없어지고 도둑질이나 부도덕한 일 등이 횡행하게 되었다.

자대숙은,

"처음부터 자산의 충고를 따랐으면 이런 일이 없었으련만……."

하고 깊이 후회했다고 한다.

'유'에도 기울지 않고, '강'에도 기울지 않게 교묘히 '강'과 '유'의 밸런스를 취한 것이 자산의 정치였다. 그러니까 조일 것은 조이고, 풀어줄 것은 풀어주는 것이 바로 자산이 내세운 정치적 특징이었다.

범려(范蠡)의 명철보신

현재의 소주(蘇州)와 항주(杭州)가 있는 강남땅에 오(吳)와 월(越)이라는 나라가 일어나서 치열하게 대립했다.

월왕 구천(句踐)은 오왕 부차(夫差)에게 치명적인 패배를 당한 후 회계산(會稽山)에 들어가 굴욕적인 강화를 맺었다.

용서받고 월나라로 돌아온 구천은 어떻게 해서든 회계산의 치욕을 씻으려고 간난신고(艱難辛苦)를 견디어내며 20년 후에 드디어 오나라를 멸망시켜 원한을 푼다. 그때 월왕 구천을 도와서 복수를 성공시킨 재상이 바로 범려(范蠡)라는 사람이다.

여기까지는 분명히 전형적인 충신이라 해도 좋을 것이다. 그러나 그 뒤의 행적을 보면 단순한 충신이라는 굴레 속에 들어가지 않는다.

공훈에 의해서 대장군이라는 최고의 지위에 임명된 범려는 이렇게 생각했다.

'만족의 절정에 있는 군주 밑에 오래 있는 것은 위험한 일이다. 도대체 구천이라는 분은 고생을 함께 나눌 수는 있어도, 즐거움을 함께 나눌 수는 없는 타입이다.'

범려는 구천에게 편지를 보내어 사의를 표명했다. 구천은 범려의 뜻을 이해할 수가 없었기 때문에 필사적으로 만류했으나, 범려는 그것을 뿌리치고 최고위직 재상자리를 미련 없이 버리고 제(齊)나라로 이주했다.

그 경우의 진퇴는 전혀 충신의 이미지와는 어울리지 않는다. 도대체 범려는 무엇 때문에 부귀영화를 약속하는 지위를 버리고 구천의 곁을 떠났을까? 그것을 알기 위해서는 그 후의 이야기를 좀 더 진행시키지 않으면 안 될 것이다.

제나라로 이주해 온 범려는 그곳에서 자식들과 함께 사업을 경영해서 잠깐 동안에 엄청난 부(富)를 쌓았다. 능력을 인정받은 그는 제나라에서도 재상으로 취임해 줄 것을 요청받았다.

그러나 범려는, '장사를 해서는 천금의 부를 쌓고, 벼슬길에서는 재상에 오른다. 필부에게 있어서 그 이상의 영달은 없다. 그러나 영예가 길어지면 화의 근원이 된다'라고 제나라의 요청을 거절하고 재산을 마을 사람들에게 나누어 준 뒤, 남몰래 제나라를 떠나 도(陶)라는 곳으로 이주해 갔다.

그러나 도라는 곳에서도 또다시 사업 경영에 성공하여 눈 깜짝할 사이에 몇백만의 부를 쌓아올렸다고 한다. 범려라는 사람은 이재(理財)의 능력도 상당히 있었던 모양이다.

그런데 그 무렵에 그의 둘째아들이 초나라에서 사람을 죽이고 체포당했다. 범려는 즉시 막내아들에게 막대한 황금을 주어 초나라에 보내어 둘째아들의 구출공작을 하게 하려고 했다.

그것을 보고 장남이,

"그 일은 장남인 제가 해야 할 일입니다. 꼭 제가 하게 해 주십시오."

하고 부탁했다.

모친도 옆에서 장남을 거들었다. 할 수 없이 범려는 장남을 보내기로 했다. 그런데 장남은 모처럼 지참해 간 황금을 쓰는 것이 아까워서 구출공작에 실패하고 사형당한 동생의 시체를 안고 돌아왔다.

모친은 비탄의 눈물에 젖었다. 그러나 범려는 쓸쓸하게 웃으며 이렇게 말했다고 한다.

"이런 결과가 되리라는 것을 처음부터 알고 있었다. 장남이 동생을 생각하지 않는다는 말은 아니다. 다만 어딘가 한 군데 미련을 못 버리고 있는 것이다. 그것도 그럴 것이 어릴 때부터 나와 함께 고생을 해 왔으니까, 좀처럼 돈을 쓸 수가 없는 것이다. 그것에 비하면 막내아들은 생활의 고생을 모르고 자라났기 때문에 돈을 쓰는 것쯤은 대수롭게 생각하지 않는다.

내가 처음에 막내를 보내려고 한 것은 막내라면 아낌없이 돈을 쓸 수 있었기 때문이다. 장남은 그것을 할 수 없었기에 결국은 동생을 죽도록 내버려두었다. 그러나 그것도 당연하다. 어쩔 수 없는 결과로 슬퍼할 것은 없다. 나는 처음부터 둘째가 시체가 되어 돌아올 줄 알고 있었으니까."

굉장한 통찰력이라고 할 수밖에 없다. 즉 범려는 상황을 읽고 앞을 내다볼 줄 아는 인물이었던 것이다.

범려가 구천의 곁을 떠난 것도, 제나라의 초청을 거절한 것도, 또한 가는 곳곳에서 사업 경영에 성공한 것도 근원을 따져 보면 그와 같은 통찰력에 의한 것이다.

'명철보신(明哲保身)'이라는 말이 있다. 명철이란 깊은 통찰력을 말하고, 보신이란 몸을 지키는 것을 말한다.

그러니까 깊은 통찰력을 발휘하여 몸을 지키는 것이 '명철보신'인데, 범려는 충신이라기보다는 오히려 명철보신의 인간이라고 말하는 편이 그 됨됨이를 오히려 잘 나타내 줄 것이다.

이상 『사기』에 등장하는 몇 사람의 인물을 골라서 지도자의 마음가짐에 대해 논해 왔다. 물론 『사기』에 등장하는 인물은 이것으로 그치지 않고 실로 다채로운 개성의 인간들이 엮어 내는 한 폭의 대파노라마라 할 것이다.

제3장

역학이란 무엇인가

역학의 비밀은 인체 속에 있다

뱃속을 들여다보면 거기에 역(易)이 있다. 이제부터 하나하나 짚어가면서 그 비밀을 하나씩 살펴보기로 하자.

우리 인생에서 가장 중요한 마음과 생각, 이것은 어디에 있는 것이고 어떻게 나타나는 것일까? 역학적으로 말한다면 그것은 오장(五臟)에서 나온다. 그러므로 사람들의 성격이 서로서로 다른 것은 그 속에 있는 오장이 다른 탓이다.

이러한 난데없는 이야기를 읽고 놀라는 독자도 있을 것이다. 마음이 두뇌에서 나오지 어째서 심장(心臟)에서 나오느냐고. 그러나 이러한 생각은 나라마다 다르다. 머리에서 생각을 한다는 민족도 있지만 중국처럼 배로 생각한다는 나라도 있다. 그렇다면 역학에서는 무슨 근거로 심장 속에서 마음이 나온다고 했을까?

인간의 오장은 짐승의 오장과 다르다. 사람에게는 심장이라고 하는 기능이 여느 짐승보다 훨씬 더 발달되어 있다. 동물 가운데서 가장 발달되고 진화된 인간의 심장, 이 심장이 인간을 인간이 게 하는 두뇌지수를 나타내는 것이다. 곧 두뇌지수는 심장에서 나오는 것이라고 할 수 있다. 바로 마음 '심(心)'자 심장(心臟)에서 나오는 것이다(불교를 마음의 세계라고 표현하는 것은 상당히 합리적이고 논리적이다. 이는 사람의 마음을 나타내는 장기를 심장이라고 붙여 놓은 유래를 보아도 금세 알 수 있다).

역학은 심장만 이야기하지는 않는다. 다른 내장 속에도 얼마든지 역학의 비밀이 들어 있다. 사람의 욕심은 한도 끝도 없다고 한다. 옛말에 '천석군이 가난한 집 벼 한 섬을 넘본다'는 말이 있듯이 가진 것이 많을수록 더 가지고 싶은 것이 인간의 욕심이다. 이런 욕심은 간장(肝臟)에서 비롯된 것이다.

그런데 여자보다 남자의 간장이 더 발달되어 있다. 그래서 남자가 욕심이 더 많다고 하는 것이다.

욕심이 많다는 것은 의욕을 말하는 것이다. 욕심이 없으면 의욕이 생기지 않는다. 그렇다고 해서 욕심이 나는 대로 다 부려서는 안 된다. 나를 망치고 남을 해하기 때문이다. 이 많은 욕심을 어떻게 조절하고 자제하고 억제하느냐에 따라 그 사람의 인격과 인생이 달라진다. 적당한 선에서 멈출 줄 알아야 한다. 이것을 느끼는 게 바로 철학이다.

철학은 곧 인간의 본능에서 나오는 육체적인 욕망, 본능적인 욕심을 어떻게 조절하느냐 하는 것을 이르는 말이다. 여자는 남자에 비해 폐가 더 발달되어 있다. 폐장(肺臟)은 환상적인 것을 뜻한다. 여자는 폐가 발달되었기 때문에 분위기에 약하고 환상적이며 공상적인 면이 많다. 그래서 때때로 어느 한 가지에 심취

하거나 빠져들면 자기 정신이 아닌 상태로 살아갈 때도 있는 것이다. 광신자가 잘 나오기도 하는 나쁜 점도 있지만 모성애 같은 극진한 마음도 여기에서 비롯되는 것이다.

또한 여자에게 신장(腎臟)은 육체적인 기능을 뜻한다. 여자는 육체적인 신장 기능 때문에 좋은 씨앗을 선별해서 받아들이려는 본능이 신체를 지배한다. 나쁘고 좋은 것, 옥석을 가려서 선택하고자 하는 본능이 있는 것이다. 그래서 남자가 유혹을 하더라도 이에 금방 응하지 않고, 꺼리고 망설이고 저항적이다. 이 선택의 본능이 작동하기 때문이다.

될 수 있는 대로 좋은 씨앗을 잉태해서 좋은 아기를 낳고자 하는 본능이 여자의 육체를 지배하고 있는 것이다. 이것은 신장이 냉하기 때문이다. 사람에게 또 중요한 것은 위장(胃臟)이다.

오장은 위장을 중심으로 자리잡고 있다. 위장은 오장의 중심부에서 균형을 유지시키고 있는 것이다. 그래서 사람은 누구나 안정과 평화를 원하게 되어 있다.

인간 사회에서 위장과 같은 역할을 하는 곳이 가정이다. 가정은 위장이 신체 내에서 하는 것과 같이 사회의 안정과 평화를 지탱해 주는 가장 중요한 핵심이다. 가정이 없는 사람은 고독하고 불안정하다.

가정의 소중함은 인간의 몸에서 위장이 소중한 것과 똑같다. 이렇게 인간의 모든 것은 오장에서 나온다. 오장을 명리학에서는 목·화·토·금·수(木火土金水)로 나누어 부르기도 한다.

오장과 오행(五行)의 관계는 오행을 설명하면서 쉽게 풀이하도록 하겠다.

그러면 우리와 가장 가까운 신체를 더 연구해 보자. 사회생활을 하다보면 선천적으로 남한테 지지 않으려 하는 사람을 가끔 만날 수 있다. 이런 사람들은 자존심이 무척 강해서 항상 자신을 최고의 자리에 두고 싶어한다. 일반적으로 이런 사람들은 다른 사람을 무시해 버리는 경향이 있기 때문에 주변에 친구가 없어지게 된다. 그뿐 아니라 이런 가장한테서는 그의 부인까지 떠나 버리고 만다.

왜냐하면 성질이 불같기 때문에 평생 부인을 학대하는 것이다. 평생을 말대꾸 한 번 제대로 하지 못하고 살아온 부인은 나이가 들면 남편을 제대로 알아주질 않는다. 그러다 보니 가장은 나이가 들면 아내한데 꼼짝없이 잡혀 살게 되는 것이다.

사람의 신체를 3등분해서 보면 목까지가 초년(初年)에 해당하고 배꼽까지가 중년(中年), 그 밑으로는 말년(末年)에 해당한다. 그래서 남자는 청장년 시절이 발달되어 있어서 큰소리치고 살다가도 중년이 지나면서부터는 입장이 뒤바뀐다는 것이다. 사람의 신체 구조상 중년이 넘어가면서부터 대개의 경우 여자의 심장이 커지면서 어깨가 커진다. 그러니 이때가 되면서부터 남자는 여자한테 잡혀버려서 큰일을 못하게 되는 것이다.

이와는 반대로 중년 이후부터는 여자의 입김이 세진다. 부동산계나 증권계의 큰 손이 사오십대 된 여자들이 많은 것만 봐도 그렇다. 그게 바로 세상 이치인 것이다. 박력 넘치는 남자를 너무 좋아하다가 두 번이나 결혼에 실패한 여자가 진작 마음을 고쳐먹었더라면 행복한 가정의 삶을 살았을는지도 모른다.

자기 고집, 자기주장만 너무 내세우고 성격이 불 같으면 결과적으로 고독한 팔자가 되고 만다. 이렇게 되지 않으려면 남에게 양보하고 조금씩 손해도 보면서 살아가야 한다. 이 세상에서 절대로 손해 보지 않으려고 하는 사람은 결국 손해를 보게 마련이다.

예를 들어 이자 많이 주는 곳이라고 해서 욕심을 내서 돈을 빌려 줬다가 원금까지도 잃게 되는 사람의 경우만 봐도 그렇다. 또 자신의 기운만 너무 믿고 힘자랑을 하며 함부로 사는 사람은 결국 다른 사람한테 해를 당하게 된다. 악은 악으로 가게 되어 있는 게 세상의 이치다.

반대로, 베풀고 사는 사람은 분명히 그 베푸는 것에 대한 보상을 받게 된다. 만약 자기 대에 못 받게 되면 자식 대에 가서라도 복을 받는다. 사람이 죽게 되면 육체는 썩어버리지만 영혼이 가는 길은 따로 있다. 그러니까 종교를 가진 사람이나 가지지 않은 사람이나 남을 해롭게 해서는 좋지 않다. 결국에는 자기가 피해를 받기 때문인데 남한테 베푼 만큼 자신에게 돌아온다고 하는 것이 세상 이치이다.

사람이 건강하고 오래 살고 병을 치료하는 것도 역학으로 풀이할 수 있다. 요즈음 걸핏하면 서양 의술에 의존하여 칼로 찢고 주사를 맞아대지만 인체는 그렇게 단순한 것이 아니다. 건강과 장수는 첫째로 부모의 체질이 중요하다. 자기의 수명을 알려면 아버지와 조상의 내력을 알면 된다. 강아지나 망아지도 혈통에 따라 값이 달라지는데 사람이야 오죽하겠는가? 혈통을 무시한 채 스스로 건강하다거나 장수한다고 할 수는 없다.

예를 들어 요즈음 암 때문에 너도나도 겁을 집어먹고 사는데 그럴 필요가 없다. 암은 아무나 걸리는 게 아니다. 담배를 많이 피운다고 폐암이 생기는 것도 아니다. 기질 자체가 유전적으로 튼튼한 사람이 있고, 면역성이 약한 사람이 있다. 그래서 사주팔자를 보면 신경통, 관절염, 정력이 약한 사람이 있다.

예를 들어 무오(戊午) 일주에 태어난 남자와 사는 여자는 남자가 바람피우기를 원한다. 얼마나 정력이 좋은지 그것을 아내가 다 들어주면 병신이 되기 때문이다. 이렇게 태어난 날짜에 따라서 체질이 나온다. 그 다음으로 중요한 것이 후천적인 영양 관리, 운동, 마음이다. 여자가 애인이 생기면 예뻐지듯이 건강과 장수도 바로 그렇다. 인자한 마음, 낙천적인 생각, 열린 눈을 가지고 살면 건강하고 장수하게 된다.

이렇게 역학도 생활에서 그 의미를 찾아가다 보면 한자 투성이의 옛날 책 속에만 갇혀 있는 고루한 학문이 아니라는 것을 알 수 있게 될 것이다. 열두 가지 띠 중에서 내가 무슨 띠인지 모르는 사람은 없을 것이다. 우리 조상만 보더라도 역학을 떠나서 산 일이 없다.

일제 36년 동안 우리나라가 일본에 역학을 가르쳐 줬는데 일본인들이 우리 민족의 기(氣)를 말살시키려는 의도로 국어 말살 정책과 더불어 역학 말살 정책을 폈다. 그래서 역학을 미신이라고 말은 하면서도 그들은 나름대로 많은 연구를 했다. 지금 일본에서는 몇십 년 역학을 공부하는 학교가 여섯 군데나 있다.

중국과 더불어 한국과 일본이 동양 삼국(東洋三國)인데, 이 중 일본이 세계에서 가장 앞서고 있다. 그리고 미국 하버드대학에서도 주역을 아주 열심히 공부하고 있다. 그렇기 때문에 노벨 물리학상을 받은 사람치고 주역을 공부하지 않은 사람이 없다. 따라서 우리나라도 지금부터라도 체계적으로 역학을 열심히 연구해야 한다.

과거 우리 조상들은 역학을 너무 어렵게 만들어서 양반들만의 전유물로 만들어 버렸다. 역은 그렇게 어려운 것이 아니다. 어렵게 보려는 사람에게야 한없이 어렵겠지만 쉽게 보려면 얼마든지 쉬운 게 또한 역이다.

자연의 순환사상이 역학이다

 역(易)을 공부하려면 우선 때가 무엇인지를 알아야 한다. 옛날 어른들이 철났다고 하던 그 철 말이다.
 강태공이 위수 강가에서 세월을 낚았던 것처럼 역학은 느긋한 마음으로 때를 점치는 걸 익혀야 한다. 일반 직장인들도 이삼십 년 하다 보면 기발한 이치를 찾는 경우도 있다. 직장생활을 하다 보면 전혀 생각하지도 않고 있는데 자금 사정이 좋아지는 경우가 있다.
 대개 10년이나 12년을 주기로 2년 동안 자금 사정이 원활해지는데, 이것으로 나머지 6~7년을 살게 되는 것이다. 그러니까 직장생활을 하더라도 10년 중 2년은 목돈이 들어오는 때가 있는 것이다. 아마도 일기를 몇십 년 써온 사람이나 기억력이 좋은 사람들은 이 이치를 쉽게 발견할 것이다.
 즉 어쩐지 십 년 전과 지금의 상황이 비슷한 사이클로 가고 있다는 느낌 같은 것 말이다. 그것은 느낌이 아니라 사실이다.

자연의 계절과 인간의 계절은 다르다. 자연의 계절은 석 달에 한 번씩 차례로 춘하추동이 지나 1년이 되지만 사람은 다르다. 십 년이 일 년과 같다. 즉 봄에 해당되는 기간이 이삼 년 있고, 또 여름에 해당되는 기간이 또 있고, 가을에 해당되는 기간과 겨울에 해당되는 기간이 각각 이삼 년씩 따로 정해져 있다. 이것이 바로 인간의 계절을 아는 것이고, 그것이 철이 나는 것이다.

이런 이치를 아는 사람은 목돈 들어올 일이 뭔가 하고 찾아내야 한다. 그러니까 10년 속에 2년 동안은 돈이 들어올 만한 일을 만들어야 한다는 얘기다. 말하자면 씨를 뿌려서 열매를 맺도록 해야 한다는 것이다. 역학을 익히면 10년 동안에 운이 좋아지는 때를 저절로 알게 된다. 그러니 뭔가 준비를 하고 씨를 뿌려야 한다. 따라서 항상 때를 가려서 자기 일을 열심히 하면 인생은 잘 풀리게 되어 있다.

그러므로 예로부터 철난 사람은 언제 씨를 뿌려야 하는지 언제 거두고 물러나야 하는지를 잘 알았던 것이다. 사람이 살아가는 생활의 지혜는 사계절이 바뀌고 변하는 자연 이치와 너무도 닮아 있다.

오늘날 수많은 사람이 어떻게 하면 성공할 수 있을까? 어떻게 하면 경쟁에서 남들보다 앞서 나갈 수 있을까? 또 어떻게 하면 어려운 문제를 해결할 수 있을까 하는 많은 문제를 두고 고민하고 있다. 그 고민을 해결하려면 계절의 순환 이치에서 실마리를 찾으면 된다.

음양오행(陰陽五行)의 『역경학(易經學)』이라는 책을 보면 '궁즉변 변즉통(窮卽變變卽通)'이라는 말이 나온다. 즉 궁하면 변하고 변하면 통한다는 뜻이다. 무슨 일을 하다가 막히고 어려움에 처하거나, 궁지에 몰리게 될 때부터 모든 일이 순조롭게 풀려나가게 되는 경우를 두고 이르는 말이다. 궁지에 몰려 있는 경우라 하더라도 그때부터 모든 일이 의외로 잘 해결되는 것이 세상의 섭리요, 자연의 이치인 것이다.

마치 겨울이 지나면 봄이 오고 밤이 지나면 아침이 오는 자연의 순리와 흡사하다고나 할까. 그러나 사람들은 이런 이치를 깨닫지 못하고 조금 힘들거나 어렵고 고생스러우면 쉽게 좌절하고 체념한다. 그런 삶은 인생을 올바르게 이해하지 못하는 삶이 되고 말 것이다.

만일 어떠한 역경이나, 어려움에 처해 있는 경우라 하더라도, 상황은 결국 희망적인 것으로 전환되게 마련이다. 다만, 이때 주의할 일은 모든 상황이 희망적으로 전개될 것이라는 막연한 환상을 가져서는 안 된다는 것이다. 스스로 역경을 뚫고, 개선해 나가려는 의지가 반드시 있어야 한다. 이것이 바로 삶의 이치이다. 때문에 궁하면 변하고 변하면 통한다는 말이 인간 삶의 근본 이치가 되는 것이다.

오행으로 역을 푼다

이 글을 시작하면서 우선 오행(五行)과 오장(五臟)의 관계를 살펴보기로 하겠다.

역학을 하다 보면 맨 먼저 목화토금수(木火土金水)라는 것이 나오게 되는데, 목(木)은 봄을 뜻한다. 그리고 화(火)는 여름을 뜻하며, 토(土)는 환절기를 뜻하고 있다. 또한 금(金)은 가을을 뜻하며, 수(水)는 겨울을 뜻한다. 때문에 음양(陰陽)에 대한 원칙, 즉 음(陰)과 양(陽)에 대한 순환사상을 잘 이해할 수 있어야 한다.

봄은 따뜻하고 여름은 무덥기 때문에 이 두 계절은 순환사상에서 양이 된다. 그리고 금은 가을이고 수는 겨울이다. 가을은 서늘하고 겨울은 추운 이유로 인해 이 두 계절은 음이 되는 것이다. 또한 토는 음과 양의 중간에서 균형과 조화를 유지시켜 주고 있는데, 사람의 오장(五臟)으로 나누어 본다면 위장(胃臟)에 해당된다. 그래서 예로부터 코 잘생긴 거지는 없다는 말이 있다. 코는 위장과 연결되어 있는 것이다.

　사람의 인체는 음과 양의 접합물이다. 사람의 신체를 좌우(左右)로 나누어 볼 때 좌(左)는 양(陽)이 되고, 우(右)는 음(陰)이 된다. 이때 남자의 왼쪽은 아버지의 유전을 받고 오른쪽은 어머니의 유전을 받는다. 그러나 여자는 이와 반대로 오른쪽이 아버지, 왼쪽이 어머니의 유전을 받는다. 그 이유는 음과 양이 서로 대조를 이루고 있는 이치 때문이다. 이 주장에 대해서는 유전공학을 연구하는 학자들의 연구가 뒤따랐으면 좋겠다.

　노벨상이 늘 이런 역학적 상상에서 비롯되어 구체적인 업적으로 이어졌다는 것을 안다면 학자들이 이 말을 무시하지는 않을 것이다. 이렇듯 동양철학의 주된 사상은 음양의 조화된 균형에서 찾아볼 수 있다.

　예를 들어 뒤통수가 짱구인 사람은 음과 양의 조화가 잘 맞지 않은 경우이다. 조화가 잘 된 사람은 양기(陽氣)가 잘 뻗쳐 있다. 너무 과격하거나, 흥분을 잘하는 다혈질의 사람도 조화가 제대로 이루어지지 않는 경우에 해당된다. 또 조금만 일해도 힘들다거나 짜증이 많은 사람도 음양의 조화가 어긋난 경우이다.

　따라서 음양의 접합 지점에서 만들어지는 코가 중요한 것은 당연하다. 코가 단단하고 큰 것은 음양이 잘 조화된 모습인데, 보통 이런 모습의 코를 가진 사람들은 사회생활이 원만한 편이다.

　음과 양의 문제를 요즘 생활로 연결해 보자. 요즈음 젊은 부부들의 결혼생활에는 문제가 많다. 그 주된 원인은 연애 시절에 가졌던 달콤한 사랑의 감정으로, 결혼 후에 생기는 여러 어려운 문제들을 해결할 수 있다고 믿고 있기 때문이다. 하지만 결혼생활은 직접 부딪치면서 해결해 나가야 하는 여러 어려운 문제들이 많은 사회생활이다. 따라서 사회 구성원으로서의 이해심과 양보심이 필요한 것이 결혼생활이다. 음과 양이 잘 조화된 사람은 학교생활이나, 직장생활, 가정생활 등 모든 사회생활이 원만하다.

이런 이유 때문에 조화가 잘된 코를 가진 사람은 대개의 경우 성공하는 확률도 높은 편이다. 코가 잘생겼으면 돈을 잘 번다고 하는 옛말도 여기에 그 근거를 두고 있는 것이다.

그 다음으로 심장을 보자. 사람의 눈은 심장(心臟)에 해당된다.

눈을 보면 그 사람의 인격, 교양까지도 다 알 수 있는데 그런 이유 때문에 눈을 두고 '마음의 창'이라고 하는 것이다. 그뿐 아니라, 사람의 눈을 보면 그 사람의 운세까지도 알 수 있다. 그러면 도대체 사람의 운세란 무엇인가?

예를 들어 영업용 택시를 운전하는 기사들도 느낌이 좋은 날이 있는가 하면 그렇지 못한 날도 있다고 한다. 또 이런 경우는 성공한 대부분의 사람들도 마찬가지이다.

그들은 보통 성공의 첫째 요인으로 운을 꼽고, 둘째로 실력을 꼽는다. 여기서 운이라는 것은 사람의 기(氣)를 말하는 것이다. 보통 이 기(氣)는 건전하고 바르며 정도를 걷겠다고 하는 생각으로 적극적이고 성실한 생활 태도를 가질 때 살아난다. 기가 살아날 때는 하는 일이 막힘없이 풀려 나가게 되는데, 이를 두고 운이라고 한다. 도피적이나 이기적, 또는 자기중심적으로 생각하고 배타적으로 행동하거나, 자만과 교만을 부리게 되면 기가 무너진다.

그리고 사람의 기는 마음에서 나오므로 자기 마음의 자리를 잘 정리하고 다스리면 기가 살아나게 되고 기가 살아나면 운이 오는 것이다. 많은 현대인들이 남과 잘 다투고 사소한 문제로 옹졸하게 살아가는 것은 육체적인 본능만을 좇아 살기 때문이다.

육체의 예속에서 벗어나 차원 높은 정신의 세계에서 모든 장점과 단점, 교만과 겸손, 선과 악을 포용하는 자세를 가진다면 인간관계는 원만해진다. 이런 삶의 자세를 두고 중용의 철학이라고 한다.

사람의 일상생활에 잦은 마찰이 생기는 것은 바로 '중용(中庸)의 도(道)'가 모자라기 때문이다.

사람들은 역학이라고 하면 보통 딱딱하고 골치 아픈 것으로 생각한다. 그러나 역학이라고 하는 것은 '바꾸다, 주역 역(易)' 자로도 쓰이지만 '쉬울 이(易)' 자로도 쓰일 만큼 쉬운 것이다. 역학은 오행의 개념과 순환사상의 이치를 이해하면 쉽게 풀린다. 그래서 이 시대 순환의 이치, 관상 보는 법, 집안의 가구 배치, 쉽게 작명하는 법, 생활에 필요한 것, 운세를 바꾸는 것, 자기의 색 선택 하나에도 이용할 수 있어야 한다. 따라서 앞으로는 생활의 근본이 되는 중요한 것을 역학이 다룰 수 있도록 할 것이다.

오행(五行)이라는 것은 목화토금수(木火土金水)를 얘기하는 것인데, 모든 자연의 이치는 오행이 순환하는 이치와 같다. 하루 안에도 오행이 있다. 아침이 봄이며, 낮이 여름이다. 뿐만 아니라 하루에도 환절기에 해당되는 시간이 있다.

예전에 텔레비전 광고에서 나왔던 "모든 천하는 내 손 안에 있소이다"라는 말이 유행한 적이 있다. 이 말처럼 사람의 손 안에는 사계절, 일 년 열두 달, 하루 열두 시간, 그리고 동서남북까지 다 들어 있다. 그래서 사람의 손을 두고 '우즈의 축소판'이라고 하는 것이다.

엄지손가락을 꽉 잡은 왼손의 모양을 1월로 시작해서 12월까지 나타낼 수 있다. 그래서 1년은 열두 달인 것이다. 열둘이라고 하는 수는 자연이 순환하는 이치를 나타내는 도수(度數)이다.

누구든지 12일 중 하루 정도는 주변의 사람이나 일이 지겨울 때가 있다. 그러나 참으로 묘하게도 아무리 착하고, 신앙생활을 철저히 해서 마음을 다스리는 사람에게도 12일 중의 하루는 그런 지루한 날이 찾아오게 마련이다. 또한 12일 속의 하루 정도는 주변의 일이나 사람이 모두 좋게 느껴질 때가 있다. 그래서 하루의 시간이 열두 시간인 것이다.

일 년 또한 열두 달인 이치가 바로 여기에 있다. '子丑寅卯辰巳午未申酉戌亥'의 12간지와 같은 의미이다.

사람의 손에는 매듭이 세 개가 있는데, 하늘〔天〕과 사람〔人〕과 땅〔地〕을 뜻한다. 하늘과 땅 사이에는 사람이 존재한다. 그래서 사람이 만물의 영장이 되는 것이다. 세상에 존재하는 모든 것들은 단지 사람만을 위해 존재한다고도 말할 수 있다. 그런 이유 때문에 천지인(天地人)이라는 말까지 생겨난 것이다.

동양학의 상징 숫자는 이를 바탕으로 한 숫자 3이다. 이는 하늘과 땅과 사람을 가리킨다. 일반적으로 두엇을 외울 경우에 세 번씩 반복해서 외워두면 암기력이 높아지는 이유가 바로 여기에 있는 것이다.

사람의 뇌(腦) 역시 음양이 있는데 그것은 크게 대뇌와 소뇌로 구분해 볼 수 있다. 대뇌는 심장과 간장에 연결되어 있기 때문에 정신을 지배하는 뇌이다. 사람이 스스로의 마음을 다스릴 수 있는 것은 대뇌의 역할 때문이다. 또한 소뇌는 폐와 신장을 지배하는 뇌이다.

　예를 들어 남자가 여자의 수영복 입은 모습을 보고 흥분을 하게 되거나, 울혈(鬱血)이 올라가는 것은 다 소뇌가 자극되기 때문이다. 그래서 사람의 몸 안에서는 대뇌와 소뇌, 중추신경의 쓰임새가 각기 따로 있는 것이다.

신체는 시간마다 변한다

　일반적으로 남자는 하늘로 여자는 땅으로 비유한다. 신체 특성상으로 본다면 남자는 어깨가 넓은 편인데 비해 여자는 엉덩이가 넓다. 이 때문에도 남자는 하늘로 여자는 땅으로 비유되는 것이다. 여자는 땅의 속성처럼 습(濕)하기 때문에 냉(冷)하다. 그래서 상대적으로 살이 많다. 이와는 대조적으로 남자는 심장 기능이 발달하여 건조하기 때문에 배가 발달되어 있다.
　보통 남자는 건조하고 여자는 습한 편이다. 습한 땅 밑에는 불덩이 즉, 지열이 있다. 이런 이유 때문에 여자는 불덩어리에 비교된다. 성(性)생활을 즐길 때 남자로부터 감각적인 자극을 받게 되면 여자의 습한 것이 녹고 밑에서부터 불이 올라오는 것처럼 된다. 그래서 성관계 중 절정에 도달하게 되면 완전히 정신이 나가버리다시피 하는 것이다.
　이런 경우를 두고 보통 육체의 화신(化身)이라 말한다. 성관계 중의 남자는 심장이 뜨거워서 열이 전부 밖에 나온다. 그러나 열을 발산한 뒤의 남자는 해가 지면 대지에 습기가 많아지는 원리처럼 차가워진다. 그렇기 때문에 처음에는 남자가 열이 뻗쳐 여자를 따르다가 성관계가 끝나면 거꾸로 여자가 남자를 따르게 되는 것이다. 이것이 음과 양의 오묘한 조화이다. 이런 이치를 밝힌 학문이 심리학이며, 철학이라고도 할 수 있다.

과년한 처녀가 혼기를 놓치는 주된 원인은 남자들과 어울릴 기회가 많지 않기 때문이다. 대개의 남자들은 편안한 여자들을 좋아하는 편이다. 그래서 남자로 하여금 불편함을 느끼게 하는 여자들은 상대적으로 남자들과 어울릴 수 있는 기회가 줄어드는 것이다. 상대방이 편안한 상태에서 서로가 원하는 바를 잘 이해해 주고, 만남이 즐거워야 하는 것은 부부 사이도 마찬가지이다.

남편이 퇴근하면 아내는 포근하고 편안하게 해주어야 한다. 남자는 보통 여자에게서 고향 같은 안온함을 느끼는 본능이 있기 때문이다. 그렇기 때문에 아내가 없는 남자들은 기를 펴지 못하고 어딘가 불안해 보이는 것이다. 이것이 바로 음과 양의 조화로운 이치이다.

남자의 고향은 여성의 신체이다. 곧 여성은 남자의 고향이 된다. 혼기를 놓친 처녀가 데이트할 때 명심해야 할 일이 있다.

그것이 오행으로 나온 심리학이다.

오행이 서로 운행하면서 상생하기도 하고 상극하기도 하는데, 이것도 시간에 따라 변한다. 그것을 12지로 나눌 수 있다. 그래서 하루는 2시간이 1시간 단위로 12시간인 것이다. 새벽 1~3시를 축시라고 하는데, 이때가 하루 중 체온이 가장 내려가는 시간이다. 하루 동안 공부하고, 일하고, 활동하며, 신경 쓰는 기운에 열이 올라가는데 그것이 축시가 되면 다 식는다. 그래서 피로회복이 되는 것이다.

이 시간은 하루 중 가장 수(水)가 극성한 시간인데 따라서 이 시간에 태어난 아기는 냉한 체온 상태에서 태어나게 되는 것이다. 이 시간대에 태어난 아기는 체질상, 아침이 되면 활동을 하듯이 일할 수 있는 준비 태세가 완료된 듯한 저력이 있는 사람이다. 그리고 이 시간에 태어난 사람은 항상 에너지가 비축되어 있기 때문에 강하다.

벌써 휴식을 취한 단계이기 때문에 이런 사람은 흥분을 잘하고 화를 잘 내는 점도 있지만, 대신에 의욕적이고 적극적으로 인생을 살아가는 편이다.

반면 냉한 것이 있기 때문에 아주 냉혹하기도 하다. 부부생활 도중에도 사이가 좋지 않게 되면 극단적으로 가는 경향이 있다. 그러니까 태양 에너지를 받은 대로 체온이 결정되고 그것에 의해서 성격이 나타나는 것이다.

봄은 여성들의 심리상태가 들뜨거나 이성에 대한 호감도가 부쩍 증가하는 때이다. 그것은 계절 기후 변화에 따라 냉한 여자의 심장이 따뜻해지기 때문인데, 이런 현상은 일종의 본능적 욕구로 이해할 수 있다. 원인은 상승하는 주변 온도 변화의 탓인데, 기후 변화에 의해서 체질의 변화가 오고 따라서 이성교제를 하고 싶은 욕구가 생겨난다고 볼 수 있다. 이에 근거한 학문이 역학이다.

역학은 과학에 근거한 변화의 법칙이다. 지구의 자전이나 공전, 태양의 주변을 돌고 있는 여러 별들한테는 끊임없이 교신되는 에너지가 있다. 그리고 그 교신되는 에너지가 그대로 사람의 몸속으로 흐르고 있는 것이다. 이는 무선전화가 연결되는 것과 같은 에너지 교류로 이해할 수 있다. 사람의 배는 태양과 연결되어 있다. 그 때문에 뜨거운 지방에서 자란 사람은 배가 잘 발달되어 있다.

목포, 울산, 창원, 마산, 부산 등 남쪽 지방의 사람들은 심장이 뜨겁다고 한다. 예를 들어 목포 가서는 주먹 자랑하지 말라는 말이나, 화끈한 경상도 사나이라는 말이 있을 정도로 그 지방 사람들의 기질이 센 것은 모두 심장에 열이 뻗쳐 있기 때문이다. 충청도만 하더라도 뜨거운 바람이 속리산 문장대와 추풍령에 걸쳐 오면서 기후가 서늘하여 심장이 서늘해져 버린다. 때문에 다혈질인 아래쪽 사람들에 비해서 한결 느긋한 것이다.

이것은 모두 기후 탓으로 이해하면 된다. 보통 심장에 열이 많은 사람은 영리한데 비해서 심장이 서늘한 사람은 조금 느린 특징이 있다.

새벽 1~3시 사이에 낮아진 체온이, 다시 따뜻해지기 시작하는 때가 새벽 3~5시 사이이다. 이즈음이 되면 체온이 다시 올라가기 때문에 사람의 정신 상태가 가장 맑아지는 때이다. 일반 사찰의 아침 예불 시간이 새벽 3시라거나, 교회에서 새벽 4시에 새벽예배를 드리거나 하는 것도 다 같은 이유에서이다. 이때가 되면 정신이 청정해지고 마음이 맑아지기 때문에 자기가 바라고 원하는 일을 기도하면 이루어지는 이유는 몸 안의 기운을 자극하기 때문이다.

이런 식으로 하루를 열두 가지로 나누고, 그것을 다시 계절에 맞추어 보면 이해하기가 쉽다. 하루 중에도 봄, 여름, 가을, 겨울이 있어 심리 변화가 수시로 일어난다. 이러한 원리만 잘 터득하여도 인간관계의 절반은 성공한 것이나 다름없다. 그런 것도 모르고 무턱대고 욕심만 앞세우면 될 일도 되지 않는다.

  실패나 불행도 모두 이와 같은 헛된 마음에서 비롯된다. 그래서 마음을 다스려야 하는 것이다.

분수를 아는 것이 역학 정신이다

앞서 다혈질적인 병화(丙火) 계열 대신에 경금(庚金)이 있다고 가정할 때 이런 사람은 뻗어 올라오지 못해서 금방 위축이 되고 만다. 그리고 위축이 되다 보니 무슨 일을 하다가도 결정적일 때마다 깨져 버리게 된다.

이렇듯 운명에는 장애가 따르니까, 항상 그 수준을 유지하도록 해야 된다. 그래서 분수를 지켜야 하는 것이다.

팔자에 보면 도지사 할 사람, 국장 할 사람, 부장 할 사람 등 될 그릇은 이미 따로 다 정해져 있다. 부장의 그릇인 사람이 사장을 하면 그 회사는 안 된다. 부장 정도하면서도 아래 사람한테 짜증내거나 신경질부리는 옹졸한 사람이 사장이 되어서 큰 조직을 어떻게 이끌어 나가겠는가? 그러니까 자기 분수를 알고 자기 자리를 만족해야 하는 것이다.

모든 사람은 자신의 일을 천직으로 알고 장인정신을 갖고 일을 해야 된다. '남들은 땅도 사고 병신 같은 놈이 국회의원 됐는데' 하고 자꾸 비교하다 보면 심신(心身)만 답답할 뿐이다. 따라서 가치관을 세울 때는 항상 이 같은 사실을 염두에 둬야 하는 것이다. 다른 사람이 자기보다 좀 잘 산다고 해서 부러워할 필요가 없다. 자기 나름대로의 생활에 만족과 기쁨을 느끼고 살면 행복인 것이다. 사실 가난할 때와 비교해 보면 지금의 생활은 많이 나아졌다고 볼 수 있다.

예를 들어 불과 2, 30년 전만 하더라도 요즘처럼 먹을 것이 풍부하지 않았다. 간혹 접하게 되는 텔레비전 드라마만 보더라도 지금 우리의 생활이 얼마나 나아졌는지 쉽게 알 수 있다. 그렇기 때문에 스스로의 마음가짐을 패배의식에서부터 벗어날 수 있도록 하는 삶의 지혜가 필요하다.

하루하루 살아가면서 기쁘고 즐겁게 살아야 한다. 짜증내고 불쾌하게 살아봐야 아무 이득이 없는 게 인간 삶의 이치이다. 만약 성공하려는 마음을 가진 사람이라면 능력을 개발하고 재능을 살려서 10년 작정으로 한 우물을 판다면 그 사람은 반드시 성공한다. 돈을 벌려고 하거나 역학을 공부하는 것이나 세상의 모든 일이 다 마찬가지이다.

역학을 10년 정도 공부한 사람은 웬만한 사물을 보면 그 숨은 이치를 본다. 텔레비전에 나오는 사람의 얼굴을 보면 이 사람은 얼마나 오래 가겠구나 하는 판단이 생긴다. 보통 목에 힘주는 사람은 얼마 못 간다. 왜냐하면 눈이 가려져서 생각이나 판단력이 흐려지기 때문이다.

자고로 사람은 겸손해야 된다. 그런 사람만이 다른 사람의 말을 잘 알아들을 수 있고 그래야 주변의 상황이 보이게 되며, 자연 순환의 모든 이치가 한눈에 들어오게 되는 것이다.

비록 지금은 상승 시기라 하더라도 언젠가는 내리막이 있고 또 그 내리막이 있을 때를 준비해야 다시 올라올 수 있다. 준비하지 않으면 영영 내리막길인 것이다. 올라갈 때 내리막을 준비하고 내리막일 때 올라갈 때를 준비해야 하는 것이다. 이것이 순환사상(循環思想)이다.

그리고 궁(窮)하면 변하고 변하면 통한다는 이치처럼 어려운 역경속이라 하더라도 굴하지 않고 부딪치면 반드시 성공의 바탕이 되는 초능력이 생긴다.

역(易)의 이치

  역(易)이란 해와 달이 합쳐진 글자가 변해서 '주역(바뀔) 역(易)' 자가 된 것이다. 태양은 불이 되는 것이고 불은 양(陽)에 해당하며, 낮에는 양이 지배하는 시간이다. 그리고 달은 지구에 있는 물에 영향을 주는데 그 달의 인력(引力)에 의해서 밀물과 썰물이 생기는 것이다. 이것이 곧 음(陰)이다. 그런 까닭에 낮은 양이 되고 밤은 음이 된다.
  지구는 매우 빠른 속도로 자전(自轉)을 하고 있다. 그래서 하루는 24시간이며 낮과 밤이 생기고 낮은 양(陽)이, 밤은 음(陰)이 되는 것이다. 이 이치로 음양(陰陽)이 생기게 된다.
  지구가 태양 주위를 한 바퀴 도는 데 걸리는 기간은 1년이다. 즉 자전(自轉)을 하면서 태양 주위를 공전(公轉)하는 것이다. 자전(自轉), 공전(公轉)으로 낮과 밤이 생기고 춘하추동(春夏秋冬)이 생기며, 이러한 우주의 질서는 불변한다.
  태양을 중심으로 아홉 개의 별이 있다. 태양은 끊임없이 에너지를 발산하고 있는데, 태양에서 가장 가까운 별이 수성(水星)이다. 다음이 금성(金星)이며 지구는 수성 다음 자리에 위치한다. 지구에서 조금 떨어진 자리에 화성(火星)이 있고, 그 다음으로 목성(木星), 토성(土星) 그리고 해왕성(海王星), 명왕성(冥王星), 천왕성(天王星)이 있다.

태양을 중심으로 공전하는 별은 모두 아홉 개인데 이것을 태양계(太陽系)라고 한다. 이 별들은 질서 있게 자기 궤도에 따라 운행하고 있는데, 이 아홉 개의 별을 9행성(行星)이라 한다. 이는 아홉 개의 별이 움직인다거나 아홉 개의 움직이는 별이라는 뜻이다.

그런데 태양에서 발산되는 모든 빛은 반사작용(反射作用)을 하게 되어 있다. 만약 금성에 빛이 비치면 이 빛은 지구로 반사된다. 이처럼 지구에는 태양으로부터 직접 받는 빛이 있는가 하면 반사되는 빛도 있다. 지구를 중심으로 도는 달은 지구의 위성이다. 그리고 아홉 개의 별 중 나머지에 해당되는 해왕성(海王星), 명왕성(冥王星), 천왕성(天王星)은 너무 멀리 떨어져 있기 때문에 지구에 미치는 영향은 거의 없다.

지구를 중심으로 가장 가깝게 있는 수성(水星), 금성(金星), 화성(火星), 목성(木星), 토성(土星) 다섯 개의 별이 지구에 가장 영향을 많이 미치고 있다.

예를 들어 입하(立夏)도 지나서 날씨가 무더워지기 시작한 여름철에 아이가 태어났다고 가정해 보자. 이때 지구는 태양과의 거리가 가깝다. 그러나 현대에는 병원의 냉·난방 시설이 잘 되어 있기 때문에 아이가 태어났다고 해도 계절적인 영향은 별로 받지 않는다고 생각하기 쉽다. 그러나 하늘에는 사람 눈에 보이지 않지만 목화수금토(木火水金土), 오행성(五行星)이 발산하는 기운이 있다. 이것이 하늘에 있을 때는 사람 눈에 잘 보이지 않지만 땅에 내려왔을 때는 사람 눈에도 잘 보이고 느낄 수도 있게 된다.

우선 목(木)은 땅에 내려왔을 때 바람으로 나타난다. 그래서 바람 풍(風) 자를 쓰는데, 이것은 땅에 내려오게 되면 바람이 되기 때문에 나뭇가지가 흔들린다. 또 바람은 공기의 이동이기 때문에 사람의 피부에 직접 와 닿게 되는데, 이 때문에 하늘에 있는 목의 기운이 땅에 와서는 바람으로 나타나는 것이다.

화(火)는 두 가지로 나타난다. 먼저 아주 뜨거운 열기로 나타나게 되는데, 음력 오뉴월같이 불로 나타나는 것과 다른 하나는 장마철의 무더위로서 나타난다. 이는 모두 덥다는 뜻으로 '더울 서(暑)'를 쓴다. 그래서 화의 기운은 두 가지로 나타나는 것이다. 또 토(土)는 습기로 나타난다. 토는 장마철의 아주 질퍽한 습기와 후덥지근한 여름 날씨의 두 가지로 나타난다. 그래서 더운 것은 화(火)에 속하고 습한 것은 토(土)에 속한다.

가을을 두고 천고마비(天高馬肥)의 계절이라고 한다. 이때가 되면 하늘은 높고 모든 세상이 다 건조해지는데, 금(金)을 건조하다고 말하는 것처럼 가을 날씨는 아주 건조해진다. 때문에 겨울철에 모든 식물들은 뿌리만 남아 있다가 봄이 되면 싹이 돋아나고 여름에 꽃이 피고 가을엔 열매를 맺는데, 만약 여름철에 날씨가 너무 더워버리면 열매를 맺지 못한다.

집 안에 빨래를 널 때, 대개의 경우 창문을 열어 놓고 통풍이 잘되는 곳에다 넌다. 그것은 빨래에 있는 수분을 없애버려야 잘 마르기 때문이다.

　이와 같은 이치로 가을에는 서늘한 바람이 불게 되어 있으며, 서늘한 바람이 불면서 열매가 익게 되어 있다. 그리고 찬바람이 나면서는 나뭇잎이 떨어지게 된다. 그 나뭇잎이 떨어져 썩어서 영양분이 되어 다음 해의 열매가 열리게 되는 것이다. 이런 것이 바로 자연의 이치이다.

　그래서 가을은 건조한 것이고, 겨울이 되면서부터는 모든 만물이 얼어붙는 것이다. 그러나 다시 봄이 되면서 땅이 녹고 땅속에 있는 뿌리로부터 잎이 돋아난다. 만약 한여름에 아이가 태어난다고 할 때 병원에서 아무리 냉방시설을 잘해 준다고 해도, 현재 지구상의 기온을 무시할 수는 없다.

　어머니의 뱃속에 있던 아이가 밖으로 나오는 순간부터 목(木), 화(火), 수(水), 금(金), 토(土) 오행(五行)의 영향을 바로 받고 태어나게 되어 있기 때문이다. 그래서 오뉴월 한낮에 태어난 사람은 갈증이 많이 나기 때문에 물을 좋아하게 되어 있다. 그런 사람 팔자는 물을 좋아하기 때문에 운동을 해도 수영을 하면 좋다.

　반면에 겨울 한밤중에 태어난 사람은 지구에서 태양과의 거리가 멀고 더구나 밤에 태어났기 때문에 태양에너지를 많이 받지 못한다. 기온은 영하로 내려가 있으니까 태어난 순간 추위를 느끼게 된다. 따라서 따뜻한 걸 좋아하기 때문에 항상 몸을 따뜻하게 해야 하며, 옷 색깔도 따뜻한 붉은 색깔이나 청색 계통의 옷을 입어야만 그 사람에게도 좋다. 추운 사람에게 필요한 것은 따뜻한 것인데 어떤 경우는 따뜻한 물을 못 먹는 사람도 있다.

이처럼 사람은 태어난 시기에 따라서 체질이나 성격이나 모든 게 다 달라져 버린다. 아이가 태어날 때 그 아버지와 어머니에게 유전적인 영향을 받기도 하지만 태어날 때 탈은 기운에 의해서 그 사람의 운명이나 성격이 결정되어 버린다. 운명이 이미 결정되어 있는 것이라면 사람이 사과나무 밑에서 입만 벌리고 있는 것처럼 하면 되지 않을까 생각할 수도 있다. 그러나 잘못하면 사과가 입으로 들어가는 게 아니라 코를 뭉개 버리기도 한다. 운이 나쁠 때는 그렇게도 되는 것이다.

제4장

알기 쉬운
역학입문(易學入門)

음양(陰陽)의 개념

　동양철학(東洋哲學)의 근간은 양면사상(兩面思想)에 있다. 좋은 일 이면에는 반드시 나쁜 일이 있기 때문이다.
　예를 들어 능력 있는 여성이 성공적인 사회생활을 해서 주변의 부러움을 산다고 해도 그 이면에는 가사 문제나 육아 문제 등의 고민거리가 있게 마련이다. 또, 갑작스럽게 복권이 당첨된다 하더라도 그로 인한 고민거리는 파생되는 것이다. 바로 그것이 음양의 사상이다.
　심장(心臟)이 발달되어 있거나, 열이 많은 사람 중에는 광대뼈가 나온 사람이 많다. 광대뼈가 나온 사람들은 보통 두뇌회전이 빠르다. 평균적으로 이런 사람들은 상황 판단이 예리하고 통찰력 또한 뛰어난 편에 속한다.
　옛날에는 광대뼈가 튀어나온 모습의 여자들을 두고 과부가 될 팔자라고 했다. 두뇌회전이 잘 되다 보니 남편이 하는 웬만한 일에는 성이 안 차게 되고 그러다 보니 부부싸움이 잦았던 것이다.

이와는 반대로 광대뼈가 들어가 있는 사람은 대개 눈치가 없고 멍청한 사람이 많다. 따라서 웬만한 남편의 단점은 눈에 띄지 않아 그럭저럭 넘어가게 되는 경우가 대부분이다.

그러나 요즘은 사정이 크게 달라져서 광대뼈가 나온 사람 중에 귀부인 팔자가 많다고 한다. 지능이 뛰어나기 때문에 적극적으로 나서서 조건 좋은 신랑감을 구하는 것이 그 이유라고 한다. 따라서 현대의 귀부인 중에는 실제로 광대뼈가 나와 있는 사람이 많다. 그러나 광대뼈가 나온 사람은 활동적이고 머리가 좋은 반면, 그로 인한 나쁜 점도 있다. 좋은 것이 하나 있는 이면에는 반드시 나쁜 것이 있기 마련이므로 일상에서 이것을 명심하게 되면 자제하는 마음이 생긴다.

부모한테 불효하는 사람이 절대 성공하지 못한다고 하는 것은 우주의 법칙이다.

나를 이 세상에 존재할 수 있도록 한 부모에게 감사할 줄 모르는 사람들은, 일상생활에서도 자기를 도와준 사람에 대한 고마움을 모르기 마련인 것이다. 따라서 감사를 모르는 사람은 다른 사람에게 도움을 받기 어렵다. 즉 인간관계가 원만하지 못해 결과적으로 불행하게 될 수밖에 없는 것이다. 그래서 노자(老子)는 인간이 살아가는 원칙 세 가지를 제시했다.

첫째, 자비심을 가져라.

둘째, 자족(自足)하는 마음을 가져라.

셋째, 분수를 지켜라.

오늘날 현대인들이 불행해지거나, 여러 어려운 일에 처하는 원인은 이 세 가지에 문제가 있기 때문이다. 모든 사람을 사랑하고, 이해하고, 도와주고, 자기 직업을 통해서 사회에 봉사하는 마음을 갖게 되면 이런 문제들은 자연히 해결될 것이다. 따라서 시기와 다툼으로 인한 일상의 괴로움도 없어질 것이다. 그리고 자족하는 마음이 필요하다. 매사에 기뻐하고 감사하는 자족의 마음을 갖게 되면 스트레스가 생기지 않는다고 한다.

 길거리를 지나다니거나 손수 차를 운전하는 사람들의 얼굴이 스트레스 때문에 일그러져 있는 경우가 많은데, 그런 모습들은 마치 전쟁터에라도 나가는 것처럼 살기등등해 보인다. 참으로 어리석은 삶을 살고 있는 것이다.

 한 번 화내고, 한 번 기분 상하고, 고부간의 갈등으로 한 번씩 괴로워할 때마다 사람의 오장(五臟)은 그만큼 뒤틀리게 되어 있다. 말하자면 심장에 해로운 자극을 주는 것이 된다. 사람에게 가장 나쁜 건 스트레스이다. 때문에 항상 양면사상을 명심하고 살 필요가 있다. 나쁜 일이 있으면 반드시 좋은 일도 생기고, 좋은 일이 있을 때라 하더라도 살다보면 좋지 않은 일도 생기게 마련이라는 마음으로 살면, 일상에 임하는 마음이 편안해지고 밝아진다. 마음이 밝아지면 얼굴의 표정 또한 밝아진다.

 사람의 표정이 밝으면 사람의 운명도 좋은 쪽으로 흘러가는 건 당연하다. 밝고 환한 표정에서 기는 살아난다. 어둡고 그늘져 있거나, 딱딱하고 쓸쓸한 얼굴은 좋지 않다. 그런 이유 때문에 밝은 얼굴을 가져야 하는 것이다. 따라서 사람의 정신 건강을 위해서는 자족하는 마음이 반드시 있어야 한다.

 끝으로 분수를 지키는 마음이 필요하다. 분수를 지킨다는 것은 자기 자신의 처지를 잘 알고 행동하라는 뜻이다. 그러므로 자기 자신을 잘 이해하기 위해서 역학이 필요한 것이다.

역학은 인간을 탐구하는 과학이기 때문이다. 자기 자신의 체질, 성격, 능력, 운명을 알고 처신하면 실수가 없다. 인생을 가장 효율적으로 사는 것이 바로 분수껏 사는 것이다.

천간(天干)의 열 가지 특징

하늘에서 내려오는 에너지엔 무엇이 있을까? 가장 강한 것이 태양력이다. 그리고 그것은 크게 말해서 양(陽)이라고 하므로 다른 천간으로 분류되는 열 가지는 다른 데서 찾아야 한다. 바로 무수한 별자리들이다.

그것을 옛사람들이 나누어 '갑을병정무기경신임계(甲乙丙丁戊己庚辛壬癸)'라는 열 가지 부호로 정리한 것이다. 그러므로 이 부호는 특정한 어떤 에너지를 상징하는 말에 지나지 않는다. 이 중에서도 갑을은 목(木)을 나타내고, 병정은 화(火)를 나타내고, 무기는 토(土)를 나타내고, 경신은 금(金)을 나타내고, 임계는 수(水)를 나타낸다. 그래서 갑목이니 정화니 하고 천간과 오행을 붙여서 말하는데, 외워 놓으면 아주 편리하다.

우선 천간 오행의 성질을 파악해야 한다. 천간 열 가지 부호를 오행과 관련시켜 설명하면 아주 쉬워진다. 우선 갑(甲)을 보면, 갑목(甲木)은 큰 산에 있어야 어울린다. 그리고 을목(乙木)은 갑목을 감아 도는 넝쿨나무나 풀과 같은 나무이기 때문에 논이나 밭, 들에 있으면 어울린다. 하지만 논밭이나 들에 큰 갑목이 있으면 농부가 베어버린다. 그리고 산에 갑목은 없고 초목만 있어도 좋지가 않다. 만일 사주팔자를 뽑아놓고 보니 내가 갑목인데 12월에 해당된다고 하자. 여기서 12월은 축월(丑月)이고 또 나무가 얼 만큼 추운 때이다.

그리고 12월에 태어난 사람은 이때가 굉장히 추운 계절이므로 따뜻한 걸 좋아한다. 따라서 12월의 나무는 춥기 때문에 태양을 그리워한다. 사주풀이는 이런 식으로 나가는 것이다.

병화(丙火)는 태양과 같은 것으로 태양은 큰 불을 말하는 것이다. 다음 정화(丁火)는 촛불, 형광등, 별빛, 반딧불 등등 약한 불을 말하고 있다. 무(戊)와 기(己)는 토(土)이다. 무는 산, 혹은 제방토(堤妨土) 기는 논밭과 같은 것이다. 무토(戊土)는 산과 같은 흙이기 때문에 마르고 건조하다. 기토가 논밭이라고 할 때 그 흙은 화단이나 화분흙과 같은 것이다. 이런 흙들은 습하기 때문에 식물이 자라기에는 좋은 땅이다. 뿐만 아니라 사람들이 화초와 곡식을 심기 위한 영양분을 돋워주기 때문에, 기토는 영양분이나 습기가 많은 땅이다.

이런 날에 태어난 사람은 신용이 있다. 따라서 토는 신용이 있다고 해석하는 것이다. 만일 논이나 밭에 큰 나무나 꽃, 또는 벼를 심으면 대개 잘 자란다. 즉 이런 날에 태어난 사람은 어떤 것에도 거부 반응을 일으키지 않고 잘 받아들이는 포용력이 있는 사람이다. 그렇기 때문에 팔자를 뽑아보면 그 사람의 성격을 알 수 있는 것이다.

기토(己土)는 습하고 영양가 있는 흙이라서 농사를 지은 뒤 쟁기나 경운기로 논밭을 다시 갈기 전에는, 그곳에 자라난 식물이 영양분을 모두 빨아 먹어 버린다. 결과적으로 그 흙은 죽은 흙이 되기 때문에 그 흙을 뒤집어서 거기에다 거름을 주어 다시 식물이 잘 자랄 수 있게 해 주어야 하는 것이다.

이런 자연의 이치를 역학에 이용해야 한다. 다음엔 금(金)이 있는데 금에는 경(庚)과 신(辛)이 있다. 경금(庚金)은 양이므로 강한 것이다. 큰 칼, 도끼, 쇳덩어리, 강철 같은 것을 말한다.

반면에 신금(辛金)은 금은보석, 주사바늘, 작은 칼에 해당된다. 대개 의사나 간호사 중에는 신금(辛金)에 해당되는 사람이 많다. 신금에 해당되는 사람은 주로 의사, 한의사, 침구사, 또 봉제사 정육점 등의 직업에 종사하는 사람이 많다.

다음으로 물을 나타내는 임(壬)과 계(癸)가 있다. 임은 바닷물, 호수, 큰 물, 말하자면 물이 많이 모여 있는 곳이고, 물이 많이 모여 있는 곳의 물은 깨끗하고 맑아 보이게 마련이다. 계수(癸水)는 이슬비, 탁한 물, 도랑물, 개울물 등이다. 이런 이치로 오늘의 일진이 양이라고 하면 내일은 음이 되는 것이다.

예를 들어 오늘 태어난 사람이 대단히 성격이 강한 사람이라고 할 때, 남자로 태어나는 것이 좋다. 그리고 다음날은 딸을 낳는 것이 좋다. 그런데 불행하게도 거의 절반씩 낳는다. 그래서 여자라도 강한 성격을 가지고 사회에서 두각을 나타내고 큰일을 하는 사람이 있는가 하면, 남자라도 음이 되어서 여자 같은 성격인 사람도 있는 것이다.

부부간은 한 사람이 양일 때 다른 한 사람은 음이 되는 것이 좋다. 같은 양끼리나 같은 음끼리면 보통 궁합이 좋지 않다. 같은 양끼리 만나면 시끄러운 싸움이 잦고, 같은 음끼리면 서로 말을 하지 않는다. 이런 것이 심해지면 심장, 간장, 위장이 다 상해버린다. 즉 속이 모두 썩어버리는 것이다.

 지금 천간 오행을 설명한 것은 대개 태어난 날, 즉 일주(日柱)를 중심으로 한 것이다. 일주는 자기 자신이니까 가장 중요하다. 그리고 천간(天干)은 하늘에만 쓰고 또 열 자니까 십간(十干)이라고 한다. 그래서 이것은 위에만 쓰게 된다. 열두 가지 띠를 또 한 번 짚어보면 음양오행으로 분리된다.

지지(地支)의 열두 가지 특징

▶ 오행(五行)·십간(十干)·십이지(十二支)·방위(方位)·사계(四季)의 관계

五行	十干	十二支	方位	四季	十二支의 陰陽
木	甲十 乙一	寅十 卯一	東	春	子十 丑一 寅十 卯一 辰十 巳一 午十 未一 申十 酉一 戌十 亥一
火	丙十 丁一	巳十 午一	南	夏	
土	戊十 己一	丑一 辰十 未一 戌十	四偶	土用	
金	庚十 辛一	申十 酉一	西	秋	
水	壬十 癸一	亥十 子一	北	冬	

'하늘을 머리에 이고 산다.'
이것이 천인지(天人地) 사상이다. 우리는 하늘을 보면 날이 개

었는지 비가 오는지 눈이 오는지 바로 알 수 있다. 그러나 우리가 딛고 있는 땅은 파 보지 않으면 모른다. 그래서 천간의 10자, '갑을병정무기경신임계'는 글자 그대로 나타나는 대로이다. 그러나 지지의 12자에는 땅 속에 묻혀 있는 것처럼 숨겨진 뜻이 들어 있다. 그래서 이것을 '암장(暗藏)'이라고 한다.

즉 땅에 해당하는 지지의 글자 속에는 하늘의 기운이 담겨져 있는데 이를 캐내는 것이 곧 암장을 배우는 것이다.

남자는 거짓말을 하면 곧바로 얼굴에 나타난다. 다 드러나 있는 하늘이기 때문이다. 그러나 땅에 해당하는 여자들은 거짓말 하려고 마음만 먹으면 눈썹 하나 움직이지 않는다. 하지만 아무리 그렇다 하더라도 상대방의 마음속을 읽는다면 속지 않는다. 이제부터 여자의 마음을 한 번 캐보겠다. 즉 암장에 대해 알아보겠다.

12지지는 자(子)에서부터 시작된다. 자는 양(陽)이고 +이다. 그 다음 축은 음(陰)이고 -이다. 이렇게 양음, 양음의 순서대로 12지지는 계속된다. 그런데 지지 속에 숨겨져 있는 하늘의 글자를 알고 보면 그것이 그렇게 단순한 것이 아님을 알 수 있을 것이다. 즉 자(子) 속에는 계수(癸水)가 숨어 있다. 계수는 이슬비를 가리키는 것으로 물을 의미한다.

자는 +물인데, 그 속에 계수가 숨어 있다. 그런데 이 계수는 -이다.

인(寅)은 갑(甲)과 같은 것으로 여기에는 +인 갑목이 숨어 있다. 또 +인 병화, 불이 숨겨져 있다. 묘(卯)에는 을이 있다. 묘는 -이고 을목은 초목이며 약한 나무이다. 을도 -이다. 진은 +

토인데, 무을계가 있다. 무는 산이고 을은 초목이며 계수는 이슬비이다.

그러나 진(辰)은 토이다. 이 진과 같은 토의 오행을 보면 무토이고 +이다. 이 무토는 진토와 같은 +이다. 여기에서 음양의 대표자는 바로 무토, 그리고 사(巳)는 불로서 - 불이다. 이 사에는 병, 무, 경이 숨어 있다. 여기서 같은 불인 병화는 +이다. 오는 원래 + 불이었다. 불 중에는 + 불이 있고 - 불이 있다. 즉 +에 해당하는 양은 큰 불, 즉 태양을 가리키고 - 불은 촛불이나 별빛이나 반딧불을 가리킨다.

오(午)에는 정과 기가 들어 있는데, 정화는 곧 - 촛불이다. 그리고 미(未)에는 정을기라는 세 가지 천간이 들어 있다. 미는 원래 -이고 토이므로 여기 세 가지가 다 -이다. 신에는 경과 임이 들어 있다. 그래서 이 신은 모두 +이다. 유는 - 금이다. 술은 + 토인데, 여기에 정과 신과 무가 있다. 술은 원래 오행이 토이므로 같이 있는 무토는 +이다.

마지막으로 해는 - 수인데 임과 갑이 들어 있다. 임은 + 수로 바닷물이다. 따라서 이것은 + 수이다. 여기서 음양이 바뀐 것은 자 +에서 - 로, 사가 - 불에서 병화가 있기 때문에 + 불로 바뀌었다. 오가 + 불이었는데 정화가 불이기 때문에 - 불로 바뀌었다. 또 해가 - 물, 즉 이슬비였는데 암장에 바닷물이 들어 있어 + 수로 바뀌었다.

결과적으로 바뀐 것은 4개인데 모두 수와 화이다. 이는 반드시 기억해야 한다. 쉽게 외우는 방법으로, 자계는 자개를, 축기신계는 우리나라 축구팀이 올림픽 본선에 진출했다, 그래서 축구에는 귀신이다. 그리고 다음의 인갑병은, 묘을의 묘는 천간의 을과 같다. 그래서 외우기가 쉽다. 진무을계는 빨리 하면 짓뭉개가 된다. 사병무경은 그냥 외어야 한다. 오정기는 오가 불이므로 전깃불을 연상하면서 '오정기'하면 쉽다. 미정을기는 오(午)지지에서 을자만 집어넣으면 된다.

다음의 신경임, 이것은 여자 이름으로 생각하면 된다. 애인이나 동창쯤으로 생각하라. 유신은 유신 헌법도 있었고, 아무튼 유신 때문에 말이 많았다. 술정신무는 술 먹으면 정신이 없다라고 외운다. 무자를 없을 무자로 생각하자.

다음의 해인갑은 반드시 외워야 한다. 육친에서 꼭 필요하다. 자계, 축기신계, 인갑병, 묘을, 진무을계, 사병무경, 오정기, 미경을기, 신경임, 유신, 술정신무, 해인갑을 꼭 외워야 한다.

지지	子	丑	寅	卯	辰	巳	午	未	申	酉	戌	亥
암장	癸	己辛癸	甲丙	乙	戊乙癸	丙戊庚	丁己	丁乙己	庚壬	辛	丁辛戊	壬甲

여기서 수와 화가 두 개씩 있는데 이것의 음양이 바뀌었다. 수에 있는 오행은 자와 해가 있다. 수에는 원래 +가 자이고, -가 해였는데, 이것이 즉 암장에 의해서 해는 +로 자는 -로 바뀌었다. 이제부터 이것은 바꿔서 생각해야 한다. 아들 이름을 지었는데 나빠서 좋은 이름으로 바꾸었다고 생각하면 된다. 화에도 사와 오가 있는데, 사는 원래 -이고 오는 +이다. 그런데 암장의 사에는 병화가 있으므로 +로 변하고, 오화는 정화가 있기 때문

에 −로 변했다는 사실을 염두에 두어야 한다.

갑과 같은 글자가 지지에서는 인(寅)이다. 따라서 앞으로는 사주팔자를 뽑아놓고 인자가 나왔을 때 이것을 호랑이띠이지만 해석할 때는 갑과 같은 나무로 봐야 한다. 오행으로는 목이라는 말이다. 목화토금수는 오행이므로 갑과 음양오행이 같은 것이라고 한다. 그래서 인(寅)은 갑(甲) 같은 양목이라고 알아야 한다.

을과 같은 글자는 묘(卯)인데 묘는 토끼띠를 말하지만 한 단계 높여 보면 토끼라는 글자는 을목(乙木)과 같은 음목(陰木)이다. 음에 속하는 목이 풀과 같은 것이다. 이렇듯이 한 단계 높여 생각해 보면 을과 같은 것도 묘이다.

병(丙)과 같은 글자가 지지(地支)에 있다. 열두 가지 지지를 손가락에서 보면 우선 자(子)에서부터 시작된다. 갑(甲)이 양(陽)으로부터 시작하듯이 자(子)도 양이 된다. 축(丑)이 음, 인(寅)이 양, 묘(卯)가 음, 진(辰)이 양, 사(巳)가 음, 오(午)가 양 그래서 오가 되는 것이다.

그러니까 열두 가지 지지도 처음이 양이고 두 번째부터 음양, 음양 이런 순서로 나간다. 그런데 이것이 암장에 의해서 바뀌어지니까 사(巳)도 맞고 오(午)도 맞는 것이다. 무(戊)와 같은 지지의 글자는 진(辰)과 술(戌)이다. 이것이 바로 양토(陽土)이다.

기(己) 즉, 논밭(전답)토 같은 것은 축(丑)과 미(未)가 된다. 경(庚)은 큰 쇳덩어리라고 했는데 경과 같은 글자는 신(申)이라는 글자가 되고, 신(辛)과 같은 글자는 유(酉)라는 글자가 되는 것이다. 또 임(壬)도 마찬가지로 자(子)가 되고 계(癸)는 해(亥)가 된다.

간여지동(干如支同) 즉, 위와 아래가 같은 것이다. 그래서 열두 개는 지지에 해당하고, 열두 개이기 때문에 십이지(十二支)라고 한다. 이것을 갑인(甲寅), 을묘(乙卯), 병오(丙午), 정사(丁巳), 무진술(戊辰戌), 기축미(己丑未), 경신(庚申), 신유(辛酉), 임자(壬子), 계해(癸亥)라고 한다.

사주를 뽑아 놓았을 때 위에 있는 것은 천간(天干)이라 했고, 밑에 있는 것은 지지(地支)라 했다. 그래서 천간은 위에만 쓰고, 지지는 밑에만 쓰자고 정한 것이다. 그래서 천간(天干)을 간단히 말해서 간(干)이라 하고, 지지(地支)는 지(支)라고 하는데 줄여서 간지라고 한다. 그 때문에 간과 지가 같다라는 말이 된다.

예를 들어 신미년(辛未年)의 입하(立夏)가 지난 사월에, 당일 일진이 경진(庚辰)인 날의 신시(申時)에 태어난 사람이 있다고 하자, 그러면 이때 태어난 사람의 사주팔자는 신미년(辛未年), 계사월(癸巳月), 경진일(庚辰日), 갑신시(甲申時)가 된다. 그래서 이것이 천간 글자와 지지 글자가 합쳐져서 하나의 기둥을 이뤘다고 하면 이것을 기둥 주(柱) 자를 써서 연주(年柱), 월주(月柱), 일주(日柱), 시주(時柱)가 된다.

기둥이 네 개이므로 사주(四柱), 그리고 글자는 여덟 자이므로 팔자(八字)이다. 그래서 사주팔자(四柱八字)가 되는 것이다.

기왕이면 좋은 집안에서 태어나거나 얼굴 잘나고 머리가 좋은 것도 중요하지만 그보다는 사주팔자를 잘 타고 나야 한다.

천간(天干) 열 자에는 상충(相沖)이 있고 지지(地支)에도 상충이 있다. 갑(甲), 을(乙), 병(丙), 정(丁), 무(戊), 기(己), 경(庚), 신(辛), 임(壬), 계(癸)에도 합충이 있다. 차례대로 세어 나갈 때 여섯 번째 자끼리는 합이 된다. 상충, 상합이 있는데 여섯 번째 자 하고 합해지고, 일곱 번째 만난 자 하고는 충해 버린다. 그래서 여섯 번째 자 하고 합한다고 해서 육합(六合)이라고 하고, 일곱 번째 자 하고 충한다고 해서 칠충(七沖)이라고 한다.

그래서 사람은 누구나 정신세계, 마음의 세계, 건강상태가 칠 일이나 육 일마다 합(合)해지고 충(沖)해지는 성질이 있다. 여기서 합해진다고 하는 것은 아주 무기력해져 버린다는 말이다. 악수할 때 손을 합하면 손을 움직일 수가 없기 때문에 무기력해진다. 가만히 있고 싶어 하며 편한 일만 좋아진다.

여자에게 합이 들어오는 해, 달, 날에는 남자가 생긴다. 결혼 적령기에는 운이 좋은 여자는 시집을 잘 가지 않는다고 한다. 왜냐하면 자기의 생활에 만족을 하기 때문에 굳이 결혼의 필요성을 느끼지 못한다는 것이다.

직장생활이 지긋지긋하고 집에 들어가는 것도 싫고 그냥 하는 일마다 막히면 결혼을 하게 되는 경우가 많다. 어떻게 보면 여자에게 결혼이란 일종의 도피라고도 볼 수 있다. 달리 말한다면 일종의 탈출구가 결혼인 것이다. 어떤 남자를 만나느냐에 따라서 여자의 인생이 달라지는 경우도 있다.

옛날부터 술집에 가면 기생팔자 30분 전이라는 말이 있다. 출근 전까지는 미장원 갈 돈도 없고 교통비도 없다가도 손님 하나만 제대로 만나게 되면 심지어 아파트까지 생기는 경우도 있다. 그 손님을 만나기 전과 후의 팔자가 달라진다는 얘기다. 그렇기 때문에 나쁜 주기에 왔을 때 결혼할 가능성이 많아진다.

운이 나쁠 때 좋은 사람을 만나서 운이 좋아지는 것을 상충이라고 한다. 상충이라는 것은 아주 좋은 것이다. 이를테면 환경의 혁신적인 변화 같은 것이다.

연월일시(年月日時)에는 각각 지지(地支)가 하나씩 있다. 그래서 사주팔자에 연(年)은 조상에 해당된다. 그리고 월(月)은 역마살(驛馬煞)이기 때문에 부모운이라고 했다.

돌아다니길 좋아하고 개방적인 부모 밑에서 자란 아이들은 부모를 그대로 담아 다니길 좋아하고 개방적이다. 이렇게 이해하면 역마살 바로 다음 자가 도화살(桃花煞)이다. '복숭아 도(桃)'자, '꽃 화(花)' 자, 아주 개방적인 멋쟁이고 낭만적인 성격을 가지고 있는 사람이 이에 해당된다.

옛날에는 바람기가 있다 하여 꺼렸지만 요즈음의 의식으로는 아주 좋은 살이라고도 할 수 있다. 토끼띠가 도화살이다. 다음은 말띠이며 닭띠, 쥐띠도 도화살이다. 도화살이 있는 사람은 어느 분야에 가든지 인기를 얻게 된다. 배우나 탤런트, 목사나 스님 같은 분들 그리고 교육자들 역시 도화살이 없으면 인기가 없다. 그러니까 팔자에 도화살이 있어야 된다. 연예인이 도화살이 없으면 톱스타가 되기 어렵다.

그러나 도화살이 너무 많으면 기가 약해진다. 도화 기능은 하나가 있을 때 세고 두 개가 있으면 조금 약해지며 세 개가 있으면 더욱 약해지고 네 개가 있으면 있으나마나한 것이 되어 버린다.

기(氣)라고 하는 것은 너무 많다고 해서 좋은 것이 아니다. 도화살이 있는 사람은 이성(異性)에게 인기가 있다. 얼굴이 잘생겼다고 해서 이성에게 인기가 있는 것이 아니다. 인물이 뒷받침을 못하더라도 도화살만 있으면 이성에게 인기가 있다. 그러니까 미녀, 미남하고 사는 것도 팔자에 타고난 것이다.

어떤 남자는 인물이 좋지 않은데 상대 여자는 기가 막힌 미인이 될 수도 있다. 그것은 인물이 좋은 사람이 상대를 고를 때 외모는 별로 안중에 두지 않는 심리 상태 때문이다. 그러나 이와는 반대로 외모가 조금 떨어지는 사람이 외모를 꼭 염두에 두고 상대를 고르면 원하는 바대로 얻게 된다. 이와 같이 사람의 운명이란 생각하고 기를 쓰는 대로 가게 된다.

바둑으로 세상을 제패한 이창호 역시 바둑에다가 기를 쓰니까 젊은 나이에 스승을 꺾을 수 있었던 것이다. 기는 쓰는 대로 가는 것이다. 운명도 마찬가지이다.

예를 들어 역학 분야를 공부한다고 할 때 역학 분야의 대가가 되겠다고 기를 쓰고 하는 사람과, 수양 삼아 재미로 듣는 사람과 결과가 같을 수가 없다. 그래서 동양철학을 한마디로 말할 때 기(氣)라고 하는 것이다.

세 번째는 화개(華蓋)이다. 이것이 있으면 신앙심이 많이 필요하다. 용띠, 양띠, 개띠, 소띠는 좀 극단적인 경향이 있다. 무슨 일을 하다 보면 극단적으로 반항할 속성이 있다.

이를테면 부부싸움을 하다가 마음에 맞지 않으면 헤어지거나, 상대를 고소하는 일이 생기거나 하는 것은 화개가 세기 때문이다. 이런 사람들은 성격이 딱 부러지고 감정 또한 풍부하다 보니 신앙생활이 필요하다.

진술축미(辰戌丑未)가 쫙 깔리면 영웅호걸이라고 한다. 팔자에 역마살만 네 개가 있는 사람은 인신사해(寅申巳亥)가 있는 것인데, 예를 들면 박정희 대통령 같은 사람이다. 진술축미(辰戌丑未)만 있는 사람은 대단한 사람이다. 그러니까 월주(月柱)는 주로 직업을 보는데 월지(月支)에 인신사해(寅申巳亥) 역마살이 있으면 운수업을 한다든지, 여행업을 한다든지, 무역업 등 바쁘게 돌아다니는 일을 하는 것이 좋다.

진술축미(辰戌丑未)가 있으면 영웅호걸, 정치가, 사업가, 법조인, 의사 등의 직업으로 좋다.

다음으로 도화살만 네 개가 있는 사람이 있다. 도화살은 자오묘유(子午卯酉)에 있다. 자오묘유(子午卯酉)가 있으면 유흥업, 호텔업, 연예인, 아나운서, 디자이너, 미용업, 의상실 등 화려한 일들이 좋다. 배우자나 자기 자신의 문제를 볼 때는 일주(日柱)를 본다. 일주를 보면 자기 자신이 좋아하는 타입까지 다 나와 있다.

사주팔자를 보면 자기가 좋아하는 타입이 나와 있는데 인간적인 타입을 좋아하는 사람이 있는가 하면, 육감적이고 감각적이며 야성적인 타입을 좋아하는 사람도 있다. 이 모든 것은 다 팔자에 나타나 있다. 보통의 사람은 자신의 팔자에 나와 있는 대로의 인생을 살아간다. 내 남편이나, 내 아내가 좋아 보이고 멋있어 보이는 것은 내 선택에 의한 것이다.

말하자면 스스로 선택한 것이다 보니 자신의 팔자가 되는 것이다. 그리고 보이지 않는 영(靈)의 세계가 있다.

참으로 묘한 것이다. 혼인도 연분이 있어야 되는 것인데, 보이지 않는 우주의 섭리라고도 할 수 있다. 부처님의 섭리가 있듯이 세상일에는 섭리가 있게 마련이다.

다음으로 시주(時柱)는 자손을 보는 것이다. 그래서 연주는 조상 관계, 월주는 부모 관계, 일주와 시주에는 가족 사항이 나타나 있다. 팔자는 기기묘묘하고 불가사의한 것이다. 그래서 '인명(人命)은 재천(在天)'이라고 하는 것이다.

교통사고가 나서 죽는 것도 다 순간이다. 사고가 날 때 보면 사람의 의지와는 상관없이 정신이 어떻게 깜빡 도는 것처럼 된다고 한다. 가끔 이런 경우를 느끼는 때가 있을 것이다. 사람의 명이 순간적으로 떠나면서 안 보이게 되는데 항상 기가 돌아가기 때문이다. 기가 돌 때 무작정 도는 것이 아니라, 도수(度數)가 있어야 한다.

봄이 되어 따뜻해지고 새벽이 돋을 때 처녀의 가슴에 바람이 든다는 말이 있다. 왜냐하면 얼어붙은 신장이 따뜻해지면서 온몸에 혈액순환이 되기 때문이다. 남자의 심장은 열이 많은데 가을이 되면 열이 식기 때문에, 남자는 가을이 되면 기운이 뻗친다. 이 모든 것이 일 년은 열두 달이고 사계절이 있으며, 열두 시간마다 하루가 바뀌는 주기적인 이치와 관계있다. 이 도수가 바로 십이지이다.

오행의 성질과 소속

    오행에는 서로 생하는 원리와 서로 극하는 원리가 있다. 이것을 상생(相生)과 상극(相剋)이라고 하는데, 오행의 이 원리만 알면 사실 웬만한 역학 이론에는 훤하게 된다.

    목화토금수(木火土金水) 다섯 자 속에 세상 이치가 다 들어 있는 것이다. 사실 이 오행의 관계는 자연에서도 엄연히 볼 수 있는 적자생존 내지 약육강식의 논리와 흡사하다. 먹이사슬과 같은 이론이다. 다만 신기한 것은 결국 최강자도 없고 최약자도 없다는 것이 참으로 놀라울 뿐이다. 앞으로는 금이라고 해서 단순히 쇳덩어리요, 또는 수를 그냥 물이요 하고 대답하면 안 된다.

    목화토금수라는 것은 하나의 상징에 지나지 않는 말들이다. 오행의 원리만 잘 터득하면 사주 공부를 절반은 끝낸 셈이므로 오행의 본성과 기능을 잘 익혀야 한다. 다음 표를 보고 우선 오행이 각자 어떤 성격을 지닌 것인가 살펴보자.

(점선은 상생을, 실선은 상극을 뜻한다)

▶ 오행의 본성(本性)과 기능(機能)표

五行	系統	五臟	六腑	五味	五官	五液	五臭	五志	五主	五方	五時	五色	五變	五常	六氣	天干		地支	
木	신경분비	간장 肝	담 膽	신맛 酸	눈 目	눈물 淚	누린내	성냄 怒	힘줄 筋	동쪽 東	봄 春	푸름 青	태어남 生	인자 仁	바람 風	甲 乙	膽 肝	寅 卯	비 肢 目手
火	순환	심장 心	소장小腸 명문命門	쓴맛 苦	혀 舌	땀 汗	탄내 焦	기쁨 喜	맥박 脈	남쪽 南	여름 夏	붉을 赤	자라고 長	예절 禮	불火더위暑	丙 丁	小腸三焦 心	午 巳	齒腹 目心
土	소화	비장 脾	위 胃	단맛 甘	입 口	군침 涎	향내 香	생각 思	설 肌肉	중앙 中央	계절 季	노랑 黃	변하고 化	믿음 信	축축할 溫	戊 己	胃 脾	辰戌 丑未	背肛 脾臟
金	호흡	폐장	대장 大腸	매운맛 辛	코 鼻	콧물체	비린내 腥	근심 憂	피부털 皮毛	서쪽 西	가을 秋	하양 白	거두고 收	의리 義	마름 燥	庚 辛	大腸	申 酉	咳伎
水	생식배설	신장 腎	방광 膀胱	짠맛	귀 耳	가래 唾	썩은내 腐	놀램 恐驚	뼈 骨	북쪽 北	겨울 冬	검음 黑	담고 藏	지혜 智	추위 寒	壬 癸	膀胱 腎	子 亥	疝氣 頭淋

▶ 오행의 상생과 상극표

```
    목극토(木剋土, 木이 土를 극한다)
    토극수(土剋水, 土가 水를 극한다)
    수극화(水剋火, 水가 火를 극한다)
    화극금(火剋金, 火가 金을 극한다)
    금극목(金剋木, 金이 木을 극한다)
```

> 목생화(木生火, 木이 火를 생한다)
> 화생토(火生土, 火가 土를 생한다)
> 토생금(土生金, 土가 金을 생한다)
> 금생수(金生水, 金이 水를 생한다)
> 수생목(水生木, 水가 木을 생한다)

앞의 표는 오행의 본성과 기능표, 그리고 오행의 상생과 상극표이다. 여기서 오행이라는 것은 목화토금수를 말한다. '목화토금수'라는 순서는 상생의 순서이다. 목생화, 화생토, 토생금, 금생수, 수생목이다. 목, 즉 나무를 자기 자신이라고 보면 나는 어머니인 물을 먹고 자라며, 뒤에 불이라는 자식을 낳는다.

상생의 의미는 두 가지인데,

첫째 내가 부모에 의해서 이 세상에 태어났으므로 나도 자식을 낳아 다음 인류의 역사를 잇게 한다는 것과, 둘째 내가 부모로부터 받은 것만큼의 도움을 남에게 베풀어야 한다는 것이다.

받기만 하고 베풀지 않으면 구두쇠이다. 또 받지도 못하면서 주기만 하면 거지가 된다. 가장 좋은 것은 받은 만큼 주는 것이다. 이것이 상생의 원리이다.

다음에는 상극이 있다. 이 세상에 상생만 있다면 전쟁이 없다. 그런데 상극(相剋)이 있다. 악한 마음이 있는 것이다.

내가 남을 극하고, 또 남이 나를 극한다. 나무는 흙 속에 뿌리를 내리고 흙 속에 있는 영양분을 빨아먹고 자란다. 그리고 점차 뿌리가 굵어져 흙을 깊숙이 파헤치고 들어간다. 흙의 입장에서 보면 나무는 자기의 모든 영양분을 빨아먹고, 그것도 모자라서 뿌리로 자신을 괴롭힌다. 그러므로 논이나 밭에 1년 농사를 짓고 나면 다음 해에는 쟁기로 흙을 뒤집어서 거름을 주어 죽어 있는 흙을 살려야 한다. 그래야 다시 씨를 뿌릴 수 있다. 계속 심기만 하면 열매가 여물지 못한다. 흙이 죽기 때문이다.

한편 흙은 물을 가두어 놓는다. 즉 흙은 물을 극하는 것이다. 그리고 이 물은 불을 끈다. 그러니까 수는 화를 극한다. 오행 가운데 가장 단단한 쇠붙이는 불한테는 꼼짝 못한다. 불은 쇠를 녹인다. 나무는 흙을 괴롭히지만, 이번에는 쇠붙이로 된 칼이나 도끼나 톱이 나무를 극한다. 이렇게 보면 가장 강한 것도, 약한 것도 없다.

다시 말해 남을 무시할 수 없는 것이다. 세상의 원리는 내가 남보다 우세하지도 않고 그렇다고 남보다 열등하지도 않다. 모두 다 평등하다.

여기서 보면 토는 수를 극하지만 수가 또 많으면 토가 당한다. 수해가 일어나면 그 물이 한꺼번에 불어서 둑이 무너져 버린다. 둑은 물을 가두어 놓는데 반대로 당해버린 것이다. 사주팔자도 마찬가지이다.

나무가 토를 극하지만 토가 많을 때는 반대로 나무가 다친다. 사람 사는 원리도 여기에서 나온다. 남을 무시할 권리도, 남에게 무시당할 일도 없다. 모두가 다 평등하다. 독재의 권력은 국민을 탄압할 수도 있겠지만 국민의 여론에 의해 무너지기도 하는 것이다.

따라서 수생목이지만 수가 많으면 나무는 떠내려간다. 목생화이지만 목이 많고 화가 약하면 불은 소용이 없다. 화생토이지만 화가 너무 많으면 토를 생해주기는커녕 불덩이가 되고 만다.

토생금이지만 토가 너무 많으면 금은 흙 속에 묻혀버린다. 금생수이지만 금이 너무 많으면 수를 제대로 생존하지 못한다는 오행 상생의 이치는 오행을 분석하는 데 중요한 의미가 있다.

천간(天干)의 상합(合)과 상충(沖)

갑(甲)에서 계(癸)까지 천간(天干)의 열 자와, 자(子)에서 해(亥)까지 지지(地支)의 열두 글자가 한글의 홀소리와 닿소리가 각각 분리되어 있는 것과 같은 이치로 나뉘어 있다. 이처럼 역학도 나름의 글자를 부호로 해서 거기에다 각종 공식을 만들어 푸는 학문이다.

그래서 사주팔자를 뽑고 또 여러 가지 공식을 배우다 보면 팔자를 볼 수 있게 되는 것이다. 그런데 이 역학도 흘러간다. 물처럼 흐르는데 바로 계절에 따라 흐른다. 그래서 절기를 아는 것 또한 대단히 중요한 과제다. 왜냐하면 절기에 따라서 계절이 흐르기 때문이다. 그런데 이 절기를 안다는 것이 그리 쉽지 않다. 오죽하면 철난다는 말이 있었겠는가?

역학에는 계절을 기준으로 한 24절기가 있다. 우선은 12절기만 이해하면 된다. 사주팔자를 뽑을 때는 12절기만으로도 가능하다. 입춘(立春), 경칩(驚蟄), 청명(淸明), 입하(立夏), 망종(芒種),

소서(小暑), 입추(立秋), 백로(白露), 한로(寒露), 입동(立冬), 대설(大雪), 소한(小寒)의 12절기로 되어 있다.

　가장 처음 오는 입춘은 설 립(立) 자 봄 춘(春) 자, 즉 봄이 되었다는 뜻이다. 이것이 역학에서는 설날이다. 역학에서는 입춘이 바로 설날인 것이다. 일반 가정에서 입춘대길(立春大吉)이라고 써 놓은 춘첩을 보게 되는 일이 종종 있는데, 이는 해가 바뀌었으니까 새해에는 좋은 일만 생기기를 바란다는 뜻이다.

　그래서 이제는 양력음력 다 무시하고 절기로써 달이 결정되고 해가 바뀐다는 것을 염두에 두어야 한다. 그렇게 하면 입춘이 설날이다. 그래서 봄이 시작되는 입춘으로부터 3개월간이 봄이고, 여름은 입하, 가을은 입추, 겨울은 입동으로부터 각각 계절이 시작되는 것이다. 그러니까 역학의 계절은 음력도 아니고 그레고리오의 양력도 아니다. 굳이 말하자면 절기력이요, 사주력이다.

　그동안은 음력과 양력과 절기를 섞어서 겨우겨우 간지를 잡았는데 최근에 알기 쉬운 만세력이라는 책이 나와서 아주 찾아보기가 쉽게 되었다. 입춘이 봄을 열어 석 달 가고, 입하가 여름을 열어 석 달 가고, 입추가 가을을 열어 석 달을 가고, 입동이 겨울을 열어 석 달 간다. 그래서 일 년은 열두 달인데 3개월씩 춘하추동(春夏秋冬)이 되는 것이다. 이런 이유 때문에 음력이나 양력은 소용이 없고 입춘이 지나야 1월이 되고, 입춘이 지나야 해가 바뀐다.

　이 열두 가지는 처음 세 글자를 한 단어로 외운다. 입경청(立驚清), 입망소(立亡小), 입백한(立白寒), 입대소(立大小)의 첫 글자는 전부 입자가 들어 있다. 따라서 처음 것을 봄으로 생각하고 나머지 세 개를 외운 뒤 다음 입자는 여름이라는 식으로 나머지까지 외우게 되면 불과 네 단어로 일 년을 외우게 된다. 그리고 입춘이 지나면서 바로 일월이 된다.

음력 양력에 관계없이 경칩 전까지는 1월이 된다. 이 사이에 태어난 사람은 1월생이다. 그러니까 양력 음력 관계없이 무조건 절기를 기준으로 해야 한다. 그래서 입춘과 경칩 사이에 태어난 사람은 1월생이 되면서 우리 역학 용어로 인월(寅月)이 되는 것이다.

역학에서는 모든 해와 달이 절기에 의해서 결정이 되기 때문에 이 열두 가지를 꼭 외워야 된다. 또 경칩이 지나서 청명까지가 2월이고 역학 용어로 묘월(卯月)이다. 다음으로 청명이 지나서 입하까지가 3월이며 역학 용어로는 진월(辰月)이다. 그래서 봄이 끝나고 입하가 되면서 여름이 시작되는 것인데, 이것이 바로 사월(巳月)로 4월과 오월(午月)은 발음이 똑같다.

다음은 미(未)로 이는 유월인데 소서에서 입추까지에 해당된다. 그렇게 해서 입춘에서 입하까지가 봄, 입하에서 입추까지가 여름, 입추에서 입동 전까지가 가을, 그리고 입동에서 입춘까지의 3개월이 겨울이다.

12지지에서 오행을 배웠는데 인(寅)과 묘(卯)는 목(木)이고 진(辰)은 토(土)이다. 여기서 1월과 2월에 해당되는 것이 목인데 봄은 목(木), 즉 나무가 왕성한 계절이다. 그런데 3월에 토(土)가 들어 있고, 사월과 오월은 불이 붙기 때문에 화(火)가 왕성한 계절, 즉 불이 왕한 계절인데 여기서 미(未)가 또 토(土)가 되어 있다. 그리고 신유(申酉)는 금으로 가을은 금이 왕성한 계절인데 술

천간(天干)의 상합(合)과 상충(沖) 247

(戌)이 토(土)가 되어 있다. 때문에 천간(天干)의 열 자는 목화토 금수 오행의 두 글자씩 되어 있는 것이다.

갑을(甲乙)이 목(木)이고, 병정(丙丁)이 화(火)이며, 무기(戊己)가 토(土), 경신(庚辛)이 금(金), 임계(壬癸)가 수(水)이다. 그래서 진술축미(辰戌丑未) 네 개가 토가 된다.

이것이 각 계절의 끝에 있기 때문에 입춘이 되면서 봄이 되고, 1월·2월, 즉 인묘(寅卯)가 지난 3월인 진(辰)이 계절을 여름으로 바꾸어 주는 역할을 한다. 그래서 3, 6, 9, 12월은 즉 진미술축(辰未戌丑)은 다 토(土)이므로 이때를 환절기(換節期)라고 한다.

여기에 해당하는 띠는 계절이 바뀔 때 감기에 많이 걸리기 때문에 주의해야 한다.

만세력을 보면 양력이든 음력이든 자기가 태어난 날만 알면 그 날짜를 찾는 것은 쉬운 일이다. 단 날짜를 찾아서 어느 절기 사이에 태어났는지를 찾아야 한다. 그리고 분명히 입춘을 지나서 태어났는가, 지나지 않아서 태어났는가를 알아야 해가 바뀌게 되는지 아닌지를 알 수 있다. 그리고 이 사이에서 태어나면 자기가 '무슨 월 생이다'를 알면 십이지지가 결정이 된다. 단 절기가 들어오는 시간이 따로 있다.

그러나 앞서 말했듯이 시중에 절기력, 즉 사주력을 정확히 표기한 『알기쉬운 만세력』이 나와서 이제는 그런 수고는 털어도 되게 되었다. 하루의 분기점은 밤 열두 시이다. 열두 시가 넘었느냐 넘지 않았느냐에 따라서 날짜가 결정이 되고, 또 양력으로 하면 그 달 말일 밤 열두 시가 지나면 다음 달로 넘어가게 되는 것이다.

그런데 여기서는 절기를 기점으로 달이 바뀌기 때문에, 절기가 들어오는 시간이 있다(참고로 261페이지에 2011년의 만세력을 수록하였다).

예를 들어서 입춘(立春) 묘시(卯時) 초(初), 이렇게 나올 수가 있다. 즉 입춘이 묘시초에 들어온다는 뜻으로 만세력에 쓰여 있다. 그러니까 이것이 바로 해가 바뀌고 달이 바뀌는 기준이 되는 것이다. 그래서 입춘의 묘시초 하면 새벽 다섯 시에서 일곱 시 전에다 32분을 뺀 시간이다. 다섯 시에 바뀌면 초(初)가 되고, 다섯 시와 일곱 시의 중간인 여섯 시에 바뀌면 중(中)이 된다. 이 시간에 입춘이 들어온다.

예를 들어 말띠 다섯 시가 기점이 되어 있다고 할 때 이 시간 이전에 태어난 사람은 말띠고 이후에 태어난 사람은 양띠가 된다. 그래서 다섯 시를 기점으로 이전은 말띠 12월생이 되고 다섯 시 이후는 양띠 1월생이 된다. 이것이 바로 일상생활에서 쓰여지는 양력 12월 31일 열두 시인 것이다.

또한 일곱 시에 바뀐다고 할 때 일곱 시에서 아홉 시까지가 진시(辰時)이므로 일곱 시는 진시초(辰時初)가 된다. 여덟 시는 정(丁)이므로 초(初)와 정(丁)만 있게 되는 것이다.

신유술(申酉戌)은 하루로 따지면 저녁에 해당된다. 또 해자축(亥子丑)은 겨울에 해당하는데 하루로 따지견 밤이 된다.

춘하추동(春夏秋冬)을 월 별로 따지면 1-2-3월, 4-5-6월, 7-8-9월, 10-11-12월이 된다. 그 때문에 인묘진(寅卯辰), 음력으로 1, 2, 3월에 해당되는 것은 바로 봄이다. 사오미(巳午未) 4-5-6월은 여름이며, 신유술(申酉戌) 7-8-9월 가을이고, 해자

천간(天干)의 상합(合)과 상충(沖) 249

축(亥子丑)은 10-11-12월이 겨울에 해당이 된다. 그래서 봄에는 녹음이 푸르러지기 시작하고 겨울에는 잎이 얼어붙게 되는 것이다.

따라서 봄은 나무의 계절이며 목왕절(木旺節)이라고 한다.

다음으로 4-5-6월, 아주 더울 때이니까 불이 왕성한 불의 계절이다. 신유술(申酉戌)은 7-8-9월은 금(金)이 왕성한 계절이며 해자축(亥子丑) 10-11-12월은 물이 왕성한 계절이다.

즉 겨울은 물이 왕성한 계절인데 여기에 따라서 방향이 결정된다. 목(木)에 해당되는 방향은 동쪽이다. 이것은 봄이지만 하루로 치면 아침에 해당한다.

아침은 동쪽에서 해가 뜨는 시간이며 여름은 하루로 치면 낮에 해당하고 방향으로 치면 남쪽이 된다. 우리나라도 남쪽이 가장 덥다. 가을은 서쪽이 되고 겨울은 북쪽이 된다. 우리나라 지도를 보더라도 북쪽 지방이 가장 추우며 남쪽 지방은 덥다. 동해안 쪽에 가면 산악지대이기 때문에 나무가 많다. 이것을 하루의 시간대로 따지면 자시(子時)에서 항상 시작이 된다.

하루의 기점은 자정(子正)을 기해서 바뀐다. 그러나 역학에서는 밤 열한 시, 즉 자시(子時)를 기해서 하루가 바뀌며 따라서 그 때가 지나면 다음날이 되는 것이다. 그런데 여기서 주의할 것은 을사조약(1910년) 이래로 우리나라가 일본 동경 시간을 쓰고 있다는 것이다. 일본의 동경과 서울은 거리가 틀리다. 일본 동경에서 해가 뜬 뒤 보통 32~34분이 지나서 한국에도 해가 뜨게 된다. 그러니까 이 시간에서 32분을 빼줘야 하는 것이다.

예를 들어 15시 45분에 어린이가 탄생을 했다고 가정을 하자.

그렇다면 이 시간에서 32분을 빼줘야 한다. 그러면 15시 13분이 되는데 15시 45분이나 15시 13분이나 다 같은 신시(申時)라서 상관은 없지만 이것이 다른 경우에는 문제가 생기는 것이다.

예를 들자면 15시 10분에 태어난 아기는 15시가 안 되기 때문에 미시(未時)가 되어버리게 된다. 따라서 예전에는 태어난 시간을 정확히 기록을 하지 않아서 혼동이 된 경우도 있었지만 요즈음은 병원에서 태어난 시간을 정확히 적어준다. 그러니 그 시간에서 32분을 빼줘야 하는 것이다. 현대의 과학이 뛰어나다는 생각으로 이런 문제들을 소홀히 하고 넘어가서는 절대 안 된다.

일본 동경과 우리의 시간대가 절대 같을 수가 없기 때문이다. 이런 경우는 일본뿐 아니라 서구의 어느 나라라 하더라도 다 같다. 1954년 이승만 박사는 현재 한국에서 쓰고 있는 시간이 일본 시간이란 것을 알았다.

이승만 박사는 일본을 매우 싫어했기 때문에 일본 시간을 한국 시간으로 고치도록 했다. 이것이 1961년 5·16쿠데타까지 우리나라의 시간으로 사용이 되었다. 따라서 이 시간에 태어난 사람은 태어난 시간대를 고치면 안 되는 것이다. 또한 그 중간에 서머타임이 실시된 기간이 있었다.

우선 가까운 예로 1987년과 1988년 올림픽 때에 서머타임이 실시되었는데 이때는 한 시간 32분을 빼줘야 한다. 물론 요즘에는 사주박사라는 프로그램이 나와서 태어날 당시의 시간만 쳐 넣으면 동경시, 절기 절입 시간, 서머타임 등을 살펴 저절로 시를 잡아주는 편리함도 있다.

다음으로 계절에 대해서도 몇 가지 잘 이해해 두어야 할 것들이 있다. 우선 지지육합(地支六合)을 살펴본다면 이것은 자에서부터 모든 것이 시작되므로 자(子)에서 가장 가까운 축(丑)과 합해지게 된다. 그래서 자축합(子丑合)이 된다. 다음으로 인(寅)과 해(亥)가 합이 되는데 자(子)는 쥐띠를 말하는 것이므로 쥐띠와 소띠는 우선 겉궁합에서 합이 되어 있다는 말이다. 그리고 호랑이띠와 돼지띠도 합이 된다.

다음으로 묘(卯)와 술(戌)에 대해서 알아본다. 묘(卯)는 토끼띠고 술(戌)은 개띠인데 이것이 지지(地支)에서 합이 되고 묘술합(卯戌合)이 된다. 또 용띠하고 닭, 진유(辰酉)가 합이 된다. 그 다음 사(巳)와 신(申)이 합이 되고 오(午)와 미(未)가 합이 된다. 그러면 여기서 자축(子丑)과 오미(午未)는 한 살 차이다. 한 살 차이라 하더라도 쥐띠와 소띠, 말띠와 양띠는 잘 맞는다.

띠는 사람의 나이로 풀어 본 것이므로 그것은 접어두고 이제 글자의 오행(五行), 음양오행(陰陽五行)으로 풀어야 된다. 그래서 이 여섯 가지를 지지합(地支合), 또는 지합(支合)이라 한다. 땅 지(地) 자나 가지(지지) 지(支) 자나 같기 때문에 그냥 지합이라고 말하는 것이다. 다음으로는 계절에 대한 기준을 잘 알아야 한다.

연말(年末), 즉 양력으로 12월 31일 밤 12시가 지나면서 해와 달 모든 게 바뀌게 된다. 어떤 기점이나, 규정을 정해놓고 거기에 의거해서 움직인다면 일반 사람들은 그에 따라 움직일 수밖에 없다. 그래서 어떤 학문이든지 지켜야 될 규정이 있는 것인데 역학도 마찬가지이고 수학도 마찬가지이다.

예를 들어 수학에서 하나에 다른 하나를 더하면 둘이 되고, 그것을 기호로 1+1=2 라고 하는 것은 사람들이 정한 공식적인 약속인 것이다. 역학도 마찬가지로 신묘년(申卯年, 2011)이다 하면 천간(天干)에 열 자를 만든 뒤 이 건 위에만 쓰는 글자, 천간(天干)이라고 정해 놓은 것이다.

하늘 천(天) 자는 하늘이고 방패 간(干), 하늘 간(干)도 하늘이라는 뜻이다. 즉 이 글자는 갑(甲)에서부터 계(癸)까지는 하늘에만 쓰는 글자로 정해 놓았다.

다음 열두 가지 띠를 정해서 자(子)에서부터 해(亥)까지 열두 개를 만들어서 지지(地支)에만 쓰도록 정해 놓았다. 이런 이유 때문에 갑자(甲子)에서 계해(癸亥)까지 한 바퀴를 다 돌게 되면 위에는 열 개가 되고 밑에는 열두 개이기 때문에 육십이 걸리게 되는 것이다. 이것이 육십 년만에 돌아오니까 회갑(回甲)이 된다. 그래서 만 육십 년이 되면 우리나라로 61세가 되는 이유가 여기에 있는 것이다.

사람은 어머니의 뱃속에서 열 달을 살았기 때문에 거의 일 년을 산 셈이다. 생명이 시작해서 열 달을 살았기 때문에 낳자마자 한 살이 되는 것이기에 이것이 엉뚱한 나이는 아니다. 어머니 뱃속에서 거의 십 개월을 산 것이므로 그때를 한 살로 계산해서 만 육십 년이 되면 61살, 즉 회갑이 되는 것이다.

을(乙)은 병(丙)을 만나고 병(丙)은 신(辛)을 만나서 합해지면 칠 일이 꽉 찬다. 갑경충, 을신충, 병임충, 정계충이 그것이다. 그런데 무(戊)와 기(己) 두 자는 충이 되지 않는다. 무(戊)와 기(己)는 중심이기 때문에 충이 안 되는 것이다.

사람 중에서도 남하고 잘 대립하지 않으려는 성격을 가진 사람도 있다. 이런 사람은 보통사람하고 성향이 조금 달라서 마음

쏨쏨이나 생각하는 것도 틀리다. 어떻게 보면 좀 멍청하다 싶지만 자기 할 일은 묵묵히 하면서 대립, 다툼에는 절대 휘말리지 않으면서 살아가는 것이다. 그게 바로 무(戊)와 기(己)이다. 팔자에 무와 기가 있는 게 아주 좋다.

천간(天干)에 합충(合沖)이 있고 지지(地支)에도 합충(合沖)이 있다. 부부생활에서 본다면 남자는 갑(甲)이고 아내는 경(庚)일 때 갑경충(甲庚沖)이 된다. 그런 경우는 생각하는 사고방식이 달라서 의견 충돌이 많다. 합이 되는 사람과 만나면 생각하는 게 비슷비슷하다. 그래서 궁합 볼 때 합이 되면 좋고, 충이 되면 나쁘다는 것이다.

부부싸움을 할 때 사사건건 남편과 아내의 의견이 다른 사람들이 있다. 그건 충(沖)이어서 그런 것이다. 그런데 알고 보면 충이 되는 사람이 발전성이 있다. 자기하고 비슷한 사람하고 어울리면 큰 발전이 없다. 자꾸 충으로 자극을 줘야만 발전성이 있는 것이다.

그런 의미에서 우리가 살아가는 사회생활 속에서의 인간관계도 마찬가지다. 처음 보는 사람인데 왠지 정이 가고 뜻이 맞는 사람이 있다. 이런 사람은 자기와 어떤 일을 하더라도 의기투합이 잘 돼 목표한 바를 이룰 수 있다. 다만 의도적인 접근이나 무조건적으로 찬성하는 사람은 구별을 해야 할 것이다.

그러나 살다보면 그 구별을 한다는 게 어디 쉬운 일인가? 자기도 모르는 사이에 빠져들고 감언이설에 속아 넘어가질 않는가? 그래서 자기 자신이 먼저 줏대가 서 있어야 하고 끊임없는 자기수양을 통해 옥석(玉石)을 가려내야만 자기 발전을 이룰 수 있는 것이다.

고사성어에 유유상종(類類相從, 같은 부류끼리 오가며 사귐)이란 말이 있다. 자기 자신이 나태하고 진취적인 생각을 갖지 못하거나 도박성이나 사기성을 갖고 있다면 주변에 그런 부류의 사람만 모이는 것이다.

반대로 항상 부지런하고 적극적이며 밝은 마음을 갖고 있으면 상대방의 인간성을 파악할 수 있는 혜안을 갖게 되어 주변의 나쁜 사람을 물리치고 좋은 사람만 모이게 되는 것이다.

좋은 사람들, 즉 자기를 도와주는 사람이 많이 모이는데 되지 않는 일이 있겠는가? 이렇게 좋은 운명의 출발은 자기 자신부터 시작되는 것이다. 또한 서로 충(沖)이 되는 사람이라 할지라도 부정적으로만 봐서는 안 된다. 충이란 부딪힌다는 의미에서 나쁜 의미로 생각되지만 위에서 잠깐 말했듯이 서로 부딪히는 과정에서 상대편을 이해하고 포용할 수 있는 마음가짐이 있다면 합(合)을 가진 사람보다 더욱더 발전할 수 있는 계기가 될 수도 있는 것이다.

무조건적인 'YES맨'보다 'NO'라고 말할 수 있는 인간관계가 혹시 자아도취에 빠져 있을 수도 있는 자기 자신을 뒤돌아볼 수 있게 하는 것이다.

사주 구성하는 방법

 우리는 어머니로부터 세상에 나올 때 사주팔자를 가지고 태어난다. 그 사람이 죽고 난 뒤에도 팔자는 남아 있다. 변함이 없는 것이다. 그래서 사주팔자는 불변이라고 한다. 그렇게 변함이 없는데 왜 사람은 살면서 고생하고, 사업에 실패하고, 이혼도 하고, 성공도 하는 등 변화가 무쌍할까? 그 해답은 다음에 자세히 설명할 것이다.
 10년마다 들어오는 대운(大運)이라고 있다. 가장 적은 운은 시간에서 비롯되는 운이다. 두 시간마다 운이 바뀐다. 그래서 아주 재수 없는 날을 우리는 일진이 사납다고 한다. 하루하루가 모여 월운이 된다. 그리고 열두 달이 합쳐져서 1년이 된다. 1년을 연운 또는 세운(歲運)이라 한다. 이렇게 해서 10년 운이 뭉치게 되는데 이게 제일 크다. 이걸 대운이라고 한다.
 이러한 대운과 세운, 월운, 시운이라는 것이 있기 때문에 우리는 변화를 맛보고 산다. 사주라는 것도 따지고 보면 변화 과정을 미리 알자는 것이다.

그러면 사주팔자 중에서도 가장 중요한 일주(日柱)를 살펴보기로 하자.

일진(日辰)은 일주를 기준으로 해서 본다. 예를 들어 일주가 경술(庚戌)인 사람이 있다고치자, 경술은 괴강 혹은 백호(白虎)이다. 여기에 해당되는 사람의 직업으로는 군인, 정치가들이 많다.

경술이 되는 것은, 경(庚)이 신(申)에서 돌아가고 인(寅)에서도 돌아가기 때문이다. 때와 국운이 맞아서 돌아가야 되는데 포태양생(胞胎養生) 욕대관왕(浴帶冠旺) 쇠병사묘(衰病死墓)를 12운성법이라고 한다. 따라서 12일 속에는 나쁜 주기가 항상 있기 마련이므로 늘 수행하고, 정진하고, 조심하고, 항상 마음을 다스리면서 이 세상을 살아갈 필요가 있다.

이를 보기 위해서는 대운 계산 방법을 먼저 익혀야 하는데 여기서는 그 개념에 대한 것만 이해하도록 한다.

포태양생(胞胎養生)은 시작해서 잘 나가다가 한 번 걸리게 되면 내리막으로 간다. 그러다가 다시 올라가는데 이것을 두고 절초봉생(絶初逢生)이라고 한다. 이는 어려운 처지에 있다가 다시 좋은 것을 만난다는 뜻이다. 그러면 여기서 포(胞)는 절(絶)이라 한다.

항상 이렇게 운명이 변화하는 이치를 터득하고 인생을 설계해야 한다. 이것은 일주 천간을 기준으로 해서 본다. 육십갑자(六十甲子)에는 기가 많이 서려 있다.

갑자(甲子), 을축(乙丑), 병인(丙寅), 정묘(丁卯), 무진(戊辰), 기

사(己巳), 경오(庚午), 신미(辛未), 임신(壬申), 계유(癸酉), 갑술(甲戌), 을해(乙亥), 병자(丙子), 정축(丁丑), 무인(戊寅), 기묘(己卯), 경진(庚辰), 신사(辛巳), 임오(壬午), 계미(癸未), 갑신(甲申), 을유(乙酉), 병술(丙戌), 정해(丁亥), 무자(戊子), 기축(己丑), 경인(庚寅), 신묘(辛卯), 임진(壬辰), 계사(癸巳), 갑오(甲午), 을미(乙未), 병신(丙申), 정유(丁酉), 무술(戊戌), 기해(己亥), 경자(庚子), 신축(辛丑), 임인(壬寅), 계묘(癸卯), 갑진(甲辰), 을사(乙巳), 병오(丙午), 정미(丁未), 무신(戊申), 기유(己酉), 경술(庚戌), 신해(辛亥), 임자(壬子), 계축(癸丑), 갑인(甲寅), 을묘(乙卯), 병진(丙辰), 정사(丁巳), 무오(戊午), 기미(己未), 경신(庚申), 신유(辛酉), 임술(壬戌), 계해 (癸亥).

이제 사주 구성을 다 뽑아 보았다. 여기서 보면 갑과 을은 청룡(靑龍)이라고 하는데 청룡이란 희열지신(喜悅之神)을 의미한다.
일주(日柱)가 갑(甲)이나 을(乙)에 태어난 사람은 낙천주의자가 많으며 놀기를 좋아하고 뻗어 가려고 하는 성향이 강하다. 그건 나무의 속성을 닮았기 때문이다.
병정(丙丁)에 태어난 사람은 주책이라는 말을 주변에서 흔히 듣는데 심장에 열이 많기 때문이다. 그러다 보니 뭔가 발산하고자 하는 욕망이 강하고 표현력이 뛰어나며 발표력이나 문장력이 탁월하다는 평을 듣는다. 그리고 사치스러운 걸 좋아한다. 또 말이 많아 실수도 많으며 소란한 편이다.
병화일(丙火日)에 태어난 여자는 대부분 매우 아름다운 얼굴을 가지고 있다. 피부도 뽀얗고 하얀데 예전에 궁합을 볼 때 이에 해당하는 여자는 얼굴을 따로 볼 것도 없다고까지 했다. 정화(丁

火)가 들어 있는 사람은 연애감정이 풍부하여 스캔들을 잘 일으킨다. 남자인 경우는 비록 성교를 나눈 사람이라 하더라도 얽매이고 싶지 않아하는 성향이 있는 반면에 여자는 성교를 나눈 남자에게 안정을 찾으려는 본능이 있다. 따라서 여기에 해당되는 남자들은 도덕적인 지탄의 대상이 되기도 한다.

다음으로 무(戊)에 해당되는 사람은 무슨 일이든지 태만하며 신경이 둔해 살이 찐다. 남자나 여자나 거구가 많은데 젊어서 날씬한 여자라 하더라도 나이가 들면 뚱뚱해진다.

다음 기(己)는 머리가 좋고 두뇌회전이 빠르다.

경신(庚辛)은 백호대살(白虎大煞)이라고 하는데 대립, 반목, 투쟁이 강한 특징이 있다.

임계(壬癸)는 현무(玄武)라고 하는데 이는 음흉한 경우가 많다. 따라서 일주 하나만 봐도 이런 모든 것이 다 나타나고 '청주구사백'이라고 해서 일주 천간을 봐도 다 나타나 있게 마련이다. 사주로 하나하나씩 풀어 가면 앞으로 더욱 잘 알 수 있게 된다.

지금까지 일주로 보았으니 시주로 넘어간다.

시주(時柱)는 자식 중에서 시간(時干)은 아들 자리, 시지(時地)는 딸 자리로 정한 것이다. 왜냐하면 사람은 천간(天干)에 속하기 때문에, 양이어서 남자를 뜻하고, 지지(地支)는 음에 속하기 때문에 여자를 뜻한다는 것이다. 그래서 자리가 각각 정해져 있다. 시간대 별로 태어나는 사람의 성격이 서로 달라지는데 뒤에서 지지(地支)를 다룰 때 자세히 설명하겠다.

시는 자식 자리라고 했는데 여기서 주인공은 본인이 된다. 사람은 조상에 의해서 뿌리가 만들어지고 부모에 의해서 싹이 트이며 본인은 꽃으로 피어난다. 그래서 자신이 부모님에 의해서 태어났다고 하더라도 가장 중요한 것은 자기 자신이라는 말이다. 그 까닭은 이 세상에 모든 것은 내가 있고서야 비로소 존재하는 것이기 때문이다. 나의 존재를 중요하게 생각하게 되면 따라서 나를 있게 해준 부모님에 대한 효의 본분을 지킬 수 있게 되는 것이다.

　인류 역사는 부모가 자식한테 베풀어 주는 것으로 시작해 그것으로 끝이 난다고 해도 과언은 아니다. 부모는 자식한테 아낌없이, 부담 없이, 조건 없이 다 주는 것이다. 그런데 자식한테 무엇을 바라고 주는 것은 아니다. 그 자식도 자기의 자식한테 그렇게 하는데 그것은 자기의 의무이기 때문이다. 이렇게 해서 인류의 역사는 존재하는 것이다. 그래서 일반적으로 사람들은 자신의 자식한테 충실한 것의 1/10만 부모한테 해도 효도가 되는 것이다.

　절대 부모와 자식에게 하는 것이 같을 수가 없다. 천간은 하늘에 쓰는 글자이고 지지는 땅에 쓰는 글자인데 인간은 자기 자신이 주인공이 되는 것이다. 내가 없다면 이 세상에 아무 것도 존재할 수 없는데 나는 어머니에 의해서 태어났기 때문에 본인 외에 가장 중요한 자리는 어머니 자리가 되는 것이다.

　예를 들어 어머니가 임신했을 때 이것저것 가리지 않고 음식을 잘 먹었을 때는 건강한 아이를 낳을 수 있고, 제대로 먹지 못하고 낳은 경우에는 빈약한 아이를 낳게 된다. 따라서 사람은 어머니의 영향을 가장 많이 받게 되어 있는데 이 때문에 사주팔자에서는 어머니가 중요한 것이다.

사주 구성하는 방법 261

제4장 알기 쉬운 역학입문(易學入門)

2011년 신묘년 · 단기 4344

주요 국경일과 명절

구 분	월일	요일	구 분	월일	요일
신 정	1 1	토	현충일	6 6	월
설 날	2 3	목	제헌절	7 17	일
3·1절	3 1	화	광복절	8 15	월
식목일	4 5	화	추 석	9 12	월
어린이날	5 5	목	개천절	10 3	월
석가탄신일	5 10	화	기독탄신일	12 25	일

음양력 대조일람

음력월	월건	대소	음력 1일의 양력 월일	음력월	월건	대소	음력 1일의 양력 월일
1	경인	대	2 3	7	병신	소	7 31
2	신묘	소	3 5	8	정유	대	8 29
3	임진	대	4 3	9	무술	대	9 27
4	계사	대	5 3	10	기해	소	10 27
5	갑오	소	6 2	11	경자	대	11 25
6	을미	대	7 1	12	신축	소	12 25

월		양력	1 2 3 4 5	6 7 8 9 10	11 12 13 14 15	16 17 18 19 20	21 22 23 24 25	26 27 28 29 30 31
1	요일		토일월화수	목금토일월	화수목금토	일월화수독	금토일월화	수목금토일월
	음력		11/27 28 29 12/1 2	3 4 5 6 7	8 9 10 11 12	13 14 15 16 17	18 19 20 21 22	23 24 25 26 27 28
	일진		병정무기경 진사오미신	신임계갑을 유술해자축	병정무기경 인묘진사오	신임계갑을 미신유술해	병정무기경 자축인묘진	신임계갑을병 사오미신유술
2	요일		화수목금토	일월화수목	금토일월화	수목금토일	월화수목금	토일월
	음력		12/29 30 1/1 2 3	4 5 6 7 8	9 10 11 12 13	14 15 16 17 18	19 20 21 22 23	24 25 26
	일진		정무기경신 해자축인묘	임계갑을병 진사오미신	정무기경신 유술해자축	임계갑을병 인묘진사오	정무기경신 미신유술해	임계갑 자축인
3	요일		화수목금토	일월화수목	금토일월화	수목금토일	월화수목금	토일월화수목
	음력		1/27 28 29 30 2/1	2 3 4 5 6	7 8 9 10 11	12 13 14 15 16	17 18 19 20 21	22 23 24 25 26 27
	일진		을병정무기 묘진사오미	경신임계갑 신유술해자	을병정무기 축인묘진사	경신임계갑 오미신유술	을병정무기 해자축인묘	경신임계갑을 진사오미신유
4	요일		금토일월화	수목금토일	월화수목금	토일월화수	목금토일월	화수목금토
	음력		2/28 29 3/1 2 3	4 5 6 7 8	9 10 11 12 13	14 15 16 17 18	19 20 21 22 23	24 25 26 27 28
	일진		병정무기경 술해자축인	신임계갑을 묘진사오미	병정무기경 신유술해자	신임계갑을 축인묘진사	병정무기경 오미신유술	신임계갑을 해자축인묘
5	요일		일월화수목	금토일월화	수목금토일	월화수독금	토일월화수	목금토일월화
	음력		3/29 30 4/1 2 3	4 5 6 7 8	9 10 11 12 13	14 15 16 17 18	19 20 21 22 23	24 25 26 27 28 29
	일진		병정무기경 진사오미신	신임계갑을 유술해자축	병정무기경 인묘진사오	신임계갑을 미신유술해	병정무기경 자축인묘진	신임계갑을병 사오미신유술
6	요일		수목금토일	월화수목금	토일월화수	목금토일월	화수목금토	일월화수목
	음력		4/30 5/1 2 3 4	5 6 7 8 9	10 11 12 13 14	15 16 17 18 19	20 21 22 23 24	25 26 27 28 29
	일진		정무기경신 해자축인묘	임계갑을병 진사오미신	정무기경신 유술해자축	임계갑을병 인묘진사오	정무기경신 미신유술해	임계갑을병 자축인묘진

24절기와 잡절

명칭	태양황경(도)	한국표준시 월 일	시 분	명칭	태양황경(도)	한국표준시 월 일	시 분	명칭	태양황경(도)	한국표준시 월 일	시 분
소한	285	1 6	1 55	하지	90	6 22	2 16	대설	255	12 7	20 29
대한	300	1 20	19 18	소서	105	7 7	19 42	동지	270	12 22	14 30
입춘	315	2 4	13 33	대서	120	7 23	13 12	한식		4 6	
우수	330	2 19	9 25	입추	135	8 8	5 33	단오		6 6	
경칩	345	3 6	7 30	처서	150	8 23	20 21	초복		7 14	
춘분	0	3 21	8 21	백로	165	9 8	8 34	중복		7 24	
청명	15	4 5	12 12	추분	180	9 23	18 5	말복		8 13	
곡우	30	4 20	19 17	한로	195	10 9	0 19	토왕용사	297	1 17	20 34
입하	45	5 6	5 23	상강	210	10 24	3 30	토왕용사	27	4 17	17 36
소만	60	5 21	18 21	입동	225	11 8	3 35	토왕용사	117	7 20	9 45
망종	75	6 6	9 27	소설	240	11 23	1 8	토왕용사	207	10 21	3 8

월	양력	1 2 3 4 5	6 7 8 9 10	11 12 13 14 15	16 17 18 19 20	21 22 23 24 25	26 27 28 29 30 31
7	요일	금토일월화	수목금토일	월화수목금	토일월화수	목금토일월	화수목금토일
	음력	6/1 2 3 4 5	6 7 8 9 10	11 12 13 14 15	16 17 18 19 20	21 22 23 24 25	26 27 28 29 30 7/1
	일진	정무기경신 사오미신유	임계갑을병 술해자축인	정무기경신 묘진사오미	임계갑을병 신유술해자	정무기경신 축인묘진사	임계갑을병정 오미신유술해
8	요일	월화수목금	토일월화수	목금토일월	화수목금토	일월화수목	금토일월화수
	음력	7/2 3 4 5 6	7 8 9 10 11	12 13 14 15 16	17 18 19 20 21	22 23 24 25 26	27 28 29 8/1 2 3
	일진	무기경신임 자축인묘진	계갑을병정 사오미신유	무기경신임 술해자축인	계갑을병정 묘진사오미	무기경신임 신유술해자	계갑을병정무 축인묘진사오
9	요일	목금토일월	화수목금토	일월화수목	금토일월화	수목금토일	월화수목금
	음력	8/4 5 6 7 8	9 10 11 12 13	14 15 16 17 18	19 20 21 22 23	24 25 26 27 28	29 9/1 2 3 4
	일진	기경신임계 미신유술해	갑을병정무 자축인묘진	기경신임계 사오미신유	갑을병정무 술해자축인	기경신임계 묘진사오미	갑을병정무 신유술해자
10	요일	토일월화수	목금토일월	화수목금토	일월화수목	금토일월화	수목금토일월
	음력	9/5 6 7 8 9	10 11 12 13 14	15 16 17 18 19	20 21 22 23 24	25 26 27 28 29	30 10/1 2 3 4 5
	일진	기경신임계 축인묘진사	갑을병정무 오미신유술	기경신임계 해자축인묘	갑을병정무 진사오미신	기경신임계 유술해자축	갑을병정무기 인묘진사오미
11	요일	화수목금토	일월화수목	금토일월화	수목금토일	월화수목금	토일월화수
	음력	10/6 7 8 9 10	11 12 13 14 15	16 17 18 19 20	21 22 23 24 25	26 27 28 29 11/1	2 3 4 5 6
	일진	경신임계갑 신유술해자	을병정무기 축인묘진사	경신임계갑 오미신유술	을병정무기 해자축인묘	경신임계갑 진사오미신	을병정무기 유술해자축
12	요일	목금토일월	화수목금토	일월화수	금토일월화	수목금토일	월화수목금토
	음력	11/7 8 9 10 11	12 13 14 15 16	17 18 19 20 21	22 23 24 25 26	27 28 29 30 12/1	2 3 4 5 6 7
	일진	경신임계갑 인묘진사오	을병정무기 미신유술해	경신임계갑 자축인묘진	을병정무기 사오미신유	경신임계갑 술해자축인	을병정무기경 묘진사오미신

일주와 사주를 대략 알아본 다음에는 달을 살핀다. 그런데 이 것이 여간 까다롭지 않다.

입춘이 시작되면서 해가 바뀌고 달이 바뀌고 날이 바뀐다. 역학에서는 입춘이 곧 설날이다.

입춘을 기점으로 입춘 전에 태어난 사람은 그 전 해에 태어난 것이고, 입춘이 지나서 태어난 사람은 그 다음 해에 태어난 셈이 된다.

입춘이 지나서 경칩까지가 1월에 해당된다. 또 경칩이 지나 청명까지가 2월, 청명에서 입하까지가 3월이다.

요즈음의 만세력(명문당 간행)은 양력과 음력뿐만 아니라 24절기와 국경일까지 자세히 나와 있다. 특히 한문판본과 한글판본을 함께 수록하였으니 261페이지의 만세력을 참고하기 바란다.

2011년은 단기 4344년 신묘년이다. 한 쪽이 여섯 칸으로 1월부터 6월까지 여섯 칸이다. 그리고 오른쪽에 7월부터 12월까지 여섯 칸으로 나뉘어 있다.

만세력을 볼 때 가장 먼저 찾아야 할 것은 날짜이다. 태어난 날짜를 먼저 찾아 그 날짜가 어떤 절기 사이에 있는지를 알아야 한다.

태어난 날을 알아야 정확하게 다른 걸 알 수 있다.

태어난 날짜를 먼저 찾아 그 날짜가 어떤 절기 사이에 태어났는지를 알아야 태어난 달이 결정된다.

일상생활에서는 양력이든 음력이든 몇 월 며칠이다 하면 되겠지만, 막상 사주팔자를 뽑을 때면 양력이나 음력에 관계없이 절기로 월이 결정된다. 또 해〔年〕는 입춘에 의해서 결정된다.

예를 들면 다음과 같다.

남자 양력 2011년 3월 5일 낮 12시 사주를 구성할 때 먼저, 출생년도(입춘일이 지나야 해가 바뀜)를 확인하고, 3월 5일이 12절기 중에 어느 절기에 있는가를 확인하여 월주를 세운다.

월주(월건이라고도 한다)를 세울 때는 절기를 참고한다. 입춘이 지나면 1월, 경칩이 지나면 2월, 청명이 지나면 3월, 입하가 지나면 4월, 망종이 지나면 5월, 소서가 지나면 6월, 입추가 지나면 7월, 백로가 지나면 8월, 한로가 지나면 9월, 입동이 지나면 10월, 대설이 지나면 11월, 소한이 지나면 12월의 월건을 세운다.

만세력(261페이지) 양력 2011년 3월 5일을 찾아보면 음력으로 2월 1일이며, 3월 5일은 청명이 지난 3월이므로 3월은 임진월이 된다. 하여 신묘년 임진월이며, 3월 5일은 기미(己未)일이므로 기미(己未)가 된다.

시주는(267페이지) 시(時)의 간지 조견표에서 일시 표시 기(己)의 날(甲己)에서 시간을 찾아 낮 12시는 경오(庚午)가 된다.

참고할 사항은 일간 변경 시간은 밤 23~24시까지는 야자시(夜子時)로 보고, 24시~01시까지는 조자시(朝子時)로 하여 다음날 자시가 된다.

지금까지 우리는 사주를 세우는 공부를 했다. 그러나 최근에 나온 '알기 쉬운 만세력'에는 그런 문제가 아주 쉽게 풀이되어 있다.

절입일자에 따라 처음부터 월건을 잡아 놓았기 때문에 그런 번거로운 계산을 하지 않아도 되게 되어 있다.

▶ 시(時)의 간지(干支) 조견표

時間\日	자정오후전 11시~1시	자정오전 1시~3시	자정오전 3시~5시	자정오전 5시~7시	자정오전 7시~9시	자정오전 9시~11시	자정오후전 11시~1시	자정오후후 1시~3시	자정오후후 3시~5시	자정오후후 5시~7시	자정오후후 7시~9시	자정오후후 9시~11시
甲己의 日	甲子	乙丑	丙寅	丁卯	戊辰	己巳	庚午	辛未	壬申	癸酉	甲戌	乙亥
乙庚의 日	丙子	丁丑	戊寅	己卯	庚辰	辛巳	壬午	癸未	甲申	乙酉	丙戌	丁亥
丙申의 日	戊子	己丑	庚寅	辛卯	壬辰	癸巳	甲午	乙未	丙申	丁酉	戊戌	己亥
丁壬의 日	庚子	辛丑	壬寅	癸卯	甲辰	乙巳	丙午	丁未	戊申	己酉	庚戌	辛亥
戊癸의 日	壬子	癸丑	甲寅	乙卯	丙辰	丁巳	戊午	己未	庚辛	辛酉	壬戌	癸亥

하루하루가 모여 월운이 된다. 그리고 열두 달이 합쳐져서 1년이 된다. 1년을 연운 또는 세운이라 한다. 이렇게 해서 10년운이 뭉치게 되는데 이게 제일 크다. 이걸 대운이라고 한다.

이러한 대운과 세운, 월운, 시운이라는 것이 있기 때문에 우리는 변화를 맛보고 산다. 대운을 알아야 사주를 안다고 할 수 있다. 그래야만 인생을 잘 경영하여 성공적인 인생으로 만들 수 있는 것이다.

왜냐하면 때를 모르고 일을 벌이다가는 실패하기 십상이고 아무리 일을 잘 해 놓아도 운을 만나지 못하면 아무 소용이 없기 때문이다.

우주 공전 주기가 몇 년인지는 다 알 것이다. 바로 10년이다. 그러므로 별들의 운행도 십년을 한 주기로 그 운행을 반복하는 것이다. 역학이 원래 태양을 중심으로 운행하는 다섯 별에서 시작되었음은 과학을 아는 역학자라면 다 인정하는 것이다. 특히 태양의 흑점 운동이 10년을 단위로 일어난다는 것도 이와 일치하며 대체로 10진법이 나온 배경도 여기에 있는 것이다.

말하자면 인간에게도 자연과 같은 계절이 있다는 것이다. 봄이 있고, 여름이 있고, 가을이 있고, 겨울이 있다. 자연의 계절이야 눈으로 보면 알 수 있지만 인간의 계절은 계산을 해서 알아내야 한다. 그래서 자기 자신이 지금 어떤 계절에 처해 있는가를 알면 인생을 살아나가기가 훨씬 쉽다.

즉 봄인 사람은 열심히 씨를 뿌리고, 거름을 내면 된다. 그러나 겨울인 사람이 자꾸만 수확을 하려고 과수원에 달려가 보아도 과일은 단 한 개도 딸 수가 없다.

겨울에는 과일이 열리지 않기 때문이다. 여기서 말하는 대운은 십년 단위로 잘리는데, 그것에서 봄 여름 가을 겨울을 다시 찾아야 한다. 계산법은 일반 이론서에 다 나오므로 생략하는데, 일반인들도 간단하게 알아낼 수 있는 방법이 있다. 그 방법을 알려주는 게 오히려 실용적일 것 같아서 그 비결을 말한다.

우선 자기가 살아온 인생을 놓고 나이별로 대략 사건을 적어본다. 그러다 보면 이상하게도 운이 좋고 나쁨이 같은 해가 나타날 것이다.

예를 들어 77년에는 대학에 합격했고, 87년에는 승진을 했다든가 하는 게 있을 것이다. 그렇다면 이 사람에게는 7자가 들어간 해가 가을에 해당되는 것이다. 그런데 69년에는 아버지를 잃고, 79년에는 어머니를 잃고, 89년에는 교통사고를 당했다면 이 9자가 들어가는 해는 겨울이라고 보면 된다.

이 방법으로 각자의 대운표를 만들어보는 것도 좋다. 이렇게 역이란 복잡한 계산을 통하지 않고도 자연 상태에서 그 이론을 만들어 낼 수 있는 것이다.

지지의 삼합(三合)**과 방합**(方合)

역학은 아주 많이 응용된다. 우리는 역학이라는 학문을 수학이나 과학, 기타 여러 가지 다른 학문과 같이 생각하면 된다. 지구는 자전하면서 공전한다. 자전하면서는 낮과 밤이 생기고, 공전하면서는 춘하추동이 생긴다.

낮과 밤으로 음양이 나타난다. 지금 이 세상에 남자만이 존재하거나, 아니면 여자만이 존재한다고 생각해 보자. 정말 아찔하고 살맛이 없을 것이다. 그러므로 음양이 첫째고, 다음이 오행이다. 우리가 살고 있는 지구를 중심으로 목성, 화성, 토성, 금성, 수성이 태양을 돌고 있다. 그래서 지구는 목화토금수 오행의 영향을 가장 많이 받는다.

우리 지구에 있는 물질로 오행을 본다면 목은 나무고, 화는 불, 토는 흙, 금은 모든 쇠붙이를 가리키고, 수는 물이다. 이 다섯 가지 요소 없이는 아무것도 안 된다. 이 오행에 의해서 모든 것이 변화하고 또 달라진다. 우리는 이런 속에서 살고 있다.

그러나 태어날 때 가진 것을 죽을 때까지 그대로 가지고 간다면 그 사람은 제자리걸음을 한 것밖에는 안 된다. 사람들은 더러 '나는 이러이러한 고집이 있으며, 이런 성격이 나의 장점이다'고 잘못 생각하기도 한다. 사람은 누구나 자기 본위대로 생각하니까 자기 생각이 옳다고 생각하기가 쉽다.

'남의 팔자는 볼 줄 알면서 자기 죽을 날은 모른다'는 말을 들어 본 적이 있을 것이다. 이런 말이 나온 이유는 사람이 다른 사람의 운명을 감정하듯이 자신의 운명을 객관적으로 살펴보았다면 틀림없이 운명의 흐름을 파악했을 텐데, 자기 것을 미화시키려는 마음 때문에 똑바로 보지 못했던 것이다. 사람은 자기 위주로 생각하기 때문에 자기 자신을 왜곡하여 인식한다.

이런 생각은 결과적으로 남을 무시하는 상황까지 몰고 간다. 그러나 무시당한 상대방의 입장에서 보면, 그 사람 역시 자기 본위이기 때문에 '저 사람이 나를 무시한다, 경시한다, 그럼 나도 저 사람을 무시하고 경시해야지' 하고 생각한다. 그렇다면 결국은 누구 손해인가? 자기 손해일 것이다. 그러므로 자기를 위한다면 먼저 남을 사랑하고 남을 생각할 줄 알아야 한다.

사물을 그대로 비춰주는 거울처럼, 모든 것은 자기가 한 대로 다시 자신에게 돌아온다. 자기가 다른 사람한테 잘해 주면 잘해 준만큼, 또는 그 이상으로 자기에게 돌아오는 것이다. 그리고 잘못하면 잘못한 것만큼 자기에게 해가 되어 돌아온다. 정말 자기를 위하는 사람은 자기를 위해 살아서는 안 된다.

남을 위해 사는 것이 곧 자기를 위한 길이다. 이런 것이 모두 역(易)의 사상이다. 하나의 공식, 또 지금 배우는 삼합, 이런 것이 그리 중요하지는 않다. 우리는 지금 세상의 모든 이치를 역학을 통해서 캐내고 있다. 지금 이 시간에도 모든 것이 변화하고 있다.
　자연만이 변하는 것은 아니다. 우리 마음도 변한다. 달라지는 것이 원칙이다.

　다음으로 지지(地支)는 합(合)해지고 충(沖)해진 정도에 따라 합과 충의 종류도 많다. 그 원리만 알면 합충도 어려운 게 아니다. 띠별 성격을 잘 외웠다가 맞추어보면 누구나 쉽게 알 수 있다. 이것을 보면 합을 찾는 일이 쉬워진다.
　이웃끼리 친한 경우도 합이 잘 맞는 경우이며, 쥐띠는 소띠와 합이 맞다. 한 가지 특이한 일은 어떤 협조자나, 도움이 되는 사람, 주변에서 유난히 가까워 보이는 사람들을 만나서 띠를 물어보면 대개의 경우 호랑이띠와 돼지띠가 많다.
　이것만 보더라도 각자의 자력이 있다는 걸 알 수 있는데, 거기에는 영(靈)이 들어 있어서 영과 자력이 부딪히는 것이다. 마찬가지로 결혼도 엄청난 음과 양의 자력이 합해서 이루어진다. 이것은 궁합볼 때 많이 참고가 된다. 호흡이 잘 맞는 잉꼬부부들은 보통 이렇게 자력이 합해진다.
　그 다음은 지지(地支)에 충이 있는데, 일반적으로 반대되는 게 충이다. 예를 들면 자시(子時)는 밤 11~1시, 축시(丑時)는 1~3시, 인시(寅時)는 새벽 3~5시, 묘시(卯時)는 새벽 5~7시, 진시(辰時)는 아침 7~9시, 사시(巳時)는 아침 9~11시, 오시(午時)는 오전 11~오후 1시, 미시(未時)는 오후 1~3시, 신시(申時)는 오후 3~5시, 유시(酉時)는 오후 5~7시, 술시(戌時)는 저녁 7~9시, 해시(亥時)는 밤

▶ 지합(支合) · 삼합(三合) · 형(刑) · 충(沖) · 파(破) · 해(害)

	子	丑	寅	卯	辰	巳	午	未	申	酉	戌	亥
子		合		刑	三合		沖	害	三合	破		
丑	合				破	三合	害	刑沖		三合	刑	
寅						形害	三合			刑沖	三合	合破
卯	刑				害		破	三合		沖	合	三合
辰	三合	破		害		刑			三合	合	沖	
巳		三合	形害						合刑破	三合		沖
午	沖	害	三合	破				刑	合			三合
未	害	刑沖		三合			合				刑破	三合
申	三合		刑沖		三合	合刑破						害
酉	破	三合		沖	合	三合					形	害
戌		合破	三合	合	沖		三合	形破		害		
亥		刑	合破	三合		沖		三合	害		形	

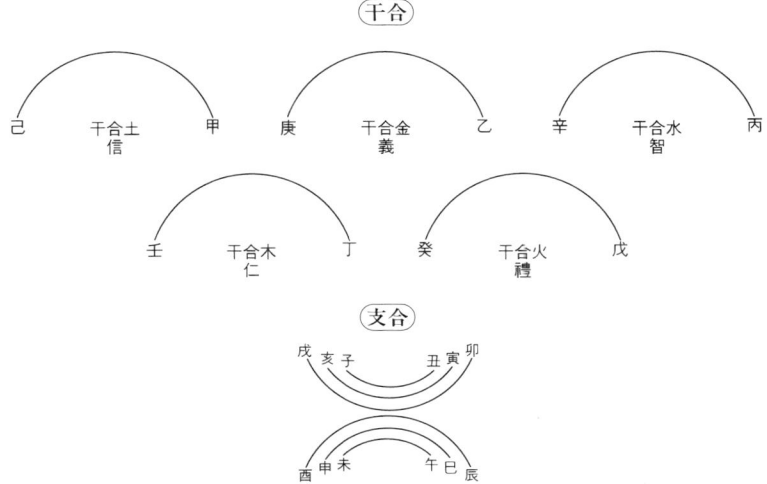

9~11시, 이렇게 보면 같은 시간이 충이 된다.

이를 테면 밤11~1시와 낮 11~1, 밤낮이 똑같은 시간이 충이 되는 것이다. 정반대되는 시간에 태어난 사람들은 모든 게 정반대이고 따라서 충이 될 수밖에 없다. 그리고 정반대되는 사람이 만나면 늘 부딪히고 싸우게 된다. 지도자가 되는 사람은 자기하고 상충이 되는 사람이 있는 것이 좋다. 상충이 되는 사람에게 별도로 기획실을 만들어서 직언을 하도록 하면 된다.

그러나 여기서 한 가지 주의해야 할 사실은 그런 사람이 조직 내에 있으면 좋지 않다는 것이다. 불평불만 세력이 될 위험이 크기 때문이다.

새벽 1~3시가 사람의 체온이 가장 낮은 때이다. 그러나 이와는 반대로 오후 1~3시는 하루 중에서 사람의 체온이 가장 높은 시간이다. 체온이 낮은 시간은 낮의 활동을 식혀주는 시간이며, 그렇기 때문에 이 시간에는 에너지가 비축된다.

이 시간에 태어난 사람은 에너지가 많이 저장된 사람인즉, 그러다보니 매사 의욕이 많고 파워가 있는 것이다. 말하자면 일할 만반의 준비태세가 갖추어져 있다고 할 수 있다. 강하고 무섭기 때문에 극단적이기도 하다. 그래서 팔자가 맞는 것이다.

인시(寅時)는 체온이 가장 낮은 상태에서 점점 뜨거워지기 시작하는 시간이다. 그 때문에 1월에 태어난 호랑이띠인 사람이나 인(寅)이 많은 사람은 신앙생활을 해야 된다. 체온이 낮은 상태에서 체온이 뜨거워지기 시작하는 새벽 3~5시가 사람의 정신이 가장 맑아지는 때이다. 그래서 이 시간에 태어난 사람은 맑은 영혼을 가진 사람이며 어떤 경우에는 영감(靈感)이 생기기도 한다. 그러니까 인월(寅月)에 태어나거나, 인(寅)이 있는 사람은 정신생활이 풍요로운 사람이다.

오후 3~5시는 높은 체온이 다시 낮아지는 시간대이다. 그렇기 때문에 긴장이 풀어지고 나른하며 느슨해지는 것이다. 그리고 모든 일에 태만해지고, 여유까지 생기는데 그러다보니 다른 사람들이 하는 일까지 살피게 된다. 그러니 자연 다른 사람의 결점이 눈에 잘 띠게 되어서 불평불만이 생긴다.

그래서 신월(申月)에 태어난 사람은 말이 많고 시끄럽다. 까닭에 이런 사람들에게는 가을날 낙엽 떨어지듯 사람들이 떠나가게 되고, 이별이 많아져서 쓸쓸하고 고독하게 살아가게 되는 것이다. 그러니까 남의 결점, 단점을 보고 말하는 사람은 불행한 사람이다. 그렇기 때문에 아들, 딸 교육시킬 때 절대로 남의 잘못이나 단점, 결점을 함부로 말해서는 안 된다고 가르쳐야 한다.

그 다음에 새벽 5~7시는 체온이 적당히 올라가기 때문에 기(氣)가 산다. 그래서 깡패 우두머리 중에서는 토끼띠가 제일 많은 것이다. 그리고 나이가 비슷비슷해 보여 무슨 띠인지 잘 모를 경우에도 체격이 좀 우락부락하다 싶으면 토끼띠인 경우가 많다.

그리고 용띠가 아침 7~9시이다. 3, 4월은 신록이 울창해지기 때문에 용띠가 세다. 용띠에는 괴강살(魁罡殺) 백호대살(白虎大殺)이 많다. 괴강살이란 무조건 남을 깔보는 타인 멸시를 두고 말한다.

예를 들어 말하면 '자기가 부장이라고 웃기고 있네. 내가 뭐할 때 넌 겨우 대리였는데' 이런 식이다. 또, 이창호가 스승인 조훈현을 바둑으로 이겼을 때 조훈현이 스승인데⋯⋯ 해봐야 소용없는 일이라는 말이다.

세상일이란 늦게 된 자가 먼저 되기도 하는 것이다. 괴강살이 있으면 남을 깔보거나 무시하기도 하고 상대에 대한 거부감이 있을 뿐 아니라, 독선적이다. 이런 것은 모두 팔자에 타고나는 것이다.

삼합(三合)은 매우 중요하다. 삼합은 세 가지 오행, 즉 세 가지 글자가 합이 되어 다른 것으로 변하는 것을 가리킨다. 다시 말해, 어떤 세 가지가 합쳐져서 하나의 강력한 집단이 되는 것을 말한다.

빌딩은 물을 중심으로 모래와 시멘트가 합쳐진 것이다. 모래는 가루이므로 단단한 물건이 아니고, 물은 두말할 필요도 없고, 시멘트 또한 밀가루 같다. 그러나 이 세 가지를 합치면 강력한 콘크리트가 된다. 이처럼 오행의 세 글자가 합쳐져서 전혀 다른 강력한 하나의 집단이 되는 것, 이것이 삼합이다. 각각 하나씩 있을 때보다 세 개가 합쳐졌을 때 엄청난 힘이 생긴다.

먼저 인오술(寅午戌)을 보겠다. 인은 목, 오는 화, 술은 토이다. 띠로 본다면 호랑이띠와 말띠는 네 살 차이이고, 말띠와 개띠도 네 살, 개띠와 호랑이띠도 네 살 차이이다. 따라서 연지로 보는 겉궁합에서는 네 살 차이가 어울린다고 한다. 이렇게 인오술이 합쳐져서 삼합이 된다.

물과 모래와 시멘트가 뒤섞여 콘크리트가 되듯이 인오술이 오를 중심으로 합쳐져 강력한 힘이 생긴다. 오는 불이다. 군대에 비유하면 불의 사단이 되고, 정부로 보면 장관 밑에 있는 국장 정도의 자리이다. 그래서 이를 화국(火局)이라 한다. 엄청나게 강한 불바다가 되는 것이다. 모든 것이 전부 가운데 있는 것을 중심으로 힘이 생긴다.

다음의 신자진(申子辰)의 경우에 신은 오행상 금이고 자는 수, 진은 토이다. 신자진이 합쳐서 가운데 있는 물을 중심으로 한 강력한 집단, 즉 물바다가 된다. 이를 수국(水局)이라 한다.

사유축(巳酉丑), 사는 화이고, 유는 금이고 축은 토이다. 이들이 합쳐지면 가운데 유를 중심으로 금국(金局)이 된다. 또 해묘미(亥卯未)에서 해는 물이고 묘는 초목이고 미는 토인데, 이 셋이 합쳐져 가운데 있는 묘를 중심으로 강력한 목의 사단, 즉 목국(木局)이 된다.

위에서 보듯이 모든 것은 처음 글자에서 생겨난다. 인오술(寅午戌) 합을 보면 불이라는 것은 인에서 생겨났고, 오에서 가장 왕성한 기운을 띠었다가, 술이라는 창고 속으로 들어간다. 신자진도 신에서 물이 생겨나, 자에서 가장 왕성했다가, 축이라는 물창고 속으로 들어간다.

사유축도 사에서 금이 생겨나, 유에서 왕성했다가, 축이라는 창고로 들어간다. 그래서 신자진의 진, 인오술의 술, 사유축의 축, 해묘미의 미는 모두 해당 합의 창고가 되는 셈이다. 그러기 때문에 진술축미를 가리켜 창고라고도 하고 토(土)라고도 하는 것이다.

합 가운데서 앞 글자를 따로 모으면 시작이라는 의미를 띠게 된다. 인오술의 인, 신자진의 신, 사유축의 사, 해묘미의 해를 가리켜 인신사해라고 한다. 모두가 리드, 선도하는 글자들이다.

4생지에서 지지로 보면 인신은 충이고, 사해는 충이다. 마찬가지로 여기에서도 자오가 충, 묘유가 충이다. 이 가운데 오는 불이, 자는 물이, 유는 금이, 묘는 목이 가장 왕성하다 하여 4왕지(旺地)라고 한다.

　진술축미도 각각 충으로 되어 있다. 진은 물이, 술은 불이, 축은 금이, 미는 목이 들어 있는 창고라 하여 이를 4고지(庫地)라 한다. 이 고지는 다른 말로 사람이 죽어서 갇혀 있는 묘지(墓地)라고도 할 수 있다. 감방에 갇힌 죄수, 수감할 때의 수(囚)가 되듯이 여기서 말하는 고지라는 것은 창고를 말한다.

　인신사해는 각 계절이 시작되는 달이다. 인은 겨울이 끝나고 봄이 시작되는 출발점이다. 10월부터가 겨울인데, 이 겨울이 곧장 가다 90도 각도로 꺾여 돌아간다. 그 모서리에 해당되는 것이 바로 인이다.

　봄에서 여름으로 접어드는 모서리는 사이며, 가을로 변화하는 모서리가 신, 겨울로 접어드는 모서리가 해이다. 이것이 뿔과 같다 하여 사각(四角)이라고 일컫는다. 각 계절의 시작이면서, 변화가 오는 곳이다.

　또 합의 중간에 있는 글자만 모으면 자오묘유가 된다. 자오묘유는 각각 계절의 중간에 자리하고 있다. 양쪽에 하나씩 거느리고 중간에 와 있는 것이다.

　텐트를 치지 않고 야산에서 세 사람이 노숙을 한다고 가정해 보자. 가운데 있는 사람은 편안하게 자겠지만, 양쪽에 누운 사람은 혹 뱀이나 물지 않을까, 도둑이나 오지 않을까 불안해서 편히 잠을 이루지 못할 것이다. 그러나 가운데에 있는 사람은 양쪽에 한 사람씩 있기 때문에 편안하다. 그래서 가장 왕성하다. 그래서 이곳을 사정(四正), 즉 가장 안전한 상태라고 해서 바를 정(正) 자를 쓴다. 가장 편안하고 안정된 상태라는 뜻으로 말이다.

앞에서 설명한 모서리에 해당하는 인신사해는 역마(驛馬)라고도 한다. 모서리란 각 계절의 변화를 의미한다. 이렇게 변화하는 곳이기 때문에 역마인 것이다. 역마는 분주다사(奔走多事)하고 변화무쌍하다. 한 계절에서 다른 계절로 바뀌면서 변화하는데, 이렇게 변화하기 위해서는 무척 바쁠 수밖에 없다.

그러므로 인신사해라는 글자가 사주팔자에 많으면 많을수록 그 사람은 분주다사하고 변화가 심하다. 변화가 심하면 우선 고향을 떠나 살 수밖에 없다. 고향에서 부모를 따라 농사를 짓는다면 그것은 변화가 아니다.

인신사해가 사주에 많은 사람이 가져야 할 직업의 첫째 조건은 바빠야 한다는 것이다. 우선 크게 보아서 좋은 직업으로는 외교관을 들 수 있다. 조국을 떠나 외국에서 일해야 하기 때문이다. 다음으로는 무역업, 외국 가서 장사해서 돈을 벌어야 하니까 비행기 타고 외국으로 나간다. 이것도 변화이고, 또 바쁘다. 국내에서 일하더라도, 예컨대 항공기 조종사나 스튜어디스 같은 직업이 좋다. 이런 사람들은 집에 있는 것보다 나가 돌아다니는 시간이 많다. 작게는 고속버스 기사, 장거리 트럭기사, 또 보험회사 영업 등이 있다. 이런 글자가 많은 사람은 같은 회사를 다녀도 내근보다는 밖에 돌아다니는 일이 많다. 이것이 바로 팔자소관이다. 그래서 인신사해는 역마다.

앞에서 자오묘유를 4정이라고 하였다. 이는 가장 안정된 상태이다. 사람이 너무 안정된 삶을 살다 보면 자연 놀고 싶은 마음이 생긴다. 사주팔자에 도화라는 글자가 있으면 인기가 좋은데, 한편으로는 바람피울 소지도 있는 사람이다. 사실 다른 사람에게 인기가 좋아야 바람도 피우는 것 아닌가. 사주팔자 지지에 자오묘유 이 네 글자가 많으면 많을수록 그 사람은 얼굴이 예쁘고, 귀염성이 있는가 하면, 인기가 좋다. 비슷하게 생겨도 어떤 사람은 남에게 귀염을 받지만, 어떤 사람은 그렇지 못하다. 이 모두 팔자 때문이다.

사람이 창고 속에 갇히면 답답하다. 그래서 진술축미는 창고이기 때문에, 나쁘게 말하면 묘지이고 감옥이기 때문에 답답함을 느낀다. 그래서 화개(華蓋) 심리가 생긴다. 화개라는 것은 신앙심을 뜻한다. 자기가 편안하면 화개가 생기지 않는다. 우리가 신앙을 생각하는 것은 이생을 살다가 어려움을 당했을 때이다. 이럴 때 사람들은 마음의 변화를 일으켜 신앙을 갖게 된다.

다음은 사주팔자와 잠버릇과의 관계를 설명하겠다.
인신사해에 출생한 사람 가운데,
1) 인신사해 시에 출생한 사람은 잠을 옆으로 잔다. 왜냐하면 불안하고 초조하기 때문이다.
2) 자오묘유 시에 출생한 사람은 잠을 반듯하게 잔다. 앞의 예에서처럼 산에 가서 잠을 자는데 양쪽에 사람이 있으므로 자기는 똑바로 누워 편안하게 잠을 자는 것이다. 양쪽 가에 있는 사람은 마음이 불안하여 똑바로 누워 잘 수가 없다.
3) 진술축미 시에 출생한 사람은 잠버릇이 험하다. 엎치락뒤치락거리며 잔다. 창고 속에 갇힌 형상이라 답답하니까 어쩔 수가 없다.

나이 많은 어른들은 새벽녘에 태어났다, 혹은 낮이나 저녁에 태어났다고만 말할 뿐 정확히 몇 시라는 것은 잘 모른다. 이런 사람은 평소의 잠버릇으로 태어난 시각을 알 수 있다. 내가 이를 적용해 보니까 거의 정확했다. 부선망이다, 모선망이다 하는 것 가지고는 잘 맞지 않았다. 반은 틀리고 반은 맞다. 그러므로 그런 것은 사용하지 않는 것이 차라리 낫다. 적어도 90퍼센트 이상 맞는 것을 써야지, 그렇지 않으면 실없는 사람이 된다. 좋은 학문만 버리는 꼴이다.

위에서 설명한 것을 다시 정리해 보겠다. 인신사해는 4생지이다, 사각이다. 그리고 변화를 의미하므로 역마에 해당된다.
역마라는 것은 분주다사하고 변화, 이동을 말한다.
다음, 자오묘유는 4정이다. 안정된 상태이므로 도화 심리가 생기는데, 이는 4왕지에 해당된다. 진술축미는 4고이며, 이는 창고에 해당하고 따라서 답답함을 느낀다. 그래서 화개, 즉 신앙심이 생긴다. 잠버릇으로는 인신사해 시(時)에 태어난 사람은 옆으로 자고, 자오묘유 시에 태어난 사람은 반듯하게 자며, 진술축미 시에 태어난 사람은 엎치락뒤치락 잔다.
그러므로 부부 궁합에는 시를 보아야 한다. 둘이 똑같이 옆으로 자도 재미가 없고, 두 사람 다 잠버릇이 험해도 서로 잠을 못 자고 고생한다. 물론 이러한 것까지는 세세히 볼 필요는 없지만 참고할 수는 있다.

강력한 힘을 주는 양인(羊刃)

　암장(暗藏)에 의하면 갑은 +목이고, 묘는 -목이며, 병은 +화, 오는 -화, 또 무는 +토, 오는 -화이다. 경은 +금, 유는 -금이다. 임은 +수요, 자는 -수이다.

　나는 남자이다. 그런데 나는 지금 세상을 비관하고 한강 다리 위에 서 있다. 이럴 때 가장 친한 남자 친구가 와서 위로를 하는 것과 가장 사랑하는 여자가 와서 위로하는 것, 이 둘 중에 어느 것이 더 나에게 힘이 될까? 물론 여자이다.

　남자 친구가 나에게 위로를 해주면 그 효과는 50퍼센트밖에 안 된다. 그러나 애인이 위로를 해주면 100퍼센트의 효력을 발휘한다. 그래서 낙랑공주가 호동왕자를 사랑한 끝에 자기 나라의 보물인 자명고를 찢어버리게 된 것이다.

　모두 다 음양의 이치에서 생겨난 것이다. 그러므로 가장 가까운 것이 부부간이다.

　부부는 무촌(無寸)이다. 그래서 같은 이불 속에서 자지만 돌아

누우면 남 같은 기분이 들어 서글퍼지는 것이다.

양인(洋刃)이라는 것은 네 가지가 다 있을 수 있는데, 여기에서 어떤 것이 제일 강한가? 그 순서가 있다. 월지 양인이 제일 첫 번째다. 왜냐하면 나는 어머니에 의해 태어났기 때문에 나에게 가장 큰 영향을 주는 것은 어머니를 상징하는 태어난 달이기 때문이다. 두 번째는 일지 양인, 세 번째는 시지 양인이다. 즉 두 번째는 나의 배우자 자리에 양인이 온 것이므로 나에게 두 번째로 큰 영향을 준다.

큰 영향을 준다는 말은 강하다는 뜻이다. 세 번째는 자식 자리에 양인이 오는 것이다. 그리고 연지 양인이 가장 약하다. 우리는 조상에 그 뿌리를 두고 있다. 그러나 조상이 실제로 우리에게 영향을 미치는 것은 아니다. 그러므로 가장 약하다. 나는 우선 부모님에 의해서 태어났다. 그 다음에 만난 것이 배우자이다. 그리고 자식을 낳고 산다.

이러한 글자들은 나를 중심으로 가까이 있다. 그러나 조상님들은 멀리 있다. 멀리 있기 때문에 나에게 큰 영향을 미치지 않는다. 실제로도 그렇다. 조상이 아무리 대통령을 하고 뭘했더라도 실질적으로 나를 낳아주고 길러준 부모에 의해 제일 먼저 영향력이 오고, 다음에 배우자를 얻어 자식을 낳았을 때 또 달라진다. 그러므로 자기를 중심으로 가까이 있는 글자들이 세력이 강하다.

흔히들 "옛날에 우리 집이 양반이었다. 우리 할아버지, 할머니가 뭘했고 몇 대조 할아버지는 뭘했다"고 하면 "조상이 밥 먹여

주냐?"고 쏘아붙인다. 그 말이 맞다. 이는 조상을 얕보는 것이 아니다. 잘난 조상 자랑만 하지 말고, 오늘의 평가는 바로 당신을 보고 한다는 사실을 명심해야 한다. 현재 저 사람이 나를 어떻게 보아주느냐, 이것이 바로 실질적인 평가이다.

그러므로 남에게 잘못 보이면 그만큼 자기 평가도 나빠진다. 자기를 좋게 보이려 해도 마음대로 되지 않는다. 상대방은 상대방대로 평가할 능력이 있다. 그러므로 존경이란 아무리 자기가 받고 싶다고 해도 받아지는 것이 아니다.

그러면 양인의 작용은 어떠한가? 강하고 약하고는 일지 양인에는 없다. 그러나 월지 양인일 때는 대단히 강력하다. 월지 양인이 가장 강하기 때문이다. 양인은 상기한 바처럼 자기와 음양이 다르지만 질이 같은, 즉 내가 목이면 같은 목, 화이면 화, 이처럼 동질의 것이면서 음양이 다르게 나타나는 것을 가리킨다. 양인은 나에게 강력한 힘을 주므로 나는 그 힘을 믿고 날뛰게 된다. 그래서 불굴의 의지와 기상이 나타난다. 이런 의지와 기상 때문에 열사(烈士)나 의사(義士) 같은 사람이 될 수 있다.

또한 남에게 지기 싫어하고 고집이 센 사람, 한마디로 표현해서 강한 사람이 되기 쉽다. 그러나 너무 강하기 때문에 부러질 수 있다. 쇠도 낫과 같이 약한 것은 휘어지지만 강철같이 강한 것은 부러진다. 강한 것은 부러지기 쉽다. 나는 이따금 누구한테나 고분고분한 예스맨 같은 사람들이 제일 무섭다. 눈을 부릅뜨고 큰소리를 치는 사람이 오히려 속으로는 우스운 것이다. '별볼일 없는 사람이군'하는 생각이 든다.

그런데 화가 나도 화를 내지 않는 사람, 화가 나 있는지 기분이 좋은지 알기 어려운 사람, 이런 사람들이 무서운 사람이다. 성질 자주 내는 사람치고 무서운 사람은 없다. 성질을 내고 싶어도 참아라. 성질을 내는 것은 자기 속을 그대로 내보이는 짓이다. '내 속은 이것밖에 안 된다'하고. 상대방 속을 알고 나면 무서울 게 하나도 없다. '너는 근으로 달아봐야 한 근밖에 안 된다. 그러니까 무섭지 않다.'

즉 성질을 내면 낼수록 자기 자신은 가벼워지는 것이다. 상대방에게 무시당한다는 사실을 깨달아야 한다.

양인이 들어간 사람은 성격이 강하고 남에게 지기 싫어한다. 자기 자신이 너무 강한 사람이기 때문에 직업도 의사(義士)나 열사나 군인이나 경찰 같은 무관 계통이 많다. 그런데 사주팔자의 국이 나쁘면, 즉 나쁜 팔자로 흐르게 되면 살인 사건 같은 끔찍한 범죄를 일으키는 흉악범이 된다. 그리고 너무 강하기 때문에 극부극처(남편을 극하고 아내를 극한다)할 수도 있다.

나는 양인 사주를 가진 사람의 부인이 죽는 것을 한두 사람 보았다. 한두 사람뿐 아니고 그럴 확률이 많기 때문에, 자기 자신을 죽이지 않고 그대로 그 성격을 가지고 살다가는 결국 고독한 팔자가 된다. 이러한 사람들은 강하기 때문에 남보다 큰일을 할 수 있고, 출세도 할 수 있지만, 그 이면에는 강한 자기 성격으로 인해 다칠 수 있다는 사실을 알아야 한다. 상대를 친다는 것은 자기 주위에 사람 있는 꼴을 보지 못하니까 '나는 혼자 살겠다'는 것밖에 되지 않는다. 그래서 고독한 팔자가 된다.

그러므로 성격을 고쳐야 한다. 사람은 누구나 자기 본위이다. 아내도 자기 본위이고 남편도 자기 본위이다. 자식도, 며느리도 모두 자기 본위이기 때문에 내 마음대로 할 수 있다는 생각은 버려야 한다. 인간은 혼자 사는 것이 아니다. 사람 인(人)자를 보자, 하나를 빼면 넘어진다. 둘이 의지하고 사는 것이 인간이다. 그러나 이것은 둘뿐이 아니다. 우리 모두가 서로 의지하고 사는 것이다. 우리 모두가 서로 의지하고 도와주고 사는 공동체이다. 혼자 살 수 없는 것이 바로 인간이다. 함께 살려면 남에게 의지하고 도와주어야 한다.

대운에서 양인이 올 경우에는 양인을 보는 것보다 팔자에 있어서 나에게 어떤 오행이 좋고 나쁜지를 판별해야 한다. 즉 팔자를 보면 나에게 약이 되는 것이 있고 병이 되는 것이 있다. 병을 먼저 찾게 되면 약을 찾기 쉽고, 또 약을 찾으면 병을 알 수 있다.

그러므로 음양오행이 나에게 어떤 작용을 하는가를 가장 염두에 두어야 한다. 대운이나 세운에서 양인이다, 12신살이다 하고 따지는 것은 차후 문제이다. 이런 것은 그다지 중요하지 않다. 가장 중요한 것은 나에게 부족한 오행이 어떤 것인지를 아는 것이다. 어떤 오행이 들어왔느냐에 따라 운이 좋을 수도 있고, 나쁠 수도 있기 때문이다.

성격이 강한 괴강(魁罡)

　다음은 괴강에 대하여 설명하겠다. 괴강은 이름도 이상하지만 글자도 이상하다. 책에 보면 괴강에는 두 가지 있다. 경술, 경진, 임술, 임진, 그리고 책에 따라서는 무술을 포함하기도 한다.
　여러 가지로 검토해 본 결과, 위에 있는 네 가지는 괴강으로, 밑에 있는 무술은 준괴강으로 본다. 이에 대해 다른 학자들이 공격할지도 모르지만, 무술은 조금 약하기 때문이다. 아무튼 무술도 괴강에 포함된다는 사실을 염두에 두자. 괴강이라는 것은 성격이 강하다는 뜻이다. 전에 배운 형살은 지지에 있고, 괴강은 일주나 타주에 있다. 팔자의 어느 곳에 있든지 간에 이것은 괴강이 된다. 그러나 자기 자신을 나타내는 것은 일주이기 때문에 일주에 이것이 있는 사람은 남보다도 성격이 강하다.
　괴강이 사주팔자에 들어 있으면,
　첫째, 성격이 강하다. 성격이 강하므로 인내심이 강하다. 강한 사람과 약한 사람을 비교하면 강한 사람은 모가 나 있고, 약한 사람은 둥글둥글하다. 얼굴 생김새도 계란처럼 둥글둥글하게 생긴 사람이며 성격이 모질지 못하다. 얼굴에 광대뼈가 튀어나오고, 사각형이고 뼈가 굵은 사람들은 성격도 강하다. 관상이나 팔자나 거의 비슷하다. 성격이 강한 사람은 겉으로만 남에게 큰소리치는 게 아니라 속으로도 자기 자신을 잘 컨트롤하고, 인내심이 강하다. 그러므로 강한 사람들은 큰일을 할 수 있다. 큰일을 할 수 있다는 것은 두 가지 방향으로 생각할 수 있다.

좋은 일로 큰일을 할 수가 있고, 이와는 반대로 살인 사건 같은 큰일을 저지를 수도 있다. 둘은 엄청난 차이이지만 아무튼 자기 자신을 과시한다는 점에서는 같다. 그리고 괴강을 가진 사람은 극부극처(剋夫剋妻)할 가능성이 있다. 상대방을 이해하려 들지 않고, 모든 것을 자기 기준으로 생각하고 판단하고 실행하기 때문이다. 그러므로 강한 것에도 단점과 장점이 있다는 것을 염두에 두어야 한다. 이러한 점에서는 양인의 성격과 비슷하다.

신왕과 신약에 대해서 뒤에 좀 더 자세하게 다루겠지만, 우선 겉으로 보기에 몸이 건강하게 보이면 신왕한 것이고, 몸이 약하게 보이면 신약한 것이다. 이와 마찬가지로 사주팔자도 자기 세력이 많으면 왕하고, 자기 세력이 적으면 약하다. 사주팔자 여덟 글자 가운데 일간이 자기 자신이면 이를 중심으로 나머지 일곱 글자가 배열되어 있다. 이 가운데 자기를 도와주는 세력이 많으면 신왕이고, 적으면 신약이다.

신왕한 사람은, 즉 몸이 건강한 사람은 살이 찌지 않도록 음식물을 적게 섭취하고 운동을 해서 군살을 빼야 한다. 반대로 몸이 약한 사람은 밥도 잘 먹고 보약을 먹어서 입맛을 돋우고, 원기를 회복시켜야 한다. 팔자도 이와 마찬가지이다.

괴강이라는 것 자체가 남에게 지기 싫어하고, 남보다 앞서려 하고, 강하기 때문에, 그런 사람은 힘이 필요하다. 그러므로 신왕 사주여야 한다. 만일 그런 사람이 신약하면 집안 식구들을 들들볶아 못 살게 군다. 왜냐하면 밖에 나가 활동도 하고 돈도 벌어야 하는데 마음뿐 몸이 제대로 움직여 주지 않으므로 짜증만 나기 때문이다. 뜻은 높고, 할 일은 많은데 힘은 없고, 그러면 좌절감을 느껴 반대 현상이 나타난다.

그러므로 강한 성격을 가진 사람은 강한 만큼 신체적인 조건이 뒷받침되어야 한다. 즉 팔자에 자기 세력이 많아서 힘을 펼 수 있어야 뜻도 펼 수 있다.

괴강 사주를 가진 사람 중에는 큰일을 한 사람이 많다.

한(漢)나라 대장군 한신(韓信)이 무명 시절 시장터를 지나가다 불량배를 만났다. 불량배들은 한신을 조롱하며, 자기들 가랑이 속으로 기어가라고 하였다. 이는 아주 치욕스러운 일이었다. 한신은 뜻이 높았지만 일시적인 굴욕 정도는 참고 견디겠다고 생각하여 불량배들의 가랑이 밑으로 기어 들어갔다. 이런 한신은 세상 사람들의 웃음거리가 되었다.

"한신이 인물이라더니 못난 놈이로구나."

그러나 뒤에 대장군이 되어 그 시장터를 말 타고 지나갔을 때 그 불량배들은 감히 얼굴도 들지 못했다. 이렇게 큰일을 할 사람은 인내심으로 작은 일을 참아낼 수 있어야 한다. 자유당의 이기붕씨는 경진 괴강 일주에 시에도 괴강이 들어 있다. 세간에는 부인의 치마폭에 놀아난 사람으로 알려져 있으나 이는 와전된 것이다. 그는 괴강 사주이기 때문에 팔자 자체가 강하다. 내면적으로 엄청나게 강한 사람인데 부인이 너무 설치다 보니 잘못 전해졌을 뿐이다. 강하지 않으면 일가족이 그렇게 자살까지 할 수 있었을까.

　흥선 대원군 또한 임진 괴강 일주이다. 대원군은 안동 김씨의 세도에 밀려 목숨을 보전하기가 어려웠다. 똑똑한 왕족은 다 죽였다. 그러나 대원군은 미친 사람 행세를 하며, 자기 아들을 왕위에 앉히려고 수십 년 동안 온갖 굴욕을 참아냈다. 그리고 결국에는 뜻을 이루어내었다. 강하다는 것은 겉으로도 강한 것이지만 내면적으로 강한 것을 말한다. 그러므로 큰일을 능히 해낼 수 있다.

　그 외에도 삼성의 이병철씨가 괴강 일주이다. 아마 경진, 경술 이 두 개 들어 있을 것이다. 큰일을 하는 사람은 포부도 크고, 작은 일 정도는 얼마든지 참아낼 수 있는 인내심이 있어야 한다. 조그마한 일에 성질을 내는 것은 자기의 오장육부 기운을 남에게 다 드러내는 짓이다. 먼저 화를 내고 싸우는 사람은 속이 얕아 보인다. 사람이 살면서 항상 좋은 일만이 있을 수는 없다. 그러므로 참아야 한다.

　강한 사람들은 자기 자신을 이겨낼 수 있는 인내심이 강하다는 사실을 잊어서는 안 된다. 강하기 때문에 직업도 강하므로 신왕해야 한다. 신약하면 큰일을 할 수 없다. 광화문이나 여의도에는 굉장히 큰 건물이 많다. 이들 빌딩들을 보면서 저 빌딩 주인들은 보나마나 신왕 사주일 거라는 생각이 든다. 신약 사주를 가진 사람은 그런 빌딩을 부모가 물려준다고 해도 지켜내지 못한다. 즉 대로변에 사는 사람, 빌딩을 가지고 있는 사람, 또 골목길에 사는 사람, 팔자가 다 다르다.

내 아들이 골목길에 살 수밖에 없는 팔자인데 63빌딩 물려주어 봐야 얼마 안 가서 남에게 빼앗겨 버릴 것이다. 그걸 알아야 한다. 팔자가 다 다르기 때문에 골목에 사는 사람은 골목에 사는 걸로 만족하고 살아야지, 큰집 좋아해서 이것저것 다 팔아 5층짜리 빌딩을 대로변에 샀다하더라도 얼마 못 가서 남의 수중에 넘어가 버린다. 그러므로 팔자대로 살아야 한다.

우선 팔자가 신왕해야 큰 것을 가질 수 있다.

그러면 큰 것을 가지면 행복한가? 절대 아니다. 크면 클수록 고민이 많아진다. 차라리 없으면 도둑 걱정할 필요가 없다. 문 안 잠그고 마음대로 돌아다닐 수 있다. 그러나 부잣집은 그럴 수가 없다. 신문 방송에서 흔히 볼 수 있듯이 돈이 많으면 자식 잃고 자기 자신도 괴한들에게 납치당하고, 봉변당하는 일이 많다. 그러한 일들이 다 돈이 있어서 생긴 일들이다.

그러나 최소한도 먹고살고 자식 가르치는 것은 기본이니까 벌어야 한다. 그것마저 안 하면 안 된다. 그러나 많은 것은 필요 없다. 앞으로 역학을 더 배우게 되면 이런 말을 많이 쓰게 된다.

'태과는 불급이다.' 많은 것은 없는 것과 같다.

자기 팔자에 목화토금수 오행 중에서 특히 많은 것이 바로 병이라고 생각하면 된다. 많은 것은 없는 것과 같다. 많은 것도 나쁘고 없는 것도 나쁘다. 골고루 있는 게 제일 좋다. 그것이 바로 진리이다. 돈도 많은 것은 나쁘다. 지위도 아주 높은 것은 나쁘다. 사주팔자가 똑같아 모두 똑똑하다고 해서 다들 대통령 한다고 나서면 이 나라는 뭐가 될 것인가? 땀을 뻘뻘 흘리며 공사장에서 일하는 노동자도 많다. 그런 사람이 없으면 안 된다. 또 팔자가 다 그런 사람만 있어도 안 된다. 팔자가 각각 달라서 이런 일도 하고 저런 일도 하는 사람이 있어야 일이 되는 것이다. 전부 자기가 맡은 일이 가장 중요하다는 것을 알아야 한다.

 어떤 것이 좋고 어떤 것이 나쁘다, 이런 것은 없다. 각자 자기 맡은 일에 만족하며, 이것이 나에게 가장 행복한 일임을 느끼면 가장 좋은 직업이다. 많은 것은 없는 것과 같다는 사실을 잊어버리지 말자. 그것이 바로 역학이 주는 교훈이다.

파(破)와 해(害), 충(沖)

파(破)란 깨질 파이다. 부엌에 그릇을 닦다 접시를 떨어뜨려 깨뜨리는 수가 있는데 이것이 파이다.

충(沖)이란 충돌한다, 부딪힌다는 뜻이다.

자동차끼리 접촉 사고가 났다, 깨져 버린다, 망가져 버린다는 것이다. 그러므로 파는 충보다 조금 약하다. 충이 가장 강하다. 충은 두 개가 같이 동시에 충돌하는 것을 의미한다.

아무튼 파는 충보다는 약하지만, 이것 역시 우리 인간사에 있어서 변화를 일으키는 요소이다.

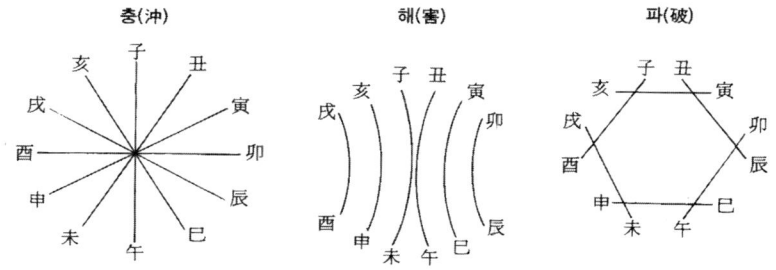

파(破)란 앞의 그림과 같이 마름모 비슷하게 그림을 그리되, 끝이 전부 튀어나와야 한다. 그림 위에 두 개가 튀어나와 있다. 이중 왼쪽 것이 처음 시작하는 것으로 여기에 자(子)를 써넣으면 된다. 그래서 순행으로, 즉 시계 방향으로 돌아간다. 위의 것 중 왼쪽부터 자로 시작해서 죽 돌아가면 자유(子酉)파, 축진(丑辰)파, 인해(寅亥)파, 묘오(卯午)파, 진 다음에 사신(巳申)파, 미술(未戌)파 이렇게 써넣는다.

인해와 사신은 지지합에서 배운 바 있다. 이것은 합도 되고 파도 된다. 따라서 호랑이띠와 돼지띠는 다른 합만큼은 좋지 못하다. 그러나 인해파는 합이 있으므로 다른 파보다는 조금 낫다. 그래서 호랑이띠와 돼지띠는 아주 좋지도, 그렇다고 아주 나쁘지도 않은 관계이다. 뱀띠와 원숭이띠도 마찬가지이다. 둘은 합도 되고 파도 된다. 한 사람이 뱀띠고 또 한 사람이 원숭이띠일 경우 겉궁합은 별로 좋지 않다. 그러나 쥐띠하고 소띠는 자축합이 되므로 좋다.

이처럼 사주팔자 네 글자 중에서 이렇게 두 개씩 드는 글자가 있으면 파를 나타낸다. 파가 있다는 것은 깨지는 것이 있다는 뜻이므로, 깨지고 싶은 마음이 작용하게 된다.

충이 있으면 충돌하고 싶은 마음이 생긴다. 그리고 원진이 있으면 남을 원망하고 미워하는 마음이 생긴다. 그러므로 부부 궁합을 볼 때는 배우자 자리인 일지(日支)끼리 봐서 원진이 되면 나쁜 것이다. 왜냐하면 부부는 사랑하는 마음이 생겨야 하는데 이와 반대로 원망하고 다투는 마음이 생기니까 하는 짓마다 미워진다. 그래서 문제가 많은 부부가 된다.

역학은 우리 일상생활에 깊이 침투되어 있는데, 역학을 잘 모르는 사람들은 연지(年支)를 아주 강하게, 중요하게 생각한다. 그러나 연지의 비중은 작다. 흔히 궁합을 볼 때 띠가 맞지 않는다, 즉 쥐띠하고 말띠는 자오(子午) 충이 되므로 맞지 않는다고 한다. 그러나 반드시 그렇지만은 않다. 연지는 10~20%밖에 작용하지 않는다. 나머지 80~90%의 작용만 좋다면 그 궁합은 아주 좋은 것이다. 궁합에서 60점 이상이면 합격이다. 그러나 띠 가지고 된다, 안 된다고는 이야기할 수 없다. 그보다 훨씬 더 중요한 것은 태어난 날, 즉 일주와 일주와의 관계이다.

남자가 무자(戊子)일이고, 여자가 계축(癸丑)일인 경우를 보자. 태어난 일주에서 위에 있는 것은 자기 자신을 의미하고, 밑의 것은 배우자이다. 예로 든 여자 일주와 남자 일주를 보면, 위의 천간이 무계합이고, 밑의 지지는 자축합이다. 천간과 지지가 다 합이 되면 그것이 어떠한 합이든, 그 궁합은 천생 연분이다.

자식이 연애를 하고 있는데 상대자가 며느릿감으로나 사윗감으로 마음에 들지 않는다. 그러나 사주에서 일주가 위의 경우처럼 나오면 비록 마음에 들지 않더라도 결혼을 시켜야 한다. 만약 결혼을 끝까지 반대하면 동반 자살할 가능성이 크다. 용기 있는 커플이라면 도망칠 수도 있다. 이 두 사람을 도저히 떨어뜨릴 수는 없다. 그러므로 무작정 반대를 해서는 안 된다.

일주가 병신(丙申), 병신 똑같은 경우를 보자. 어느 일주이든 일주가 같으면 성격이 같다. 그래서 호주머니에 돈이 두둑하면 "야, 우리 어디로 가자", "그래", 하고 둘의 기분이 잘 맞는다. 그러나 만약 일이 잘못되는 경우가 생기면, 그때는 서로의 탓으로 돌린다. 너 때문에 안 됐다고 상대방을 비난하고 따라서 더 큰 문제가 생긴다. 그러므로 일주가 같은 사람끼리는 좋은 때는 한없이 좋고 나쁠 때는 한없이 나쁘다.

앞의 무자일 남자와 계축일 여자의 경우는, 남자가 계축이고 여자가 무자로 바뀌어도 좋은 궁합이다. 무는 남자다운 성격이고, 계는 여자다운 성격인데, 바뀌면 남자가 여자 같은 성격이 되고 여자는 남자 같은 성격이 된다.

여자 같은 성격의 남자는 남자 같은 여자를 만나야 궁합이 맞는다. 키가 큰 사람은 작은 사람하고 궁합이 맞고, 얼굴이 둥근 사람은 길쭉한 사람과 궁합이 맞다. 얼굴은 부모덕이 있어 초년운이 아주 좋다. 그러나 중년부터 기울어지기 시작한다. 말년에는 아주 볼품이 없다. 다 망해 먹었기 때문이다. 이런 사람에게 돈을 꿔주면 죽을 때까지 받지 못한다. 이런 상(相)을 가진 사람은 말년이 나쁘므로 그 자식도 잘 안 된다. 설령 자식이 출세를 하더라도 자신은 물러나고 만다. 그러나 이 경우는 반대이다.

초년에는 부모덕이 없어 아주 고생한다. 이를 상첨하후(上尖下厚)라 한다. 상은 뾰족하고 하는 넓다. 바로 앞의 것은 상후하첨(上厚下尖)이다. 첨(尖) 자는 적을 소(小) 자 밑에 큰 대(大) 자를 쓴다. 이 경우가 바로 그렇다.

아무튼 상첨하후의 상을 지닌 사람에게 돈을 빌려주면 틀림없이 이자까지 받는다. 부모덕이 없어서 초년고생은 심하지만 중년부터 자수성가해서 말년에는 아주 좋아진다.

사각형의 얼굴은 처음부터 말년까지가 다 좋다. 그러나 위, 아래, 중간이 다 같은 경우는 그리 흔하지 않다. 내 아들이 상후하

첨의 상을 지니고 있다면 상첨하후의 상이나 둥그스름한 얼굴의 며느리를 얻어야 며느리 덕에 밥술이라도 먹을 것이다. 여차하면 며느리가 장사를 해서라도 밥을 내올 것이므로. 그런데 둘이 다 같은 상을 지닌 사람끼리 만나면 어떻게 되겠는가? 그러므로 궁합에서는 서로 반대끼리 만나는 것이 좋다고 한다.

다시 얼굴 형태를 살펴보자. 눈으로 보았을 때, '저 사람 눈 밑이 이상해, 또는 살기가 있어, 고민이 많아, 불량하게 생겼어' 하는 모든 것이 다 관상이다. 보고 느낀 대로, 그것이 바로 관상이다. 앞에서 전철이나 버스 안에서 눈동자 굴리는 사람은 소매치기일 경우가 많다고 했는데 한 번 살펴보라. 남의 것을 훔쳐야 하기 때문에 열심히 주위를 살펴보아야 한다. 칼 가지고 강도질 하는 사람은 여차하면 죽이겠다고 생각하니까 아무래도 눈 밑에 살기가 돈다.

착한 마음을 먹으면 그것이 얼굴에 나타나고, 곧 관상이 되므로 항상 좋은 마음을 먹어야 한다. 고민이 많은 사람은 매사를 고민스럽게 생각하고 거기에 집착한다. 그래서 고민이 갈수록 깊어진다. 그런 사람은 고민이 얼굴에 나타나 화색이 돌지 않는다. 그러므로 가급적이면 자신을 위해서라도 잊어야 할 것은 잊고, 좋은 방향으로 생각해야 한다. 앞서 무자 일주와 계축 일주가 천생 연분이라고 하였다.

다른 예로써 무자 일주와 갑오 일주를 보자.

이것은 자오충이다. 그리고 갑무도 충이다. 토 더하기 토요, 목 더하기 목이다. 목극토(木剋土)이다. 서로 싸운다. 이렇게 위 아래가 다 충이니까 사사건건 싸움만 하게 된다. 그러므로 이 궁합은 나쁘다. 가장 중요한 것은 연주, 띠가 아니라 일주, 태어난 날, 다시 말해서 남자와 여자의 태어난 날이 합이냐 충이냐에 따라 성격이 맞느냐 안 맞느냐가 결정된다.

학교 다닐 때 보면 얻어먹으면서도 괜스레 미운 친구가 있고, 내 연필, 지우개를 엄마 모르게 주어도 예쁜 친구가 있다. 이런 것은 어쩔 수 없는 일이다. 사주팔자에 의해 움직이는 작용이기 때문이다.

그래서 예쁘게 보이는 친구는 하는 짓마다 예쁘고, 내 것을 빼앗겨도 예쁘다. 남자와 여자가 사랑을 할 때도 남자는 이용하려고만 들고 속이는 데도 여자는 그것을 진실로 받아들인다. 연속극을 보면 울면서도 졸졸 따라다닌다. 손해를 보면서도 따라다닌다. 이것이 바로 좋아하는 마음이다. 그것은 인력으로 어쩔 도리가 없다.

충이란 항상 다툰다. 음양이 같을 때 그것은 더욱 심하다. 그래서 고부간에 눈만 마주쳐도 스트레스가 쌓이는 것이다. 같은 여자이므로, 같은 음이니까 싸움이 잦은 것이다. 음양이 다르면 그렇지 않다. 음양이 같은 것끼리는 극(剋)이 심하다. 이를 꼭 명심해야 한다. 고부간의 갈등은 인류 역사가 존속하는 한 없어지지 않는 문제이다. 상대방을 이해하고, 자기를 위해 남을 미워하지 말아야 한다. 이 방법밖에는 없다.

자기 자신을 위해 남을 미워하지 않는 것! 이것이 혼란스런 현대사회를 살아가는 가장 평화로운 방책인 것이다. 역학을 공부하는 사람은 연지 기준을 마음속에서 지워버려야 한다. 가장 중요한 것은 일지이다. 역학을 배우지 않았을 때는 만세력도 모르고 일지도 모르니까 띠만 가지고 이야기하지만, 이제는 한 단계 높여서 생각해야 한다.

앞서도 언급했지만 원진이란 남을 원망하고 다툰다는 뜻이다. 이러한 원진이 팔자에 있으면 남을 원망하고 다투는 마음이 강하게 생긴다.

모든 것은 항상 자기 자신에서부터 시작된다. 남을 원망하고 다투는 마음이 강하면 강할수록 얼굴이 찡그려진다. 자기 속이 삐뚤어져 있으므로 얼굴이 찡그려지고, 남이 보았을 때 인상이 좋지 않게 된다. 인상이 좋지 않으므로 사람들이 가깝게 대하지 않는다. 멀어지고 외로워지고 고독해진다. 성격이 강한 사람이나 남을 미워하는 마음이 강한 사람들, '내가 최고다'고 생각하는 사람들은 결국 말년에 고독한 사람이 되고 만다. 인간은 자기 본위로 생각하기 때문에 남의 비위만 맞추고 사는 사람은 없다. 아내고 자식이고 친구고 다 떠나간다.

자기 운명은 자기 자신이 만든 결과이다. 고독한 팔자도 내가 만든 것이다. 남과 융화를 잘하면 고독한 팔자가 되지 않는다. 사람들이 나를 좋아해 몰려들기 때문이다. 그러므로 문제는 자기 마음의 움직임, 마음의 변화이다. 사주팔자에는 천간과 지지가 있다. 천간에는 합과 충뿐이다. 그러나 지지에는 합, 파, 충, 원진, 해 그리고 다음에 배울 형살이 있다.

하늘을 보면 맑다, 눈이 온다, 비가 온다를 바로 알 수 있다. 하지만 땅은 복잡해서 파 보지 않으면 모른다. 또 하늘인 남자의 마음은 단순하고, 땅인 여자의 마음은 복잡하다. 남자의 마음은 단순해서 좋으면 좋다, 나쁘면 나쁘다, 의스냐 노우냐, 이판사판이다. 그러나 여자의 마음은 복잡하다. 합, 충, 파, 해, 원진, 형살, 이들은 음양이 생기면서부터 있어온 것이다.

여자는 섬세하고 복잡하다. 신체 구조를 보더라도 남자는 단순하지만 여자는 복잡하다. 여자가 임신을 해서 아이를 낳기까지 신체의 변화 과정은 아직 과학적으로 해명이 되지 않았다. 땅속은 이렇게 복잡한 것이다.

아내가 "일요일에 어디를 가죠?"라고 했다면, 그것은 여러 가지를 생각한 끝에 나온 말이다. "뭐 하나 삽시다" 할 때 여자는 열 번, 스무 번 생각한다. 그러나 남자는 그렇지 않다. 자기 기분에 맞으면 "그래", 맞지 않으면 "안 돼"라고 한다. 둘 중의 하나이다. 그러다보니 여자는 서운하다. 자기는 열 번, 스무 번씩 생각해서 한 말을 단숨에 "안 돼" 해버리니까 말이다. 거기서 문제가 발생한다. 남자는 여자를 이해하지 못하고, 여자는 남자를 이해하지 못하기 때문에 그런 것이다.

그러나 남자에게는 남자의 세계가 있고, 여자에게는 여자의 세계가 있다. 둘은 각각 다른 세계이다. 남자는 사회적인 활동을 하는 사람이다. 그러나 주부는 남편과 자식들만 믿고 산다. 아침부터 아내의 목소리가 높아지고 남편을 깔보는 듯하고, 아이들에게 신경질을 내면, 나는 얼른 "오늘 일진이 뭐지?"하고 묻는다. 그러면 아내는 얼른 달력을 보고 "오늘 일진이······" 하면서 "아차!" 한다. 오늘은 상관날이 되어서 남자를 깔보게 될 거라고 나온다. 아내는 그때부터 달라진다. 그러니 싸움이 되겠는가?

즉 역학을 통해서 자기 수양도 되고, 상대방도 알 수 있다. 상대를 안다는 것은 이해할 수 있다는 뜻이다. 우리가 배우는 학문은 음양오행학이다. 음이냐 양이냐, 남자는 뭐고 여자는 뭐냐. 이러한 음양의 이치를 깨닫게 되니까 상대를 이해할 수 있다. 동양철학을 이해할 때는 인간의 생각이나 가치관으로 모든 것을 척도하려고 하면 안 된다. 기존의 자기 생각을 행·불행의 기준으로 삼으면 안 되는 것이다.

사람이 너무 바쁘면 자기 시간이 없어지고 그렇게 되면 인간다운 삶도 없어지는 것이다. 그래서 여섯 번째가 오면 무기력한 마음이 생긴다. 만약 사주를 뽑아 일주가 나와서 갑이라고 해서, 기를 만나는 육 일째가 되는 날은 꼼짝하기 싫어지는 경우가 많다. 그저 어디 의존해서 몸을 좀 편하게 맡기고 싶은 생각만 간절해진다고 한다. 그렇기 때문에 여자가 남자한테 몸을 맡겨 시집을 가고 싶어 하는 마음도 생기는 것이다.

을(乙)은 병(丙)을 만나고 병(丙)은 신(辛)을 만나서 합해지면 칠 일이 꽉 찬다. 갑경충(甲庚沖), 을신충(乙辛沖), 병임충(丙壬沖), 정계충(丁癸沖)이 그것이다.

그런데 무(戊)와 기(己) 두 자는 충이 되지 않는다. 무(戊)와 기(己)는 중심이기 때문에 충이 안 되는 것이다. 사람 중에서도 남하고 잘 대립하지 않으려는 성격을 가진 사람도 있다. 이런 사람은 보통 사람하고 성향이 조금 달라서 마음 씀씀이나 생각하는 것도 틀리다.

어떻게 보면 좀 멍청하다 싶지만 자기 할 일은 묵묵히 하면서 대립, 다툼에는 절대 휘말리지 않으면서 살아가는 것이다. 그게 바로 무(戊)와 기(己)이다. 팔자에 무와 기가 있는 게 아주 좋다.

천간(天干)에 합충(合沖)이 있고 지지(地支)에도 합충(合沖)이 있다. 부부생활에서 본다면 남자는 갑(甲)이고 아내는 경(庚)일 때 갑경충(甲庚沖)이 된다. 그런 경우는 생각하는 사고방식이 달라서 의견 충돌이 많다.

합이 되는 사람과 만나면 생각하는 게 비슷비슷하다. 그래서 궁합 볼 때 합이 되면 좋고, 충이 되면 나쁘다는 것이다.

부부싸움을 할 때 사사건건 남편과 아내의 의견이 다른 사람들이 있다. 그건 충(沖)이어서 그런 것이다. 그런데 알고 보면 충이 되는 사람이 발전성이 있다. 자기하고 비슷한 사람하고 어울리면 큰 발전이 없다. 자꾸 충으로 자극을 줘야만 발전성이 있는 것이다. 그렇기 때문에 궁합이 나쁜 게 좋은 건지, 좋은 게 나쁜 건지 알 수가 없다. 그래서 항상 일장일단이 있다고 보는 것이다.

자기 과신의 형살(刑殺)

형살의 형(刑) 자는 형무소, 형벌할 때의 형 자이다. 형살 중에서 가장 중요한 것은 인사신(寅巳申)이다. 우리는 앞에서 세 가지 글자가 합쳐진 삼합을 배운 적이 있다. 그런데 세 가지 글자가 작용하여 형살 작용을 하기도 한다.

사신(巳申)이 그렇다. 먼저 우리가 전에 배운 공식에 의하면 인과 사는 해가 된다. 사와 신은 합도 되고 파도 되는데 여기서는 파로 본다. 인과 신은 충이다. 따라서 인사는 해, 사신은 파, 인신은 충으로, 이런 것을 모두 무시하더라도 이 세 글자는 형살 작용을 한다.

어떻게 보더라도 이 글자들은 모두 나쁜 작용을 하고 있다. 그래서 이런 경우를 지세지형(持勢之刑)이라고 한다. 지세지형이란 자기의 세력을 유지, 과시한다는 말이다. 자기 과신이다. 이러한 글자가 사주팔자 지지에 있는 사람은 '내가 최고다'는 생각이 강하다. 그래서 자기의 세력을 과시한다.

때문에 팔자에 이런 세 글자가 있는 사람치고 자신이 못 났다고 생각하는 사람은 하나도 없다. '내가 최고다', '제일 잘 났다'고 생각하는 사람은 사실 따지고 보면 제일 미련한 사람이다. '너 혼자 잘 났으니 잘 살아보아라' 하고 모두들 그 곁을 떠나버리기 때문이다. 그러므로 고독해진다. 고독한 팔자가 된다.

그 대신 장점도 있다. 그것은 '내가 최고다', '제일 잘 났다'고 생각하기 때문에 남에게 뒤지는 것을 참지 못한다. 이렇게 남보다 앞서려고 하니까 아주 적극적이고 발전도 있고, 추진력도 있다. 그렇지만 적이 많다.

"그래, 네가 최고면 나는 바보냐? 그러면 최고 혼자 잘 살아보아라. 나는 바보끼리 살련다."

모두들 이렇게 내뱉으면서 그를 떠난다. 아내에게 남편에게 자식에게 친구에게 버림을 받고 고독한 팔자가 된다. 팔자에 이 세 글자가 다 들어 있으면 완벽하게 이루어진 것이고, 팔자에 두 글자가 있고 대운에서 나머지 한 글자가 들어올 수도 있는데 이럴 때도 또 완벽하게 이루어진다. 대운이 든 기간에 지세지형이 작용하는 것이다. 나머지 작용에 대해서는 다음에 또 설명하기로 하겠다.

두 번째로 축술미(丑戌未)가 있다. 이 축술미의 경우도 축술이 있고, 미술이 있고, 축미가 있다. 세 개가 함께 있으면 완전하게 작용하며 강하다. 두 개가 있을 때는 약하기는 하지만 비슷한 작용을 하게 된다. 그러나 대운이나 세운에서 하나가 맞아 들어오면 강력하게 작용한다. 축술미는 무은지형(無恩之刑)이다. 즉 '은혜를 모르는 행동을 한다'는 뜻이다. 배은망덕이다. 작용은 인사신이 가장 강하고 축술미가 두 번째이다.

세 번째로 자묘가 있다. 자묘 두 개가 사주팔자에 있을 때는 무례지형(無禮之刑)이다. 글자 그대로 예의가 없다는 말이다. 이것을 가진 사람은 무례한 성격을 나타낸다. 남과 대화를 하거나 행동할 때 무례하게 한다. 자묘는 무례하고 예의가 없지만, 또 다른 작용도 한다. 그것은 신체적으로 불구가 되는 것이다. 팔자에 자묘가 있는 사람은 불구가 될 확률이 많다.

옛날에는 의학이 발달하지 못해 소아마비 같은 환자가 많았다. 같은 교통사고를 당해도 어떤 사람은 다 나아서 다니는데, 어떤 사람은 평생 불구로 산다. 모두가 팔자 때문이다.

네 번째로, 진오유해(辰午酉亥)가 있다. 이는 가장 약하다. 진오유해 네 가지는 같은 글자가 두 개 있을 때, 즉 팔자에 진, 진 하는 식으로 같은 글자가 두 개 있을 때 해당된다. 오자가 두 개 있을 때, 유자가 두 개 있을 때, 해자가 두 개 있을 때를 자형(自刑)이라고 한다. 스스로 자(自)의 자형이다. 이런 글자가 두 개 있으면 스스로 잘못된 행동을 한다. 스스로 잘못을 저지른다. 진진, 즉 같은 용띠끼리는 자형이 되기 때문에 겉궁합이 맞지 않는다고 볼 수 있다.

그러나 자형의 비중은 그리 크지 않다. 같은 닭띠끼리도, 같은 말띠끼리도, 같은 돼지띠끼리도 그러하다. 형살 중에서도 가장 약한 것이므로 그렇게 크게 생각할 필요는 없다.

그러나 인사신, 축술미, 자묘, 인신사해는 역마이므로 주의해야 한다.

모든 것은 자기 마음에서 우러나오는 것이다. 그리고 마음의 작용은 팔자 때문이다. 그러므로 역학을 배워 내 팔자에 이러저러한 것이 나쁜 작용을 한다는 것을 알고 스스로 고쳐야 한다. 고치면 팔자를 바꾸는 것이고, 자기 운명을 바꾸게 된다.

"내 팔자에 이런 것이 있기 때문에, 잘났다고 생각하기 때문에 이렇게 고독하고 외로워지는구나. 내 주위의 사람들이 떠나는 것이구나. 내가 먼저 양보하고 내가 못났다는 생각으로 살자."

이렇게 잘났다는 생각은 오장육부 속에 감춰두고 남에게 양보하고 잘하면 남이 날 싫어할 이유가 없다. 이것이 바로 운명을 바꾸는 방법이다.

축술미, 이것은 배은망덕이다, 혹은 냉혹하다.

인사신도 마찬가지로 냉혹하다. 이러한 것이 있으면 강하기 때문에 잔인하고 냉혹하다. 이런 비유를 들기는 뭣하지만, 그러나 원망하고 공격하려는 의도에서가 아니라 공부하는 목적으로 예를 들겠다. 자녀들 사주팔자에 축술미, 인사신이 들어 있다면 집중적으로 고쳐주어야 한다.

물론 그것에는 장점도 있고, 단점도 있다. 나쁘다는 뜻이 아니다. 그러한 것이 있기 때문에 큰일도 할 수 있다. 문제는 그러한 성격을 어떻게 키우느냐 하는 것이다. 자기 자신을 발전시킬 수도 있지만, 그것 때문에 남에게 버림받을 수도 있다는 사실을 염두에 두어야 한다.

상생상극의 육친(六親)

 지금까지 '목화토금수' 오행의 상생과 상극을 배웠다. 그런데 같은 목이라도 양과 음이 있다. 양에 해당하는 것은 갑이고, 음에 해당하는 것은 을이다. 화도 마찬가지이다. 화의 양에 해당되는 글자는 병이고, 을에 해당되는 것은 정이다.
 갑은 큰 나무를 가리킨다. 그러나 을은 큰 나무를 감고 도는 덩굴이나 풀, 초목을 말한다. 병화는 하늘에 떠 있는 태양 또는 용광로의 불을, 정화는 촛불이나 반딧불, 별 및 형광등 같은 불에 해당된다. 흙에도 두 가지가 있다. 토 가운데 무토는 큰 산이며, 기토는 습토이다. 습토는 논이나 밭이나 화단이나 화분의 흙, 식물이 잘 자라는 습하고 가는 흙을 말한다.
 또한 경금은 양이기 때문에 강철이나 큰 쇳덩어리, 땅 속에서 캔, 아직 불에 들어가지 않은 쇳덩어리를 말한다. 칼로 말하면 큰 칼이나 도끼 등이 경금에 해당된다.
 그러나 신금은 불 속에 들어갔다 나온 쇠, 우리들이 끼고 있는 금반지나 목걸이 등의 황금이나 백금 등을 말한다. 수지침의 침도 여기에 해당된다.

　병원에서 사용하는 주사바늘, 또 부엌에서 쓰는 과일 칼 같은 작은 칼 등이 전부 신금이다. 같은 금이라도 경금은 불에 들어가지 않은 쇠라서 불을 좋아한다. 하지만 신금은 불을 싫어한다. 불에 들어가면 녹기 때문이다. 일간이 신금인 사람은 주사바늘처럼 상대방을 꼭 찌른다. 성격 자체가 깔끔하고 깨끗한 것을 좋아하면서 상대방을 콕콕 찌르는 것이다.

　흙은 절대로 거짓말을 하지 않는다. 무나 기 일주인 사람이 계주(契主)를 하면 그 계는 깨지지 않는다. 신용이 있기 때문이다. 그런데 기 일주보다는 무 일주가 계주 노릇은 더 잘할 것이다. 기 일주는 마음이 약하기 때문이다. 또한 병화 일주를 가진 사람은 태양과 같은 사람이다. 여자가 병화 일주이면 마음이 둥글둥글하다. 남이 돈을 꿔달라고 하면 태양과 같이 화끈하니까 돈을 잘 꿔준다. 이런 사람은 계주를 하면 안 된다.

　다음 임계를 보자. 임은 양이고, 계는 음이다. 임이라는 것은 물 중에서 큰 물이므로 바닷물, 또는 댐에 갇혀 있는 호수이다. 일간이 임이나 계인 사람은 물이기 때문에 아래로 내려가는 것은 쉽지만 위로 올라가려면 무척 힘이 든다. 자꾸 밑으로만 내려가려 한다. 그러니까 머리회전이 빠르다. 그러나 음흉한 점이 단점이다. 자기 속을 잘 내보이지 않는다. 임계인 사람은 이렇게 머리가 좋고 총명한 반면에 음흉하고 자기 속을 잘 드러내 보이지 않는다.

　자기 속을 제일 잘 내보이는 것은 병화 일주이다. 태양은 감추는 게 없다. 태양은 이 세상 만물을 모두 비추어 준다. 정은 태양보다는 빛이 약하고, 음이기 때문에 감추는 성질이 있다.

이렇게 나뉘어 10가지이지만, 더 크게 나눈다면 오행으로 다섯 가지가 되고, 더 크게 나누면 음과 양이 된다. 양의 성질은 적극적이고 진취적이며 스케일이 크고 감추지 못하는, 모든 게 남성적이다. 양은 낮이다. 낮은 환하다. 감춰진 게 없다. 그러나 밤은 감춰진 게 많다. 그래서 음은 감춰져 있고 소극적이며 냉정하고 치밀한 성격이다. 그러니까 크게 나누어서 음양이 있고, 그 다음에 오행이 있다.

그런데 불행하게도 매일같이 절반은 남자로 절반은 여자로 태어난다. 어떤 날은 남자가 다 태어나고, 또 어떤 날은 여자가 다 태어나면 좋은데 그게 그렇지 않은 것이다. 그러다보니까 남자 같은 여자가 태어나고, 여자 같은 남자가 태어난다.

이번에 지자체의원이나 국회의원이 된 여자 분들을 보면 대개 일간이 양일 것이다. 강하기 때문에 그런 자리에 오를 수 있는 것이다.

상생상극의 원리는 상당히 중요하다. 목생화, 화생토, 토생금, 금생수, 수생목, 목금토, 토금수, 수극화, 화극금, 금극목…… 계속 이 표를 외워서 독자들 머릿속에 넣어야 한다. 사주팔자를 뽑아보면 크게 이 10가지이다.

갑을병정무기경신임계 이렇게 되어 있다. 이 10개 중에 하나가 자기의 것이다. 자기 글자가 달라짐에 따라서 관계가 달라지기 때문에 잘 외워 두어야 한다. 갑을병정무기경신임계에서 우선 갑을 자기 자신이라고 보았을 때 이 10개 중에 하나가 자신이 된다. 갑과 을은 오행이 같지만 음양은 다르다. 갑목과 병화를 비교해 보면, 나는 갑목, 즉 나무이므로 불을 낳는다. 병화를 낳는다는 말이다. 그리고 갑과 병은 음양이 같다. 그런데 정화는 나무인 내가 낳기는 하지만 음양이 다르다. 또한 무토는 극하지만(나무는 흙을 극하기 때문에) 음양이 같고, 기토 또한 극하지만 음양은 다르다. 또한 금은 금극목으로 나무를 극한다. 경금은 갑목과 음양이 같고, 신금은 음양이 다르다.

다음의 임수는 갑목을 생해 주고 또 음양이 같다. 그러나 계수는 갑목을 생해 주지만 음양이 다르다. 이것이 바로 육친이다.

우선 비견(比肩)이란 같을 비(比)에 어깨 견(肩) 자이다. 비견이란 동등한 처지라는 것이다. 그래서 비견이란 형제, 자매, 친구, 동업자이다. 길을 가다가 돈보따리 두 개를 발견했다고 가정하자, 이때 내 힘으로 들 수 있는 것은 하나뿐이다. 그런데 그때 친구가 그 길을 지나간다면 좀 들어달라는 부탁을 한 뒤 수고비 조금만 주면 된다.

그런데 여기서 원래 한 보따리밖에는 가져올 수 없었는데 보따리 두 개를 다 가져왔으니 한 보따리는 친구가 나를 도와준 셈이다. 그러면 이 사람은 은인이 된다. 또 아버지가 10억 유산을 남겨놓고 돌아가셨는데 내가 혼자일 경우는 세금 계산을 않는다면 나에게 10억이 다 떨어진다. 그런데 우리 형제가 5남매이면 나에게 떨어질 돈은 2억이다. 8억은 형제들이 나누어 가졌다. 그럴 때는 형제들이 도둑놈이 된다.

다음에 팔자를 풀 때 은인과 도둑놈을 설명하겠지만 이와 같은 뜻이 있다. 그러므로 비견과 비겁은 형제이고 친구이고 자매이고 은인이고 동업자이고 도둑놈이라는 뜻이 있다는 얘기이다.

다음은 식신(食神)이다. 식신 상관을 같이 표현력이라고 한다. 그래서 사주팔자에 식신 상관이 하나도 없는 사람은 말을 잘하지 못한다. 만일 식신 상관이 필요해서 말을 잘해야 되는 직업에는 아나운서, 탤런트, 성우, 가수, 코미디언, 변호사들인데 이런 직업에는 표현력도 있어야 한다. 남자에게 있어서 식신 상관은 장인 장모이다. 그러나 어린애를 낳는 것은 여자이다. 식신은 자기가 낳고 음양이 같은 것이고 상관은 자기가 낳고 음양이 다른 것이다. 여자에게는 식신 상관이 자식이다. 아들도 되고 딸도 된다. 편재나 정재를 모두 재(財)라고 한다.

우선 편재와 정재가 다른 점은 편재는 횡재돈이고 규모가 큰 돈이다. 부동산이나 증권이나 복권에 당첨되어 벌거나 부모 유산을 크게 받는 것이 편재에 속한다. 반면에 정재는 고정수입 즉 월급이다. 그래서 편재와 정재가 다르다. 그런데 정재나 편재나 모두 다 재물이고 돈이기 때문에 인간에게 없어서는 안 된다. 두 개 다 좋은 것이다.

정재는 남자에 있어서는 부인이 되고, 편재는 애인이다. 그렇다고 혹시 아내가 남편의 사주를 본 뒤 편재가 있다고 무조건 애인을 두고 있다고 생각해서는 안 된다.

편재는 남녀를 불문하고 자기 아버지이다. 여자에게는 시어머니이다. '오행(五行) 상생상극 표'에 보면 편재는 자기가 극하고 음양이 같은 것이다. 그러므로 자기가 극(剋)을 한다는 것이다. 극한다는 것은 괴롭힌다는 것이다. 대개의 경우 자식이 아버지를 괴롭히는 것은 돈 내놓으라는 것이다. 어머니는 살림을 해야 되고 아버지는 처자식을 위해서 돈을 벌어 와야 한다. 그러므로 자식들이 아버지를 괴롭히는 결과가 된다. 그러므로 내가 괴롭히는 것은 아버지이다. 그런데 며느리가 시어머니를 극한다. 여자에게는 시어머니가 편재가 된다.

 옛날 유교사상이 사회 전반에 팽배해 있을 때에는 며느리가 시어머니 앞에서 눈도 못 떴다. 그러나 현대에는 웬일인지 며느리가 극하는 것이 시어머니이다. 시어머니가 돈을 많이 가지고 있으면 양로원에 가지 않아도 되고 아프다고 하면 문안 자주 오는데, 재산이 없다면 그때부터 끝나는 것이다. 고부간은 음양이 같아서 한 사람이 극을 하면, 다른 한 사람은 극을 받기 때문에 영원히 좋은 사이가 될 수가 없다.

 다행스럽게도 역학을 배우는 사람은 고부간에 사이가 좋다. 시어머니가 역학을 배운 사람은 며느리를 꼭 데리고 온다. 왜냐면 배워보니까 시어머니 스스로가 며느리를 이해할 수 있게 되고 또 며느리도 자신을 이해해 주기를 바라는 마음에서이다. 그래서 역학을 같이 배우는 집안은 고부간에 갈등이 없어진다.

 정재는 남녀를 불문하고, 아버지의 형제간이므로 숙부나 고모가 된다.

 편관이나 정관을 관(官)이라고 한다. 관이라는 것은 관공서나 관청과 같은 것으로 즉 벼슬 관(官)이다. 관공서다, 관청이다 하는 것은 우선 법을 말한다.

 법이라는 것은 질서를 지키기 위해 있는 것이므로 질서를 말한다. 법도 되고 질서도 된다. 그리고 이것은 또 자기의 중심을 말한다. 중심이 흔들리는 사람과 흔들리지 않는 사람이 있는데 이것은 관이 말하는 것이다. 그리고 관은 벼슬이기 때문에 명예를 말한다. 다시 정리하면 법이고 질서이고 중심이고 명예이다. 그래서 관은 자기 자신을 똑바로 인도해 주고 잡아주는 것이다.

남자일 경우, 관은 자식이 된다. 남자가 자식이 없는 경우와 있는 경우가 있다. 만약 사람이 어떤 나쁜 일을 저지르려 할 때 먼저 떠오르는 것은 부인이 아니라 자식이다. 내가 이 자식에게 불명예를 남겨주면 안 된다고 하는 것이 지배적이다. 남자가 바람을 피우다가 막상 부인에게 들켰을 경우는 겁이 나지 않는다.

그런데 안방에서 싸우다 큰 소리가 나게 되면 자식이 들을까 걱정스러워 자식만은 모르게 해달라고 남자는 부인에게 사정을 한다. 현명한 부인이라면 그것을 알고 자식 모르게 싸워야 한다. 싸우려면 자식을 보내 놓고 싸워야 한다. 만약 자식이 알게 되면 남자는 자제력을 잃게 된다. 내가 그렇게 부탁을 했는데도 불구하고 자식까지 알게 되었으니 거칠게 없다는 식이다.

그러므로 남자를 지켜주는 중심은 바로 자식이다. 여자는 다르다. 여자일 경우는 남편이다. 여자의 중심을 잡아주는 것은 남편이다. 그래서 남편이 대통령이 되면 자기는 영부인이 된다. 자기가 자격이 있어서 대접을 받는 것이 아니라 남편이 대통령이기 때문에 대접을 받게 되는 것이다. 남편이 장관이면 부인은 장관 대접을 받는다. 남편이 선생이면 사모님이 된다. 그러므로 남편이 곧 나의 벼슬이고 명예이고 질서이고 중심이다.

그러나 남편을 존경하지 못하는 여자가 있는데 이런 경우에는 문제가 생긴다.

첫째는 남편에게 문제가 있고 두 번째로는 부인에게 있다. 남편이 그런다고 나도 그런다면 똑같은 사람이 되는 것이다. 원인은 분명히 남자에게 있다. 여자가 탈선을 하고 문제가 생겼을 때 책임은 남자에게 있다. 그러나 원인은 남자에게 있을지라도 행위는 여자가 저지른 것이니까 둘이 똑같다.

아무튼 관이란 남자에게는 자식이고 여자에게는 남편이다. 그러나 여자에게 남편은 정관이고 편관은 애인인 경우도 있다. 그러므로 이제 남편에게 일방적으로 따질 필요가 없다. 피장파장이니까. 그러나 정관이 없을 때는 편관이 남편이다. 그러므로 정관이나 편관이나 다 남편 글자이다.

남자에게 있어서 정재나 편재는 부인 글자라는 것을 알면 된다. 자세한 것은 다음으로 넘기고 우선 뜻만 알면 된다.

편인과 정인을 합쳐서 인수(印綬)라고 한다. 인수는 나를 낳아 준 것이다. 자기를 낳고 음양이 같은 것은 편인이고 자기를 낳고 음양이 다른 것은 정인이라고 했다. 그러나 이것은 여자 남자 할 것 없이 정인은 어머니이고, 편인은 계모 또는 유모이다. 그러나 요즘에는 유모가 있는 경우는 드무니까 편인이나 정인이나 모두 어머니라고 생각하면 된다.

그 다음 편인이나 정인은 학문이다. 어린이의 사주팔자에 인수가 하나도 없다면 어머니 글자가 하나도 없다는 것이다. 어머니 글자가 하나도 없으면 우선 공부에 취미가 없고 어머니 사랑을 하나도 못 받고 자란 것이다. 그래서 대학교 입학시험을 준비할 때 인수운이 들어오면 공부를 잘하고 성적이 좋다. 이 인수를 치는 것이 재이다. 재는 돈이고 여자이므로 공부하는 학생에게 가장 큰 적이 여자하고 돈이다.

그러므로 자녀들 중에 대입시험을 보는 해의 일주가 병이나 정인 사람은 실력발휘가 제대로 되지 않을 운이므로 학교를 조금 낮추어서 시험을 봐야 한다. 이와는 달리 시험 보는 해의 일간이 임(壬)이나 계(癸)인 사람은 인수(印綬)가 들어왔으므로 실력 발휘를 하고도 남는다. 그래서 입학시험에는 인수나 관이 좋은 것이다.

▶ 통변성(通變星) 조견표

日刊 \ 主星	比肩	劫財	食神	傷官	偏財	正財	偏官	正官	偏印	印綬
甲	甲	乙	丙	丁	戊	己	庚	辛	壬	癸
乙	乙	甲	丁	丙	己	戊	辛	庚	癸	甲
丙	丙	丁	戊	己	庚	辛	壬	癸	甲	乙
丁	丁	丙	己	戊	辛	庚	癸	壬	乙	甲
戊	戊	己	庚	辛	壬	癸	甲	乙	丙	丁
己	己	戊	辛	庚	癸	壬	乙	甲	丁	丙
庚	庚	辛	壬	癸	甲	乙	丙	丁	戊	己
辛	辛	庚	癸	壬	乙	甲	丁	丙	己	戊
壬	壬	癸	甲	乙	丙	丁	戊	己	庚	辛
癸	癸	壬	乙	甲	丁	丙	己	戊	辛	庚

길성(吉星)**과 흉성**(凶星)

길성이란 자기를 도와주는 하늘의 기운을 말하는 것이다. 어쩐지 일이 잘 풀리고 뭔가 생각보다 잘 되어갈 때에는 길성이 작용하고 있는 것이다.

정록(正祿), 천(天)-월덕귀인(月德貴人), 천을귀인(天乙貴人), 관귀학관(官貴學館), 문창귀인(文昌貴人), 문곡(文曲)-학당귀인(學堂貴人), 금여록(金輿祿), 암록(暗祿), 진신(進神), 천사성(天赦星) 등이다. 이밖에도 더 많이 있다.

그러나 일이 잘 풀려나가는 것으로 만족할 수 없다. 길성이 있으면 흉성이 있게 마련이고, 실은 흉성을 잘 보아 피하는 것이 더 중요하다. 흉성이란 뭔가 백 퍼센트 확신하는 일에도 끝에 가서 그르치는 하늘의 기운을 말한다. 인생의 파란, 형벌, 부상, 관재와 구설, 손재 같은 흉사를 불러오는 것이다.

고신(孤神)-과숙살(寡宿殺), 도화살(桃花殺), 홍염살(紅艶殺), 음양착살(陰陽錯殺), 고란살(孤鸞殺), 괴강살(魁罡殺) 같은 것이다.

살의 종류가 워낙 많아서 다 외우기도 어려우므로 도표를 보면 좋다.

▶ 길성의 작용

1)

日 柱	甲	乙	丙	丁	戊	己	庚	辛	壬	癸
十干祿	寅	卯	巳	午	巳	午	申	酉	亥	子
天乙貴人	丑未	子申	亥酉	亥酉	丑未	子申	丑未	午寅	巳卯	巳卯
官貴學館	巳	巳	申	申	亥	亥	寅	寅	申	申
文昌貴人	巳	午	申	酉	申	酉	亥	子	寅	卯
文曲貴人	亥	子	寅	卯	寅	卯	巳	午	申	酉
學堂貴人	亥	午	寅	酉	寅	酉	巳	子	申	卯
金輿祿	辰	巳	未	申	未	申	戌	亥	丑	寅
暗 祿	亥	戌	申	未	申	未	巳	辰	寅	丑

2)

生 月	寅	卯	辰	巳	午	未	申	酉	戌	亥	子	丑
天德貴人	丁	申	壬	辛	亥	甲	癸	寅	丙	乙	巳	庚
月德貴人	丙	申	壬	庚	丙	甲	壬	庚	丙	申	壬	庚
進 神	甲子	甲子	甲子	甲午	甲午	甲午	己卯	己卯	己卯	己酉	己酉	己酉
天赦星	戊寅	戊寅	戊寅	甲午	甲午	甲午	戊申	戊申	戊申	甲子	甲子	甲子

▶ 흉성의 작용

1)

年 支	子	丑	寅	卯	辰	巳	午	未	申	酉	戌	亥
孤神殺	寅	寅	巳	巳	巳	申	申	申	亥	亥	亥	寅
寡宿殺	戌	戌	丑	丑	丑	辰	辰	辰	未	未	未	戌
桃花殺	酉	午	卯	子	酉	午	卯	子	酉	午	卯	子
囚獄殺	午	卯	子	酉	午	卯	子	酉	午	卯	子	酉
鬼門關殺	酉	午	未	申	亥	戌	丑	寅	卯	子	巳	辰

2)

月 支	寅	卯	辰	巳	午	未	申	酉	戌	亥	子	丑
急脚殺	亥子	亥子	亥子	卯未	卯未	卯未	寅戌	寅戌	寅戌	丑辰	丑辰	丑辰
斷橋關殺	寅	卯	申	丑	戌	酉	辰	巳	午	未	亥	子
天轉殺	乙卯	乙卯	乙卯	丙午	丙午	丙午	辛酉	辛酉	辛酉	壬子	壬子	壬子
地轉殺	辛卯	辛卯	辛卯	戊午	戊午	戊午	癸酉	癸酉	癸酉	丙子	丙子	丙子
斧劈殺	酉	巳	丑	酉	巳	丑	酉	巳	丑	酉	巳	丑

3)

湯火殺	寅日	午日	丑日

4)

日 干	甲	乙	丙	丁	戊	己	庚	辛	壬	癸	적용
洛井關殺	巳	子	申	戌	卯	巳	子	申	戌	卯	日·時
羊刃殺	卯		午		午		酉		子		柱中
梟神殺	子	亥	寅	卯	午	巳	辰·戌	丑未	申	酉	日·時
孤鸞殺	寅	巳		巳	申	辰		亥			日
紅艷殺	午	午	寅	未	辰		戌	酉	申	申	柱中
白虎大殺	辰	未	戌	丑	辰			戌	戌	丑	柱中
魁罡殺					戌		辰·戌		辰·戌		日
陰錯殺				丑未				卯酉		巳亥	日·時
陽差殺			子午		寅申				辰·戌		日·時

5)

年支	寅 午 戌	巳 酉 丑	亥 卯 未	申 子 辰	적용
三災殺	申 酉 戌	亥 子 丑	巳 午 未	寅 卯 辰	태세운

기운학의 십이신살(十二神殺)

 다음은 12신살에 대하여 설명하겠다.
 첫째, 겁살(劫殺)이란 물질적으로나 정신적으로나 나에게서 다른 사람에게로 나아가는 것을 말한다. 그러니까 뺏기는 것이다. 도둑맞는 것도 이에 해당된다. 자기 물건이 없어진 것이다. 또 정신적인 고통, 즉 상대방으로 인하여 내가 정신적으로나 육체적으로나 손해를 볼 때도 겁살이라고 달한다. 이렇게 겁살은 좋지 못하다.
 둘째는 재살(災殺)이다. 재살의 재 자는 '재앙 재(災)' 자이다. 재살을 일명 '수옥살'이라고도 한다. 이때 수 자는 죄수할 때 쓰는 수(囚) 자이다. 그러므로 재살은 사람을 감옥 같은 창고 속에 가둬놓는 것이다. 재살은 감옥에 가는 것을 말한다. 같은 정치인이라도 감옥을 자기 집 드나들 듯이 하는 사람이 있고, 한 번도 들어가지 않는 사람이 있다. 이것도 다 팔자 소관이다. 아무튼 재살은 수옥살, 즉 감옥에 가는 것을 일컫는다.

셋째, 천살(天殺)은 천재지변으로 인하여 피해를 보는 것을 가리킨다. 천재지변으로 피해를 보게 되면 가장 먼저, 그리고 제일 큰 피해를 보는 사람이 농부들이다. 그러므로 천살이 있는 사람은 농사를 지어서는 안 된다. 이렇게 천살은 천재지변으로 인하여 사고를 당하게 되는 것이다.

넷째는 지살(地殺)이다. 지살이란 분주다사한 것을 말한다. 역마살과 같다고 생각하면 된다. 이렇게 분주다사하기 때문에 변화 이동이 심하다. 그러므로 이러한 사람은 고향에서 살기가 어렵다. 객지 생활을 해야 한다. 객지 생활을 하면서도 항상 바쁘다. 사주팔자에 지살이 깔리면 항상 바쁘다. 그러나 요즘은 하도 바쁜 세상이 되어서 지살이 있는 사람들이 잘 산다.

다음은 연살(年殺)이다. 연살은 도화살이라고 생각하면 된다. 좋게 말하면 인기가 많은 것이고, 나쁘게 말하면 바람피우는 것이다. 바람을 피운다는 것은 자기 스스로 좋아서 피우는 것이지 남의 강요로 하는 수 없이 하는 것이 아니다. 즉 스스로 잘못을 저질러서 패한다. 그래서 이를 자패살이라고도 한다. 또는 함지살이라 한다. 도화살, 함지살, 자패살, 모두 연살에 해당된다.

월살(月殺)이란 살이 빠진다는 뜻이다. 그래서 월살이 있는 사람은 살이 찌지 않는다. 왜 이런 것을 월살이라고 붙였을까 생각한 끝에 나는 다음과 같은 해답을 얻었다. 월은 달이다. 달은 인력에 의해 지구에 있는 물을 끌어당긴다. 이렇게 해서 생기는 것이 밀물과 썰물이다. 사람 몸에는 수분이 2/3를 차지한다. 달이 물을 빨아올리듯이 사람 몸 안에 있는 물을 빨아올리니까 살이 찌지 않고 마르는 것이 아닐까. 물론 내 생각일 뿐이다. 그러나 아마도 이렇게 설명하는 것이 이치상으로 맞을 게다.

다음은 망신살, 아마 흔히들 쓰고 있는 말일 것이다. 망신살에는 여러 가지가 있다. 사업에 실패를 해도 망신을 당하는 것이고, 부부간에 이혼을 해도 망신, 배우자가 먼저 죽어도 망신당하는 것이다. 또 속없는 짓도 망신살에 해당된다.

장군성(將軍星)은 글자 그대로 장군살이라고도 한다. 장군이 수많은 부하들 앞에서 말 타고 칼 빼들며 호령할 때는 눈에 보이는 것이 없다. '내가 최고다'는 생각밖에 들지 않는다. 일지에 장군살이 있는 사람치고 남에게 지고 사는 사람은 없다.

장군살은 자기 발전을 가져오기도 하지만, 자칫 문제를 일으키기도 한다. 항상 자신이 제일 잘났다고 생각하므로, 남들은 잘난 사람끼리 한 번 살아보라며 떠난다. 그러므로 고독하다. 고독한 사람은 자존심이 누구보다도 강하다. 그러나 사람은 혼자 사는 것이 아니다. 사람 인(人) 자에서 보듯이 서로 받쳐주고 기대야 한다. 이것이 바로 사람 사는 것이다.

이렇게 살이 있는 사람은 자기 수양을 해야 원만하게 살아갈 수 있다. 잘난 것은 속에 감춰두고, 나사가 하나 빠진 사람처럼 행동하면서 남을 대해야만 사람들이 좋아한다.

찻집에 가거나 음식점에 가더라도 두 번에 한 번은 자신이 사야 한다. 계속 따라다니기만 하고 돈을 내지 않으면 입만 가지고 다니는 사람이라는 소리를 듣게 된다. 그리고 결국 따돌림을 당한다. 자기 것 아깝지 않은 사람은 없기 때문이다.

다음은 반안(攀鞍)이다.

반안살은 말안장 위에 올라앉은 형상을 가리킨다. 요즘은 벤

즈나 볼보 같은 외제차들이 많이 들어와 있다.

옛날에는 말이 바로 벤츠였다. 말 위에 올라앉으면 아주 편안한 상태, 안정된 상태가 된다. 이것이 반안살이다.

역마살, 보통 역마살이 지살보다 조금 강하다고 하지만 내가 보기에는 지살이나 역마살이나 똑같다. 지살이나 역마살이나 그 의미는 모두 변화 이동, 분주다사이다.

육해살, 육해살은 글자 그대로 여섯 가지 해가 되는 살이다. 이 뜻은 구병(久病), 즉 오래된 병이라는 뜻으로 병이 한 번 들면 오래 가고, 또 잔병이 많은 것을 가리킨다.

다음은 화개살인데, 삼합에서 설명했듯이 이것은 신앙심을 뜻한다. 화개살이 있는 사람은 신앙심이 강하다.

옛날에는 연주를 가지고 12지살을 보았다. 그러나 당나라 때부터는 발전하여 일주를 중심으로 사주를 보게 되었다. 즉 사주의 주인공은 바로 자기 자신인 일주이다. 이것을 나라에 비유하면 왕이고, 집안에 비유하면 가장이며, 회사에 비유하면 사장이다. 그러므로 일간을 중심으로 팔자가 어떻게 구성되어 있는가에 따라 운명이 달라진다.

연주는 조상 자리인데 조상 자리 중에서도 위는 할아버지 자리이고, 아래는 할머니 자리이다. 남자는 하늘이고 여자는 땅이기 때문에 위는 남자 자리이고 밑은 여자 자리이다. 그러나 여자가 주인공인 경우에는 위가 자기 자리이고, 아래가 남편 자리이다. 이것을 앉을 좌(座) 자, 아래 하(下) 자 해서 좌하(座下)라고 한다.

일지는 배우자 자리이면서 바로 내가 앉아 있는 자리이기 때문에 이것을 기준으로 한다. 백호대살(白虎大殺)이 있는 사람은 모든 것에 시비가 많다.

예전에 이승만 박사가 하와이 교민 사회에서는 돈이나 걷고, 착취를 일삼는 등 사사건건 문제만 일으키는 트러블 메이커였다고 한다. 이처럼 백호대살이 있으면 반목 대립이 많다. 특히 용띠에 많기 때문에 신앙생활이 필요한 것이다. 아침과 저녁 7~9시에도 백호가 많다. 그래서 일단 용띠와 개띠는 특별한 사람이 백 명 가운데 절반가량이 이것이 있다고 생각하면 된다. 그 대신 또 영웅호걸이 많은데, 그게 없으면 큰일을 못한다.

이승만 박사가 트러블 메이커이니까 나쁘다고 생각할 수도 있는데, 해방 전후의 혼란스런 정치 와중에서도 헤게모니를 쟁탈하고 대통령이 됐다는 건 보통 인물이 아님에는 틀림없다. 마찬가지로 10·26 이후 실권을 잡은 전두환 전 대통령도 어찌되었건 간에 보통사람이 아닌 것만은 확실하다. 이렇듯 정상을 향해서 가는 사람은 눈에 보이지 않는 어떤 것이 있다고 보면 된다.

정주영씨나 이병철씨 또한 마찬가지이다. 사람들이 쉽게 비판하지만 그러나 찬찬히 들여다보면 그들에게는 모두 그럴 만한 역학적 근거가 있다.

▶ 십이신살의 조견표

年支·日支	劫殺	災殺	天殺	地殺	年殺	月殺	亡身殺	將軍殺	攀鞍殺	驛馬煞	六害殺	華蓋殺
申子辰	巳	午	未	申	酉	戌	亥	子	丑	寅	卯	辰
亥卯未	申	酉	戌	亥	子	丑	寅	卯	辰	巳	午	未
寅午戌	亥	子	丑	寅	卯	辰	巳	午	未	申	酉	戌
巳酉丑	寅	卯	辰	巳	午	未	申	酉	戌	亥	子	丑

유시(酉時)인 저녁 5~7시는 둘 다 도화살이라고 했다.

이때는 기가 세기 때문에 육체적인 욕망이 발산되고 그리움이 생기는 때이다. 그때 처녀 총각이 맞선을 보면 성사률이 높다고 한다. 저녁 9~11시는 체온이 점점 낮아져 밤으로 들어가는 시간인데, 이 시간이면 도피적이 되거나 염세주의나 허무주의로 빠져들기 쉽다.

밤 11~1시는 낮과 밤이 교차하는 시간이다. 남자는 심장이 발달되어 있어서 머리 쓰고 궁리하는 것이 많다보니, 번뇌가 많아지고 그래서 영혼이 떠나는 것이다. 떠난 게 아니라 정신 쓰고 궁리가 많다보니 영혼의 세계가 들어오질 못한다고도 할 수 있다. 그러나 이와는 달리 여자는 심장이 작다보니 상대적으로 남자보다 고민이나 번뇌가 작기 때문에 영성(靈性)이 발달되어 있는 것이다. 그래서 여자가 한을 품으면 오뉴월에도 서리가 내린다고 하거나, 태몽은 주로 어머니가 꾸는 것으로도 봐서 여자에게는 영감이 있다는 것을 알 수 있다.

뿐만 아니라 여자는 예감이나 직관력도 뛰어나다. 고대 로마의 시저 부인은, 시저가 죽기 전날 꿈을 꾸었다고 한다.

이처럼 남편한테 무슨 불길한 일이 있으면 아내에게 꿈으로 먼저 나타난다. 그래서 지지(地支)는 영성(靈性)으로 보는 것이다. 말하자면 정신의 세계, 영혼의 세계가 순환해서 돌아간다는 이치이다. 그래서 천간(天干)에도 합충이 있고 지지(地支)에도 합충이 있는 것이다. 그러므로 똑같은 시간대의 낮과 밤이 충이 되는 것이다.

충은 다툰다, 대립한다, 반목한다는 뜻이고 합은 타협한다, 손을 잡는다, 의지한다, 무기력해진다를 뜻한다.

천간(天干)을 보면 오행(五行)의 성질이라고도 하고, 성정이라고도 하는 성질이 있다.

예를 들어 갑, 을이 나무라고 할 때, 갑은 죽은 나무이고 을은 살아 있는 나무라고 하자. 그렇게 되면 갑은 주로 각목 재목으로 쓰이지만, 을은 땅에 뿌리를 내린 채 초목 양목으로 잘 자라게 된다.

그런데 여기서 참 신기한 것은 팔자를 볼 때, 갑의 날짜에 태어난 사람은 얼굴도 크고 체질이 좋아 말 그대로 체격이 당당하다. 그러나 을에 태어난 사람은 꾸부정하고 체질이 약하다는 것이다. 말하자면 체질이 글자 생긴 모양과 같은 특성이 있다고 한다. 그리고 을에 해당되는 사람은 실제 살아 있는 나무처럼 아주 명랑하고 생동감 있어서 표정도 밝다.

이에 비해 볼 때 갑은 점잖은 폼을 잘 재어서 동량지목(棟梁之木)이라고도 하는데, 이는 모두 팔자에 타고 난 대로의 특성을 지니고 있다.

을목은 뻗어나가는 성질이 강해서 나라의 인재나, 훌륭한 인물 가운데는 을목이 많다. 이처럼 을목의 특성을 가진 사람은 천재적인 두뇌를 가지고 있으며, 오뚝이 같은 인생을 살아가는 경우가 많다.

12운성법(運星法)

생일간 \ 운성	장생	목욕	관대	건록	제왕	쇠	병	사	묘	절	태	양
甲	亥	子	丑	寅	卯	辰	巳	午	未	申	酉	戌
乙	午	巳	辰	卯	寅	丑	子	亥	戌	酉	申	未
丙戊	寅	卯	辰	巳	午	未	申	酉	戌	亥	子	丑
丁己	酉	申	未	午	巳	辰	卯	寅	丑	子	亥	戌
庚	巳	午	未	申	酉	戌	亥	子	丑	寅	卯	辰
辛	子	亥	戌	酉	申	未	午	巳	辰	卯	寅	丑
壬	申	酉	戌	亥	子	丑	寅	卯	辰	巳	午	未
癸	卯	寅	丑	子	亥	戌	酉	申	未	午	巳	辰

12운성법이라고 하는 것이 있다. 거기에 포태법이 있는데 절 · 태(絶胎), 양 · 생(養生), 욕 · 대(欲帶), 녹 · 왕(祿旺), 쇠 · 병(衰病), 사 · 묘(死墓) 이것을 12 운성법 또는 포태법이라고 한다.

여기서 포(胞)란 텅 비어 있다는 뜻이다. 임신되기 전의 상태는 텅 비어 있는데 마치 사람의 운세에 비유하면 운세가 텅 비어 있는 상태이다. 운세가 비어 있으면 실속이 없다는 것과도 맥이 통하게 되는데 이런 상태에서는 모든 일이 순조롭지가 못하다. 이런 상태를 포라고 한다.

태는 잉태를 말한다. 한 생명이 잉태되어 뱃속에서 태기를 느끼는 것, 즉 시작이라는 것을 의미한다. 이것은 출발, 즉 이제 막 운이 시작되고 있는 것을 말한다. 양(養)은 괘 속에서 아기가 엄마의 자양분을 흡수하면서 무럭무럭 자라는 것이다. 이때는 돈이 잘 들어온다. 보통사람들은 운이 좋을 때 그것을 느끼지 못한다. 그러나 운은 아무 때나 들어오는 것이 아니라 영(靈)의 섭리가 작용을 해야 들어오게 되는 것이다.

욕(浴)은 목욕을 말하는데 섹스를 하려면 목욕부터 해야 한다. 이런 이유 때문에 욕을 도화살(桃花煞)이라고 한다.

누구든지 12년에 1년은 도화년(桃花年)이 들며 12일 중에 하루는 꼭 바람을 피우고 싶은 날이 생기고, 도 열두 달 속에 한 달 정도는 그런 달이 들게 마련이다. 이것은 인간이기 때문에 어쩔 수가 없으며, 다른 사람이 바람을 피운다고 해서 함부로 비난을 해서는 안 되는 것이다.

사람들의 육체를 정신으로 제어하는 데에는 한계가 따른다. 누구든지 스캔들이나 문제가 생길 수 있는 것이다. 따라서 그런 문제들을 두고 가볍게 생각하고 하기 쉬운 말들을 해서는 안 된다.

도화살이란 목욕을 하고 바람피우는 것이다. 예를 들어 평소에 매우 싫어하는 남자가 전화를 했을 때, 평소와는 달리 만나고 싶은 마음이 생기는 날도 있는 것이다. 그래서 열 번 찍어 안 넘어가는 나무 없더라는 말까지 생겨난 것이다. 이는 사람의 몸에 병이 생기기도 했다가 나아지기도 했다가 다시 생기기도 하는 이치와도 같다.

예를 들어 사람의 몸이란 처음에는 간장이 나빴다가, 심장이 나빴다가, 위장이 나빴다가 하는 식으로 돌고 도는 것이다. 좋아졌다 나빠지고 나빠졌다 다시 좋아지고 나빠졌다가 단련되어 좋아지는 것이다. 다만 여기서 가장 나쁜 것은 혈액순환이 잘되지 않은 경우이다. 그래서 피가 잘 순환되지 않아서 생기는 관절염이나 신경통이 문제이다.

운동이 부족하면 절대 안 되는 것이다. 등산을 한다든지 조깅을 한다든지 해서 자기 자신에게 맞는 혈액순환 방법을 개발해야 한다. 만약 일상생활이 너무 바빠서 도저히 시간을 내기가 어려운 경우에는 아침저녁으로만 간단히 할 수 있는 운동이 있다. 얼굴에는 오장이 다 나와 있다. 눈썹은 간장이고 코는 위장, 눈은 심장 그리고 입은 신장 귀는 폐이다. 이것을 쓰다듬으면 된다. 이렇게 하는 것만으로도 관절염이 걸리지 않게 된다.

여자는 매일 화장을 하니까 유리하다고도 볼 수 있다. 그러나 가장 좋은 방법은 많이 걷고 저녁 잠자리에 들 때 좋은 음악이나 기도를 하면 좋다. 이러면 잡신이 물러가고 교접을 할 때 마귀가 들어오는 것을 막아준다.

마귀는 흉가 같은 데다가 터를 잡고 있으면서 사람의 정신을 산란하게 한다. 그렇기 때문에 그런 것들을 들으면 마귀가 달라붙지 못해서 해를 당하는 일이 없다.

현대는 문명이 매우 발달되어 있기 때문에 카세트에 테이프를

꽂기만 하면 어디서든지 좋은 음악과 명상의 문구를 들을 수 있다. 그러니 좋은 음악을 듣고 기도를 하고 잠자리에 들게 되면 좋은 꿈을 꿀 뿐만이 아니라 잡귀도 물러가게 되고 신진대사가 잘되어서 병이 걸리는 일도 없어진다. 그리고 냉수마찰을 하면 신진대사에 좋다.

몸이 너무 편하게 되면 병이 생긴다. 그러니까 항상 자기 나름대로 인생을 음양오행의 이치에 맞게 살아가면 그게 바로 도화(桃花)이다.

남자는 12일 중의 하루는 꼭 정력이 뭉쳐져 힘이 생긴다. 그래서 성에 해당하는 부위에 기가 모아지고, 힘이 뻗치게 된다. 또한 처녀가 열두 달 중에서 봄이 되면 정신이 산란해지는 것도 모두 봄바람 탓이다. 같은 이치로 여자가 봄에 마음이 들뜨는 것처럼 남자는 가을에 비슷한 현상을 보인다. 이것이 도화(桃花)인 것이다.

그런데 잠시 바람을 피우게 되면 확실히 기분은 전환된다.

대(帶)는 세상에 나갈 시기가 되었음을 의미한다. 때가 되면 자연 안정이 된다. 경제적으로나 사회적인 안정뿐 아니라 명예가 올라가게 된다. 그러니까 대(帶)란 안정과 출세, 벼슬 등의 명예가 따르는 것이다. 그래서 팔자에 관이 있는 사람은 출세를 하게 된다.

남자에 관대(冠帶)가 붙게 되면 대단한 출세를 하게 되고 여자에게 붙은 경우에는 똑똑한 아내가 된다. 또 아버지에게 붙으면 선대(先代)에 명문 출신이 있는 것이다. 이것이 붙은 때는 출세를 하게 된다.

그 다음으로 왕(旺)은 가장 극성스럽게 발전하는 시기이다. 극성왕이라고 하는데 달도 차면 기우는 이치로 역학에서는 이때를 좋지 않은 때로 본다. 왜냐하면 바로 내리막으로 가기 직전의 최고도의 상승세이기 때문이다. 말하자면 정점에 도달하는 것이다. 이제 올라갔으니까 내려가는 길밖에 없는 것이다.

그래서 권력을 잡았다고 하더라도 그 권력을 마구 휘둘러서는 적을 많이 만들게 된다. 그렇기 때문에 권력을 잡은 가문의 후손은 좋지가 않다. 따라서 권세를 잡으려는 사람은 어리석은 사람인 것이다.

옛날 장자는 권세를 쥐어줘도 받지 않으려고 했다. 군세를 잡았다고 하더라도 내리막이 되었을 때를 대비해야 한다. 그런데 어떤 사람은 관리가 되어서 사람을 함부로 잡아넣기도 한다. 그런 사람들은 무슨 뾰족한 대책이라도 있는 것인지 참으로 의아스럽다. 그 사람과 연계된 식구, 친척, 친구들까지 얼마나 많은 사람들한테 원한을 사게 되는지를 한번 신중하게 생각해 봐야 할 일이다.

사람의 속성상 은혜는 잘 잊어버리지만 원한은 잘 잊어버리지 않는다. 따라서 백 사람의 은인보다도 단 한 사람의 적도 만들지 않는 것이 중요하다. 그러나 그것은 참 어려운 일이다. 아무리 훌륭한 사람으로 역사에 이름을 남긴다고 하더라도 원한을 산 일이 있는 사람이 있으면 그 사람의 말로는 좋지 않은 게 보통이다. 그래서 극성한 시기에는 조심해야 하며 절대로 원한 관계를 만들어서는 안 된다. 만약 원한을 사게 되면 어떤 경로를 통해서든 다시 당하게 되는 게 우주의 법칙인 것이다.

『손자병법』에서 보면 동서남북 사방에서 적군이 몰려올 때 매우 신중하고 조심스럽게 대처했음을 알 수 있다. 인간관계 또한 그런 조심스러운 마음으로 맺어야 한다. 되도록이면 다른 사람을 이해해주고 도와주고 베풀어주고 양보하는 자세로 사는 것이 좋다. 그러나 한 발자국 양보한다고 해도 평생으로 치면 백 발자국이 안 된다. 그리고 우리나라 사람들은 표정을 바꾸어야 한다.

태도, 행동, 말씨, 내용까지 무뚝뚝하고 딱딱하면 좋지가 않다. 말하자면 이런 체질이 몸에 배었다고 하면 과감하게 바꾸는 것이 좋다. 세상은 즐겁고 신나는 기분으로 살아야 하며 항상 그런 마음가짐을 가져야 한다. 말할 때도 마찬가지이다. 요즘 죽을 지경이라고 말하고 다니면 실제로 되는 일은 없다. 따라서 말만 친절하게 할 것이 아니라 말의 내용도 바꾸어야 한다. 태도, 말씨 등도 친절해야 하는 것은 마찬가지이다.

그러나 인간관계에서는 나한테 잘해 주는 사람이 가장 무서운 사람이라는 것을 알아야 한다. 잘해 주는 사람은 다 자기의 손익을 생각한다. 뿐만 아니라 그동안 도와 준 것에 대한 기대치도 갖게 되는데 만약 그 기대에 상대가 미치지 못할 경우 굉장히 실망을 하게 되고, 어떤 경우는 의(義)까지 상하게 되는 것이다.

그래서 만약 내가 누구에겐가 무엇을 받게 되면 받은 이상으로 해주어야 한다. 그게 살아가는 이치인 것이다. 되도록이면 내가 남에게 준 것은 잊어버리고 받은 것만 기억해야 하는 게 제대로 잘 살아가는 이치이다. 만약 인간관계에서 마찰이 생겨난다고 하면 바로 이런 부분에서일 것이다. 이런 이치를 깨달아서 실행하는 일은 중요하다. 따라서 극성한 시대로 올라가는 것은 나이가 들어서 노인이 되는 이치와 같다.

　몸이 노쇠해지면 여기저기가 삐거덕삐거덕 하듯이 사업도 사양길로 접어들게 되고 운세도 내리막이 된다. 운세가 내리막으로 치닫는데 그것을 모르고 사업을 확장하면 실패하게 된다. 사양길은 항상 가장 극왕한 시절에서부터이다.

　쇠(衰)는 운세가 하강하는 시기이다. 나이가 들어 몸이 쇠약해지면 병이 생기게 되고 병이 생기게 되면 자리에 누워야 하기 때문에 어떤 일이든지 제대로 진행이 될 수가 없다. 이렇게 되면 결국은 실패하게 되는 것이다. 이 상태가 되면 무기력해져서 사람의 기가 빠져버린다. 때문에 인생을 고해(苦海)라고 한다. 고해 속에 살아가는 인간의 마음에 깨달음의 지혜를 주기 위해서 석가모니불이 이 세상에 왔다고 한다.

　인간이 겪으면서 살아가야 하는 생로병사(生老病死), 인간이기 때문에 어쩔 수 없이 겪어야만 하는 일이다. 그래서 현대를 살아가는 많은 사람들은 이런 고통의 순환을 피할 수는 없다. 따라서 이 세상을 슬기롭게 살아가기 위한 방법은 순리에 따르고, 분수를 지켜야 하며, 스스로 만족을 얻으려는 노력을 하고, 인간관계를 잘 유지해야 하며, 자기 일에 충실하고 그리고 일상생활에도 계획을 세워야 하며 다른 사람에 대한 예의를 다하는 마음가짐도 잊어서는 안 된다.

　그렇지 않고 욕심 부리고, 아귀다툼하고, 수단 방법을 가리질 않고 음모를 꾸미다가는 결국 망하게 되고 만다. 그러다가 병이라도 들면 줄잡아 4~5년은 고생을 하게 되는 것이다. 그런데 4, 5년 안에 이런 어려움을 수습할 수 있다면 그것은 빠른 편이다.

어떤 경우는 한 번의 실패가 계기가 되어서 평생을 고생하며 보내야 하는 경우도 생기는 것이다. 따라서 인생을 조심해서, 그리고 주의해서 살아야 한다. 그러나 이런 어려움을 극복하고 나면 사람의 인생은 더욱 넉넉해지고 풍요롭게 된다. 이를 극복하는 과정에서 자신의 체면만을 앞세워서는 일이 되지 않는다. 모든 일은 마음먹기에 달려 있다. 절대 열등의식이나 부정적인 생각을 갖지 말아야 세상일은 제대로 풀려나가게 된다.

사람이 하는 일에는 귀하고 천하고가 없다고 하는 사실도 꼭 명심해야 한다. 사람들은 다 자신의 직업을 통해서 남에게 봉사하도록 되어 있다. 말하자면 불교의 보시(布施)와 같다. 따라서 인간의 운명은 순환이 되는 것이다.

사람의 운명은 12년을 주기로 해서 돌아가게 되어 있으며 열두 달 중 한 달, 12일간에 한 번씩 순환한다. 12일 속에는 일진이 좋은 날이 다섯 날이며 그렇지 못한 날은 일곱 날이다. 따라서 좋은 날보다는 좋지 않은 날이 더 많다.

우주의 삼라만상은 섭리에 의해서 움직이고 있다. 전세계에 영이 왔다갔다 하면서 세계의 여러 나라들이 흥하기도 하고 쇠하기도 하는 것이다. 이런 것을 제대로 모르고 경거망동하고 사치와 향락, 쾌락을 일삼으면 영이 떠나가 버리고 만다. 정치도 마찬가지로 이런 이치를 알고 해야 하는데 그래서 사주를 제왕학 또는 재상학이라고 한다.

정치인들도 인물을 먼 곳에서만 찾으려고 할 것이 아니라 이 재상학을 제대로 알고 있으면서 양심적인 사람을 찾는 게 좋다. 그런 사람들은 삼라만상 위에 자리한 천문의 이치에서부터 시세의 흐름을 알고 있다. 여기서 천이란 전세계의 정세를 말하고 있으므로 세계 속에서 한반도가 어떻게 변화하고 있는가를 알아야 한다. 그리고 세계의 오장육부를 알게 되면 우리나라의 오장육부도 알게 되므로 우리나라의 민족성에 알맞은 법률이나 풍습을 만들어서 이끌어 나가야 한다.

그래서 국민들이 나이에 따라 생각하고 판단할 수 있도록 모든 체계를 만들어 줄 수 있어야 하며, 각자 여러 군데서 자기의 타고난 재능을 발휘하고 살 수 있도록 해주어야 한다. 뿐만 아니라 막힌 데가 있으면 시원하게 뚫어주고 답답한 갈증도 풀어주고 희망을 주어야 한다.

백성은 여자에, 정부는 남자에 비유할 수 있다. 때문에 여자는 항상 불안하고 초조하고 답답한 마음으로 남편의 눈동자의 흐름까지도 살피게 된다. 마찬가지로 국민들도 과연 이 사람들이 정치를 잘하고 있는가를 두고 늘 의구심을 갖게 된다. 정부에서는 토지공개념 제도를 왜 제대로 시행하지 않고 있는가? 기술 개발은 하지 않고 부동산 투기로 이권만 챙기고 있는 기업은 어디인가? 등등을 늘 살피고 있다. 따라서 정치하는 사람들은 음과 양의 심리를 잘 알아야만 한다.

남편이 아내한테 신뢰를 받아야 하듯 정부도 국민에게 신뢰를 받아야만 하는 것이다. 미국 같은 나라는 언론의 자유가 보장되고 있기 때문에 미국 국민은 정부가 국민 몰래 어떠한 잘못을 하고 있다고는 믿지 않는다.

율곡 이이 같은 분도 항상 관직에서 물러날 수 있는 사직서를 가지고 다니면서 책임을 다하기 위해서 노력을 했다지 않는가,

자고로 정치하는 사람들의 마음가짐은 이래야 한다.

역학은 음양오행의 이치이기 때문에 삼라만상이 변하는 이치를 알아야 하며 그 이치를 알게 되면 사람의 때를 이해할 수 있게 된다.

자식만 하더라도 부모가 원하는 꼭 그대로 따라주는 것은 아니다. 같은 음식을 먹고 함께 사는 내 탯줄을 타고난 아이라 하더라도 부모와 갈 길은 다르다. 그것은 사주팔자가 다르기 때문이다. 따라서 아이들은 부모의 소유물도 아니고 액세서리는 더더욱 아니다. 따라서 부모는 아이들이 팔자대로 살아갈 수 있도록 보조적인 역할만 잘해 주면 된다.

공부 잘하는 아이도 있고 못하는 아이도 있고, 공부를 못해도 나중에 부자로 잘 사는 사람도 있고, 어려서부터 수재라는 말을 들어왔던 사람도 어른이 되면서부터는 제대로 일을 하지 않고 어영부영 세월만 보내는 사람도 있다.

또한 집안 좋고 머리 좋고 인물 좋고 모두 좋은데 처복이 없는 사람이 있다. 그래서 사주팔자를 잘 타고나야 하지만 흘러가는 대운도 아주 중요하다. 그러나 그보다 중요한 것은 자기 마음에 있다. 요즈음 열심히 노력해서 밥 못 먹는 사람은 하나도 없다.

옛날에만 해도 거지가 많았다. 요즈음 신체가 멀쩡한 사람이 돈 달라고 하면 사실 마음이 좋지가 않다. 무엇을 해도 요즈음은 몇 만원 벌이는 한다. 놀고먹으려는 마음이 자기 자신을 불행하게 만든다. 세상을 살아가는 데에는 기준이 있다.

저 사람은 키가 크다는 말도 자기 마음속에 있는 기준으로 잰 것이다. 키가 작다, 뚱뚱하다, 말랐다, 이런 말도 마찬가지인데 사람의 마음속에는 기준이 있고 그 기준을 재는 잣대는 항상 자기 자신이다.

내가 없이는 이 세상에 존재하는 것은 하나도 없다. 내가 눈 감아버리면 사람들이 보이지 않는다. 내가 있기 때문에 모든 것이 존재한다. 그러므로 자기가 왕이다. 그런데 내가 왕이라고 생각하고 내가 최고이므로 다른 사람은 나의 신하다라고 생각하면 다른 사람들이 떠나버려 고독한 사람이 된다.

내가 왕으로서 존재하려면 내가 아닌 다른 사람에게 잘해야 한다. 그래야 나를 왕처럼 떠받든다. 그러므로 자기 자신을 아낄 줄 아는 사람은 남을 아낄 줄도 알아야 한다.

육친(六親)으로 사주팔자를 풀 때는 자기가 중심이 된다. 먼저 자기가 있은 다음에 자기를 낳아준 부모가 있고, 또 자기를 도와준 사람이 있는 것이다. 내가 부모에게서 내 몸을 받았으니까 나는 또 자식을 낳아주어야 한다. 이것이 베푸는 것이다. 또 내가 남을 극(剋)하는 것이 있다. 남을 괴롭힌다는 말이다. 자기가 극하는 것이 있고, 또 상대가 나를 극하는 것이 있다. 이처럼 자기가 극하고 자기를 극하는 것이 있다.

예를 들어 자기와 어떤 상대가 있다고 하자. 어떤 상대에게서 내가 받았다, 받았다는 것은 나를 낳아주었다는 말이다. 즉 상대가 나를 낳아주었다는 것은 생명을 주었다는 말이다. 또 내가 자식을 낳았다는 것은 내가 상대에게 생명을 주었다는 말이다.

이처럼 육친은 자기를 중심으로 자기가 낳아주었느냐, 도와주었느냐에 따라 다르고, 또 자기가 극했느냐 자기를 극했느냐에 따라 다르다.

포태법(胞胎法)에는 양포태와 음포태가 있다. 양포태라는 것은 일간이 양인 사람을 말하는데, 갑병무경임(甲丙戊庚壬)이 이에 해당한다.

인간은 갑을병정무기경신임계, 이 열 자 중에서 하나를 가지고 태어난다. 이것이 태어난 날의 일간이다. 그래서 일간이 갑병무경임 즉 양(+)의 날에 태어난 사람은, 양포태에 해당한다. 일간이 을정기신묘인(乙丁己辛卯寅) 사람은, 음(-)의 날에 태어난 사람이므로 음포태에 해당한다. 이것은 우리가 질서를 지키기 위해서 정해진 규칙이다.

모든 것에는 항상 정해진 규칙이 있게 마련이다. 따라서 양포태, 즉 일간이 갑병무경임인 경우는 시계 방향으로 돌게 되어 있고 일간이 을정기신계인 사람은 시계 반대 방향으로 돌게 되어 있다. 이 포태법은 일본에서는 비중을 크게 두고 있고 우리나라 또한 사주팔자에서 포태법의 비중은 크다.

만약 신유 해자 인묘사오를 잊어버렸을 때는 또 하나의 방법이 있다. 갑을병정까지는 밑에서 위를 극하는 것이다.

신은 + 금이다. 갑은 + 목이다. 그래서 음양이 같은 것끼리, 금금목이다. 쇠와 칼이 나무를 친다는 것이다. 그래서 이렇게 금금하고 밑에서 위를 극하고 있다.

다음의 병은 + 화이다. 해는 + 수로 암장(暗藏)에 의해서 바뀐 것이다. 암장에 의해서 해는 임수(壬水)가 있기 때문에 해인 갑의 임수는 + 수로 바뀌었다. 그래서 + 수가 + 화를 극한다. 즉 수극화이다. 여기서 정화는 - 화이고, 자는 원래 + 수였는데 암장에 의해서 계수가 - 수로 바뀌었다.

이것도 수극화이므로 밑에서 위를 극한다. 나머지 무기경신임계는 위에서 아래를 극한다.

무가 + 토이고 해가 + 수이기 때문에 토극수하고 위에서 아래를 극한다. 여기도 －, － 끼리 토극수로 극하고 있다. 경은 + 금인데 인이 + 목이기 때문에 금극목하고 위에서 아래를 극하고 있다. 또 － 금인 신이 － 목인 묘를 금극목으로 극하고 있다.

또 여기 임은 + 수인데 사는 암장에 의해서 병무경이므로 병화, + 불이 있기 때문에 + 화로 바뀌었다. 그래서 + 수가 + 화를 극한다.

다음의 여기 오는 오화(午火)는 원래 + 였는데 수극화, － 물이 － 불을 극한다. 이 원리만 알면 신유 해자 인묘사오를 잊어버려도 생각해낼 수가 있고, 일간이 양인 갑병무경임은 양포태에 해당되고 일간이 음인 을정기신계는 음포태에 해당된다. 이 공식만 알면 된다.

지금까지의 것으로 초급과정의 웬만한 공식은 다 배운 셈이다. 어떤 경우 너무 외울 것이 많다고 역학을 포기하는 경향이 있는데 그렇게 되면 역학을 익히는 일은 어렵게 된다.

역학이 학문과 동떨어져 있는 것은 절대 아니다. 날씨가 엄청나게 더울 때 태어난 사람은, 설사 에어컨 밑에서 태어난다고 해도 더운 열기를 받고 태어나는 것이다. 이 지구상에 있는 공기는 다 돌고 돈다. 가장 더울 때가 사오미(巳午未), 여름이다. 그리고 인묘진(寅卯辰)은 봄이다.

월로 하면 인(寅)은 1월, 묘(卯)는 2월, 진(辰)은 3월이다. 사오미(巳午未)는 4, 5, 6월이고 신유술(申酉戌)은 7, 8, 9월이며 해자축(亥子丑)은 10, 11, 12월이다.

봄은 봄이라 하더라도 초봄은 추운 달이다. 그리고 2월, 3월은 봄이니까 나른하고 따뜻한 계절이다. 꽃이 필 때이다.

4월까지 인묘진(寅卯辰)이 봄이다 5월, 6월이 가장 더울 때이다. 이때가 바로 여름에 해당된다.

곧 여름이기 때문에 엄청나게 덥기 때문에 이때 태어난 사람은 시간만 나면 물을 찾아서 나간다. 물가가 제일 시원하다. 이때 태어난 사람은 물이 필요하다는 것을 염두에 두어야 한다. 그래서 운동을 하더라도 수영이 좋다.

신유술(申酉戌), 즉 가을은 수확의 계절이고 결실의 계절이다. 모든 것이 이때 가장 무성하다. 여름에 산에 가면 거의 앞을 분간할 수가 없다. 4월, 5월, 6월이면 아주 나뭇잎이 무성하다.

7월, 8월, 9월은 열매를 맺기 위하여 잎이 떨어진다. 잎이 떨어지는 이유는 잎이 영양분을 빨아 먹으면 열매가 단단하지 못하니까 떨어지는 것이다. 또 강한 가을의 태양에너지를 열매가 받기 위해서는 잎이 열매를 가리면 안 된다. 그래서 열매가 익을 수 있게끔 나뭇잎이 떨어진다. 즉 두 가지 이유에서다.

태양에너지를 많이 받고 나무뿌리에서 올라오는 영양분을 열매가 받을 수 있도록 나뭇잎이 떨어진다. 따라서 가을은 결실의 계절이고 수확의 계절이고 황금의 계절이다.

해자축(亥子丑)은 겨울이다. 이때는 수가 왕성한 계절이다.

신유술(申酉戌), 가을은 금이 왕성한 계절이다. 이때는 모든 게 다 골고루 있는 좋은 팔자이다. 이때는 꽃도 있고, 열매도 있는 때인데 사주에는 어느 한두 가지만 있고 한두 가지 없는 것은 좋지 않다.

　사람이 태어나게 되면 모든 열이 발바닥에 있다. 유치원에 들어갈 나이가 된 아이에게는 열이 무릎 쪽으로 올라와 있다. 따라서 잠시도 가만있지 못하고 왔다갔다 한다. 이 때문에 사람들은 어린아이들에게는 양말을 잘 신기지 않는다.

　아이들은 얼음밭에서 놀다와도 물기만 닦아주면 동상이 걸리지 않는다. 그러나 노인들은 다르다. 아이 때는 무릎에 열이 있기 때문에 이리저리 뛰어다니는 것을 나무라서는 안 된다.

　사춘기가 되면 신장, 방광계통으로 열이 오니까 아이들이 엄마아빠가 보던 비디오테이프를 훔쳐보려고 한다. 이때 단속을 잘해야 한다.

　30대쯤 되면 배꼽 부위에 열이 와서 남자들이 배짱이 좋아진다. 40, 50대는 심장 곁으로 열이 오니까 이때 가슴에 열이 온다. 그래서 통이 커진다. 그 대신 혈압병이 많이 온다. 그러면서 다리에 열이 이미 식어서 이제 50, 60이 되면 다리에 힘이 없어서 잘못하면 넘어지기도 하는데 이때는 아교질이 없어 뼈가 부러지기 쉬우므로 조심해야 한다.

　그래서 40대부터는 다리운동을 해야 하는 것이다. 현대는 마이카 시대라서 걷지를 않는데 가능하면 등산이나 산책을 자주해 주어야 한다.

　그리고 현대에 들어서 수영하는 여자들이 많이 늘고 있는데 이는 좋은 현상이다. 나이가 들면 머리에 열이 와 있기 때문에 신경을 많이 쓰고 성질을 내면 뇌혈관이 터져서 혈압으로 쓰러진다. 그러니까 이때가 되면 신경 쓰는 일을 줄이고 대신 다리를 혹사를 시켜야 한다.

관상학적으로 운은 위에서부터 밑으로 내려간다. 그 때문에 어려서 아이들 짱구머리나 이마가 훤하고, 이마에 흠집이 없으면 좋다. 그리고 이마에 윤기가 나면 공부도 잘하겠구나 하고 생각한다.

그런데 이마가 좁고 흉터가 있거나 한 쪽으로 찌그러지면 부모덕이 없다. 이렇게 몸 전체로 보면 목까지가 초년이다. 신장, 방광, 엉덩이 쪽으로 내려오면 그 때는 40대, 50대에 해당되는데 이때는 여자들의 것이 남자들의 것보다 더 넓다.

그러므로 남자는 배짱이 작아지는데 반해 여자들은 통이 큰 짓을 잘한다. 부동산 투기다, 증권 투기다 해서 큰손들은 전부 여자들이다. 남자들은 엉덩이가 작아서 배포가 줄어든다. 이때의 남자들은 정년퇴직할 때 받은 퇴직금 가지고 벌벌 떨다가 당하기 십상이다. 왜냐하면 자기 직장에서의 그 일밖에 모르니까 그렇다.

특히 공무원, 군인, 경찰, 교육 공무원 등 모든 공무원들이 그렇다. 실은 많이 알 것 같지만 자기 분야밖에 모른다. 그러니까 친구들 꾐에 넘어가서 무슨 사업하면 큰돈 번다, 돈만 투자해라 내가 아이디어 제공하고 다 운영하겠다고 하지만 나중에 보면 빚만 지고 빈털터리가 되는 경우가 대부븐인 것이다.

~끝~

| 좋은운으로 세상사는 |
| 易學에세이 |
| **성공하는 인생경영** |

초판 1쇄발행 2010년 8월 20일
초판 2쇄발행 2011년 11월 25일

지은이 | 鄭鉉祐
펴낸이 | 金東求
펴낸데 | 明文堂(창립 1923. 10. 1.)
주 소 | 서울특별시 종로구 안국동 17-8
우체국 | 010579-01-000682
전 화 | (영업) 733-3039, 734-4798 FAX 734-9209
　　　　(편집) 741-3237
등 록 | 1977. 11. 19. 제 1-148
ISBN
ⓒ 2010 정현우
잘못된 책은 구입한 곳에서 바꿔드립니다.

정가 10,000원